甘肃省优势学科建设经费资助出版

主编 赵逵夫 马世年

西北师范大学世纪中文·名家丛书

吴福熙学术文选

吴福熙 著 周玉秀 编

甘肃人民出版社

图书在版编目（ＣＩＰ）数据

吴福熙学术文选 / 吴福熙著；周玉秀编. -- 兰州：
甘肃人民出版社，2022.9(2024.1重印)
　ISBN 978-7-226-05856-5

　Ⅰ. ①吴… Ⅱ. ①吴… ②周… Ⅲ. ①社会科学—文
集 Ⅳ. ①C53

中国版本图书馆CIP数据核字(2022)第158801号

责任编辑：李依璇
助理编辑：李舒琴
装帧设计：肖　金

吴福熙学术文选

吴福熙　著　周玉秀　编
甘肃人民出版社出版发行
（730030　兰州市读者大道568号）
河北浩润印刷有限公司印刷
开本 787 毫米×1092 毫米　1/16　印张 22.5　插页 4　字数 360 千
2022 年 9 月第 1 版　　2024 年 1 月第 3 次印刷
印数：1001~3000
ISBN 978-7-226-05856-5　　定价:60.00 元

著者简介 <<<

    吴福熙（1921—2002），江苏镇江人。1952至1956年就读于天津师范学院，1956至1958年在山东大学研究生班学习。先后执教于甘肃师专、甘肃教育学院，1970年到甘肃师范大学（现为西北师范大学）中文系工作，任副教授、教授，汉语教研室主任，汉语史专业硕士研究生导师，兼任中国语言学会理事、甘肃省语言学会副理事长等。主要著作有《文言语词工具书介绍》《古代汉语》《敦煌残卷古文尚书校注》等，主持编写《汉语成语词典》，发表《试论古汉语的以动用法和"以a为b"式》《先秦文献注释中常被忽略的一个问题——姓和氏》《"见"字的指代作用献疑》等重要学术论文。

总　序

赵逵夫

　　木铎金声，世纪中文。西北师范大学中文学科发端于京师大学堂"中国文学门"，1937 年七七事变后，国立北平师范大学与西迁的国立北平大学、北洋工学院共同组成西北联合大学。1939 年西北联合大学师范学院独立设置，称国立西北师范学院，1941 年迁往兰州，国文系即是独立设置的科系之一。抗日战争胜利后，国立西北师范学院继续留在兰州办学。秉承北平师范大学的学根文脉，经历了抗战的洗礼和新中国成立以来的孜孜以求，西北师范大学中文学科重视师德学风，坚守学术家园，注重现实关怀，在教学科研上皆取得丰硕成果，在全国也产生了较大的影响。

　　抗战时期，兰州作为大后方，因缘际会，中文学科大家云集，名师荟萃，黎锦熙、何士骥、谭戒甫、刘文炳、罗根泽、于赓虞、李辰冬、焦菊隐、王汝弼、顾学颉、李嘉言、叶鼎彝等著名学者栉风沐雨，开拓创新；新中国成立后，徐褐夫、赵荫棠、尤炳圻、郭晋稀、彭铎、陈涌、杨伯峻、郑文、张文熊、李鼎文等先生砥砺前行，薪火相传；新时期以来，匡扶、孙克恒、支克坚、胡大浚、吴福熙、霍旭东、王培青等学者辛勤耕耘，锐意进取。几代学者教书育人，不断奉献，培养出一批批优秀的人才奔赴全省、西北以及全国各地的教育战线与相关行业，为祖国教育的发展和文化繁荣作出了贡献。老师们在教学之余，结合教学、专业与地方经济文化的发展，进行学术研究，不论寒暑，工作于灯前窗下，甘于坐冷板凳，追求学术上的创获，他们用自己的智慧和人格共同铸就了中文学科辉煌的历史。

学术是大学的命脉和灵魂。西北师范大学中文学科一代代学者不仅在各自的学术领域作出了杰出的贡献，也形成了稳健求实、守正创新的学术传统。1947年，时任国立西北师范学院院长的中国当代著名语言学家、文学家黎锦熙先生为《国立西北师院毕业同学录》题词："知术欲圆，行旨须直；大漠孤烟，长河落日。"其中"知术欲圆，行旨须直"已成西北师范大学的校训，这两句话的上句是说做学问要饱学而汇通，下句是说在品行操守方面一定要正直。上一句就治学的基础和方法言之，下一句就学风与人品言之。题词的后两句是取唐代诗人王维五律《使至塞上》中的两句，而各省去末一字，更是寓意深沉：借以写建于黄河边上的西北师院当时的景致，此其一；上句省去"直"字，下句省去"圆"，用了对联中"缺如"的手法，让读者去自悟，分别暗示"知术欲圆"中的"圆"和"行旨须直"中的"直"，以示强调，此其二。各省去末尾一字，也赋予其新的意思。"古之烽火用狼粪，取其烟直而聚，虽风吹之不斜"（《埤雅》），可知王维"大漠孤烟直"写的是烽烟。烽火台一次放烽几炬，均有特定的含义，"放烟一炬，谓之平安火"（《唐六典》及注）。因此，黎先生这一句突出"孤烟"，在当时特定形势下，其意思是："抗战胜利了！"下句说转战多处的西北师院师生终于在黄河边上看到了日本的投降。可见黎先生当年为毕业生题词寓意之深厚。校训虽只用了前两句，但联系后面两句，更可了解西北师大的历史，铭记它是在国难当头之时扎根于西北的。所以，热爱祖国，为国家富强，为弘扬祖国优秀文化遗产，为实现中国梦而培育人才，便成为我们永远不变的目标。中文学科老一辈的学者在这方面已作出了很大的成绩，我们以后更要朝着这个目标以德育人、立德树人。

西北师范大学中文学科渊源流长，学术传统绵绵深厚。进入新时代以来，学科发展迎来了新的历史机遇，为了更好地继承和发扬中文学科的学术精神，西北师范大学文学院决定编选出版《世纪中文·名家丛书》。丛书选择新中国成立以来中文学科成就卓著的学术名家，遴选代表性的学术成果，每人编成一册，总结梳理作者的学术成就、治学特点、学术贡献及影响。希望能够呈现七十年来西北师大在中国语言文学研究方面的重要成就，展示几代学人赓续西迁精神的努力和追求，也为后辈学人的治学之路提供启示和借鉴。

为了保证学术文选编选的质量和水准，成立了由学校领导和相关专家组成的编委会，在充分讨论的基础上确定入选者，并由相关学科的教师负责具体编选工作。今以《陇上学人文存》五至八辑入选的我院教师作为第二批入选者。编选的过程中，由于各方面的原因，难免存在不尽如人意之处，望读者指正。

2019 年 10 月

编选前言

一

　　吴福熙先生 1921 年 12 月 24 日出生于江苏省镇江市。先生幼年上过私塾，背诵了大量古诗文，打下了坚实的国学基础。1952 至 1956 年就读于天津师范学院，受业于裴学海、张清常等名师；1956 至 1958 年在山东大学研究生班学习，师从殷孟伦、殷焕先等著名教授。毕业后响应国家支援大西北的号召，奔赴兰州，先后执教于甘肃师专、甘肃教育学院，1970 年随院校调整来到甘肃师范大学（前国立西北师范学院，1958 年划归甘肃省领导，改称甘肃师范大学。1981 年恢复原名，1988 年更名为西北师范大学）中文系工作。1978 年以后任副教授、教授，汉语教研室主任，汉语史专业硕士研究生导师。兼任中国语言学会理事、甘肃省语言学会副理事长等学术职务。2002 年 10 月 30 日与世长辞，享年 81 岁。先生四十多年孜孜耕耘，为甘肃教育事业和学术研究贡献了毕生精力，在甘肃教育界学术界享有崇高威望，许多同仁后辈深受先生影响，对先生十分崇敬。先生去世后，兰州大学张文轩教授撰赠挽联"时雨幸沾门墙外，文光永照鹑首间"，表达了甘肃同仁的共同心声。

　　先生长期从事汉语教学工作。除讲授古代汉语、语言学概论等基础课外，还为研究生、教师进修班开设音韵学、词汇学、训诂学、古代文化常识讲座等课程；同时，遵北京师范大学陆宗达教授建议，为宁夏大学汉语史专业硕士研究生讲授音韵学。先生的课讲得精炼透达，深入浅出，深受学生好评；先生非常注意因材施教，从严要求，重视培养学生的基本功。几十年间培养了不少从事汉语教学、研究的优秀人才。

先生一生严于律己，生活俭朴，衣冠整洁，常穿一身中山装，一派中国传统知识分子的风范。除了看书写作及讲课，很少参与其他休闲娱乐活动。对学生学习上要求十分严格，但生活上关爱有加，重要的节日或开学、放假之季，总是和夫人王老师邀请大家到家里，做最好的饭菜招待。每次聚会，大家都能感受回家的温暖。光阴飞逝，世事沧桑，先生仙逝已二十年。回忆过去快乐的岁月，不禁怆然零涕！

先生治学严谨，博学善思，在汉语言文字学、古典文献学等方面有很高造诣，著述丰赡。重要著作有《文言语词工具书介绍》（甘肃人民出版社1978年）、《古代汉语》（甘肃人民出版社1980年初版）、《敦煌残卷古文尚书校注》（甘肃人民出版社1992年）；与程希岚先生联合主编《古代汉语》（吉林人民出版社1984年）、主持编写《汉语成语词典》（上海教育出版社1978年初版，1982年出版修订本、合订本、缩编本及中华书局香港分局租印本，1987年第3版，2001年新世纪版；2002年中央党校出版社新世纪版）；主持注释辛安亭编选的《文言文读本》（甘肃人民出版社1984年）、审订杨爱民编著的《文言虚词类释》（甘肃教育出版社1991年）。发表《关于语音和字音的转变》《反切浅谈》《古典格律诗的格律构成》《试论古汉语的以动用法和"以a为b"式》《先秦文献注释中常被忽略的一个问题——姓和氏》《"见"字的指代作用献疑》等学术论文。

先生的学术研究能沟通古今，关照当代，涉及古代汉语、现代汉语、语言学和古代文化各个方面，布世论著都以独特的视角和科学的方法，明晰的结构和简洁的语言，将问题的本质陈述出来，阐释最关键的部分，使读者易于理解，并快速掌握实践运用的技巧。根据内容，这些论著大致可分为古代汉语研究、现代汉语研究和古文献研究三大部分。下面就本集选文相关的几部重要著作和部分学术论文分别作简要介绍。

二

先生古代汉语研究的成果主要体现在《古代汉语》教材和几篇相关论文

之中。其《古代汉语》，"借鉴现代汉语的内容体系，将全书分作语音、词汇、语法三大部分，正好弥补了一般分古代汉语为文字、音韵、训诂三大块的缺陷，便于初学者运用现代汉语知识去学习古代汉语。在具体问题的阐述上，该书也不乏创见。如作者认为过去的'意动用法'的提法欠妥，不能与所有例句吻合，故新创'以动用法'说。此说得到学术界的基本赞同。特别值得称道的是该书的语音编。这部分以先声母、次声调、后韵母，先中古音、后上古音，先基本知识、后实际运用（反切、文字通假）为基本思路，在内容的先后安排上独具匠心，用不长的篇幅把古代语言知识讲得简明扼要、通俗实用。已故训诂学大师陆宗达先生对此颇为赞赏，曾特意提出让吴教授为宁夏大学研究生讲授音韵学。《古代汉语》在1980年出版后，即引起学界重视，复旦大学、华东师大等院校曾一度将其作为古汉语课的主要教学参考书使用"①。

这部《古代汉语》语音、词汇、语法三大块的基本内容除了具有系统性，还有其独特的学术思考和观点。

语音方面：关于上古汉语声韵系统，在简要说明各家研究成果的基础上，遵用黄季刚先生十九纽和二十八部说；中古汉语声韵系统主要介绍《广韵》音系，声母亦遵用黄季刚四十一纽之说。这些都体现了先生对有关古代汉语语音研究既有成果的评价和选择。而今天看来，四十一纽说是比较科学的，它与曾运乾先生的五十一纽说都是结合《广韵》声系的综合性实际而得出的结论，随着研究的深入，这些结论一定会得到证实。

词汇方面：在构架词汇系统结构的基础上，简明揭示了古汉语词汇的主要特点，如单纯词中单音节词之双声、叠韵的同义词、反义词、同词义反现象；多音词之联绵词与分音、合音词的关系，就是区别于众多《古代汉语》教材而独具特色的。试看：

联绵词中，有些可以合为一个音节。如"扶摇"的合音为"飚"

---

① 韩惠言：《吴福熙教授与古汉语语言学教学和研究》，《社科纵横》，1992年第6期。

（《尔雅·释天》："扶摇谓之飚"），"不律"的合音为"笔"（《尔雅·释器》："不律谓之笔"），"丁宁"的合音为"钲"（《左传·宣公四年》："著于丁宁。"杜预注："丁宁，钲也"），"芜蔚"的合音为"蓷"（《诗经·王风·中谷有蓷》的"蓷"，《经典释文》注为："吐雷反。韩《诗》云：芜蔚也"），"活东"的合音为"鸿"（用闻一多与郭沫若说），"终葵"的合音为"椎"（《方言》："椎，齐谓之'终葵'"），"不肯"之合音为"佣"（《广韵》："佣，不肯也"），"不知"的合音为"粚"（《方言》："粚，不知也"）等。根据这一原则，后来有些单音词也可以扩而为双音节的联绵词，如"毂"成为"轱辘"，"巷"成为"胡同"，"壶"成为"葫芦"，"孔"成为"窟窿"，"角"成为"角落"等。①

重叠词中四音节的对称重叠；双音合成词中两个语素可以颠倒。这些词汇特点的呈现，对科学认识上古汉语构词法及语音变化具有重要的学术价值，它启发我们更加深入地思考汉语的单音节性及构词与语音变化的互动关系。时至今日，这个问题仍然是汉语史研究的重要课题。

语法方面：在现代汉语语法之词法——句法的大框架下，重点讲了古汉语各类词的特点、词类的活用及文言文的特殊句式，其中论述名词、动词、形容词、副词等实词词形的变化及介词、连词、助词等虚词的用法，最具特色。实词词形的变化主要是词头词尾的产生而致单音词复音化，古汉语的名词和动词都有一定数量的词头，其产生是一个动态发展的过程，如名词词头"有""阿""老"的兴替，动词词头"曰""爰""言"等的产生与蜕变，词尾"止""思"等的出现和消失，都是汉语语法史要研究的重要问题。形容词和副词的词尾，不仅是构词成分，更是语义单位，在增强汉语书面语表达效果方面起了重要作用，书中都有丰富的例证和精彩的描述。

关于"词类活用"，先生提出了"以动用法"的概念，并发表专文论

---

①吴福熙《古代汉语》，甘肃人民出版社 1980 年，第 104—105 页。

述。先生认为，"以动用法的主要特征是，这种用法的动词都带有'以……为……'的意思"，这种句式"能表达两种意思，一种是主语认为宾语是（事实不一定是那样）什么样的性质、状态、程度或什么样的人物，另一种是主语按照自己的意志把宾语所代表的事物作为别的什么来使用"①。我们看下面两例：

1. 是以人之于让也，轻辞古之天子，难去今之县令者，薄厚之实异也。（《韩非子·五蠹》）

2. 夫以畏垒之细民，而窃窃然欲俎（zǔ）豆予于贤人之间。（《庄子·庚桑楚》）

上两例分别代表"以动用法"的两种情况，例 1 即传统所谓"意动用法"，这类动词大多原为形容词或名词，是主语主观认为宾语是什么或怎么样；例 2 则表示主语按自己的意志处置宾语，其内涵显然不同。"轻辞古之天子"即"把辞去古时的天子之位看得很容易"，"难去今之县令"就是"把放弃现在的县令看得很难"；而"俎豆予于贤人之间"则是"把我作为俎豆放在贤人中间"。所以，"以动用法"的内涵表述，比"意动用法"的表述要全面，它"包括了'意动用法'的所有格式而其范围又大于'意动用法'，它同'使动用法'有严格的区别。因此，'以动用法'这个名称量较大，使用它并无不可"②。

先生讲古代汉语的句法特点，强调了"无主句""复杂谓语""复说、插说和应答语"及"句中成分的省略"等，对指导学生的古文阅读有很高的实用价值。

今天重读先生的《古代汉语》，能生发出许多值得深入思考和探究的问题，很能说明这部四十年前发行量超过 10 万册的教材的价值。

---

①吴福熙《古代汉语》，甘肃人民出版社 1980 年，第 267—268 页。

④吴福熙《试论古汉语的"以动用法"和"以 a 为 b"式》，见《甘肃教育学院学报》1990 年第 1 期。

三

《文言语词工具书介绍》从我国种类繁多、编排方法和解释对象复杂的工具书中，拣择出学习阅读文言文、研究古代汉语最常用最重要的十八种，结合其编排体例和内容两方面的特点，归纳为三大类：依词义或字形编排的词书，包括《尔雅》《说文解字》《方言》《释名》；韵书和依韵编排的词书，包括《广韵》及《佩文韵府》《说文通训定声》《经籍籑诂》《辞通》《联绵词典》；讲虚词的词书，包括《助字辨略》《经传释词》《经词衍释》《词诠》《古书虚字集释》《文言虚字》《文言虚词》及《诗词曲语辞汇释》。这十八种语文学科的词书涉及汉语要素的语音、词汇、语法及文体、训诂和汉字结构等各个方面。在介绍每部书的过程中，又连类而及，附带讲了与之相关的传本、注本等，实际介绍的词书及注本有七十多种，内容是十分丰富的。先生对每部书的编排体例、收字收词情况、解说内容及后人注解研究成果，作了全面的介绍和分析评价。介绍内容深入浅出，易于读者快速掌握这些工具书的基本内容、主要用途和使用方法；关于这些词书的成就与不足及其对后世的影响的分析评价，则不仅有利于读者对其内容择善而从，更能启发后学深入思考有关问题，进行科学研究。

比如论述《说文解字》的传本、注本和对后世的影响，涉及的相关词书就有十六种：徐铉校定本《说文解字》，徐锴《说文解字系传》，段玉裁《说文解字注》，桂馥《说文解字义证》，王筠《说文释例》《说文句读》《说文补证》《句读补证》《说文系传校录》，丁福保《说文解字诂林》《说文解字诂林补遗》以及吕忱《字林》，顾野王《玉篇》，梅膺祚《字汇》，张玉书、陈廷敬等《康熙字典》，欧阳溥存《中华大字典》。在确立《说文》"保存了一批古代文字，并且说明了那些字的构造原理""给我们记载下很多古代文化知识""开创了部首编排法"三大贡献的同时，梳理清楚了《说文解字》的整理注释及按部首编排字典发展演变的基本情况，是对《说文》学和字典史考镜源流的工作，体现了重要的学术价值。

又如《〈方言〉介绍》一章，在探讨《方言》的作者、成书过程，介绍其编排方法和主要内容之后，就其功用和对后世的影响作了全面论述，指出它保存了大量活在当时人民群众口头中的方言词语，不但是我们阅读古籍、研究现代方言的重要参考，还可以帮助我们了解当时社会的一些情况。它还有一个重要的影响，就是推动了后世的方言调查和研究工作，所以"续补《方言》的人和书都很多，其中有的是零星记录一些方言的资料，例如唐代颜师古的《匡谬正俗》，宋代王应麟的《困学纪闻》，明代陶宗仪的《辍耕录》、杨慎的《丹铅总录》、胡应麟的《庄狱委谈》、郎瑛的《七修类稿》，清代赵翼的《陔余丛考》等；此外专书续补的也不少，例如杭世骏的《续方言》、程际盛的《续方言补》、徐乃昌的《续方言又补》、程先甲的《广续方言》、张慎仪的《续方言新校补》等，都是从唐宋以前的文献中采辑的，还有如李实的《蜀语》、胡文英的《吴下方言考》、孙锦标的《南通方言疏证》、毛奇龄的《越语肯綮录》等等，都是专门记载某一地区的方言的"，而"章太炎的《新方言》是运用古今音转的定律来说明现代的活语言，他创立了六个条例来解说二十类词语"。在充分肯定这些文献重要资料价值的同时，先生也简明评价其中存在的不足。目前，我国学术界的方言研究可算是一个热点，上述文献已引起不少学人的重视，而先生的述论是开了先河的。其他各书的介绍也大都如此，不再一一赘述。

以上所述充分说明，《文言语词工具书介绍》不仅是一部具有很高实用价值的工具书手册，更是一部对研究古代词书字典具有开导先河意义的学术专著，在今天，它仍然具有广泛的社会实用性和很高的专业学术性。

先生对古代词书字典有如此深厚的学养，因而在词书编写的实践中发挥了巨大的作用，主持、参与编写了多部字典词书，其中最有影响的就是《汉语成语词典》（以下简称《词典》）。由于其体例形制的限制，本书不能选录《词典》的内容，但作为先生主持完成的重要成果，有必要在这里介绍一下。

《词典》上海教育出版社1978年初版后，享誉海内外，长销不衰。后来又陆续出版了续编、修订本、合订本、缩编本、中华书局香港分局租印本等多种版本。截至1981年，估计总印数为1200多万册（据1982年修订本《前言》），到2001年，累计印数达3000万册以上（据上海教育出版社2001年

11 月新世纪版《说明》）。2002 年中共中央党校出版社新世纪版《后记》中说："本书是由张纯鉴同志发起并组织人力编写的。参加初稿的执笔人有匡扶、彭铎、吴福熙、杨凤清、张纯鉴、赵中立、甄继祥等同志（按姓氏音序排列），由彭铎、吴福熙、张纯鉴修改，吴福熙统一体例并加工润色。彭铎还审阅了 1982 年的修订稿。续编由吴福熙、张纯鉴、甄继祥执笔，吴福熙统一定稿。1982 年的修订本和这次的增订本，增删修改均由吴福熙主持其事。2000 年的修订任务由吴福熙、张纯鉴、甄继祥三人承担。"这部词典是集体劳动和智慧的结晶，但作为统稿定稿人和编写主持人，从体例统一、例证审核到文字加工润色，先生付出了心血，贡献了才智。记得 1990 年的冬天，先生搬过一次家，我发现先生手写的卡片，单是有关《词典》的就有五大纸箱，按音序排列，卡片有的已发黄变黑，有的半新不旧，有的则完全崭新。卡片上的字迹工整清晰，遒劲有力，或是对一条成语的解释，或是对原来解释的修改，或是记录某条成语的最早出处。我看着这么多的卡片，情不自禁地对先生说："这可是您的宝贝啊！"先生笑了笑，说："有些问题还需探究。"至 2001 年《词典》新世纪版面世之时，先生又倾注了十年的心血。

《词典》一出版即在学界产生了重大影响，蔡尚思《中国文化史要论（人物?图书)》增订本《工具书与语言文字学史上的代表人物和主要图书》一节中所列成语词典只甘肃师大中文系《汉语成语汇释》一家。中国社会科学院语言研究所研究员王克仲说："这部词典是迄今为止在同类词典中的一部较好的工具书。它的出版是受欢迎的。""通观全书，可以看出，这部词典并不是一个简单的摘录汇编。编纂者在吸收前人研究成果的基础上，对成语的释义、溯源、流变考证、同义定型、近义辨析等方面做了不少的研究工作。"①正因如此，它的面世，引起了学术界对词典编纂问题的深入研究和讨论，促进了我国辞书研究和编纂工作的迅猛发展。

《词典》能简明准确地解释成语中的疑难词语，串讲成语的基本意义或比喻意义；尽可能地指出成语的最早出处；不仅解释成语的原义，还能注意其

---

①王克仲《〈汉语成语词典〉读后记》，《中国语文》1979 年第 3 期第 232 页。

含义和用法的演变；对成语中容易误读、误写和误释的字，能加以辨正；对字形变异或意义相同相近的成语，用"也作"或互见加以贯通。所以，对语文工作者尤其是从事语言文字普及的工作者和各个层次的学生，具有很高的实用价值。我们举几个例子，可以充分说明这点。例如：

【保残守缺】bǎo cán shǒu quē 保：守住不放。守住陈旧、残破的东西，不肯放弃。形容泥古守旧。《汉书·楚元王传附〈刘歆传〉》："信口说而背传记，是末师而非往古……犹欲保残守缺，挟恐见破之私意，而无从善服义之公心。"现多作"抱残守缺"。①

【抱残守缺】bào cán shǒu quē 抱：坚持不放。守住陈旧、残破的东西，不肯放弃。原来比喻泥古守旧。清·江藩《汉学师承记·顾炎武》："二君以瑰异之质，负经世之才……岂若抱残守缺之俗儒，寻章摘句之世士也哉！"现多比喻思想保守，不肯接受新事物。也作"抱残守阙"。清·龚自珍《乙丙之际箸议第六》："及其衰也，在朝者自昧其祖宗之遗法，而在庠序者犹得据所肄习以为言，抱残守阙，纂一家之言，犹足以保一邦，善一国。"参"保残守缺"（本页）。②

两条成语意义基本相同，但也有用字差异和意义方面的演化，《词典》都有简洁清晰的训释和说明，两条互参，读者就可以清楚地了解它们的原始义、后起义及用字差异，从而准确理解古籍，并能正确运用这两个成语。又如：

【同舟共济】tóng zhōu gòng jì 济：渡水。大家坐一条船过河。比喻在困难的环境中，同心协力，战胜困难。《孙子·九地》："夫吴人与越人相恶也，当其同舟而济，遇风，其相救也如左右手。"《后汉书·朱晖传·朱穆》："夫将相大臣，均体元首，共舆而驰，同舟而济，舆倾舟覆，患实共之。"《三国志·魏书·毌丘俭传》注引文钦与郭淮书："夫当仁不让，况救君之难，度道远艰，故不果期要

---

①《汉语成语词典》（新世纪版），中共中央党校出版社，2002年，第26页。
②《汉语成语词典》（新世纪版），中共中央党校出版社，2002年，第26页。

耳。然同舟共济，安危势同；祸痛已连，非言饰所解，自公侯所明也。"参"风雨同舟"（204 页）。①

【风雨同舟】fēng yǔ tóng zhōu 在狂风暴雨中同乘在一条船上，与风雨搏斗。比喻共同经历患难。语本《孙子·九地》"夫吴人与越人相恶也，当其同舟而济，遇风，其相救也如左右手"。②

"同舟共济"和"风雨同舟"在实际使用中意思是完全一样的，但词形不同，《词典》以互参处理，是非常恰当的。又古籍常用"同舟而济"，今作"同舟共济"，《词典》的解释反映出了这条成语的演化过程。

《词典》初版之后，一直随着修订工作不断成长完善，举一个"安贫乐道"在几个版本中释义的例子，就能说明这一点。《词典》上海教育出版社 1978 年 6 月第 1 版第 5 页曰：

【安贫乐道】ān pín lè dào 这是古代剥削阶级提出的一种骗人的话，意思是要人们安于穷苦生活，愉快地接受他们的那套说教。《后汉书·韦彪传》："安贫乐道，恬于进趣，三辅诸儒莫不仰慕之。"鲁迅《花边文学·安贫乐道法》："劝人安贫乐道是古今治国平天下的大经络，开过的方子也很多，但都没有十全大补的功效。"

《词典》上海教育出版社 1982 年 7 月第 2 版第 5 页曰：

【安贫乐道】ān pín lè dào 安贫：安于贫困。乐道：以守道为乐。处于贫困境地，仍以守道为乐。这是儒家所提倡的立身处世的态度。《后汉书·韦彪传》："安贫乐道，恬于进趣，三辅诸儒莫不仰慕之。"

上海教育出版社 1986 年 12 月第 1 版增订本，中华书局香港分局 1986 年 2 月初版及上海教育出版社 1987 年 9 月第 3 版皆与 82 年修订本同。上海教育出版社 2001 年 11 月新世纪版中该条成语的解释是：

【安贫乐道】ān pín lè dào 安贫：安于贫困。乐道：以守道为

---

①《汉语成语词典》（新世纪版），中共中央党校出版社，2002 年，第 673 页。
②《汉语成语词典》（新世纪版），中共中央党校出版社，2002 年，第 204—205 页。

乐。处于贫困境地，仍以守道为乐。这是儒家所提倡的立身处世的态度。《后汉书·韦彪传》："安贫乐道，恬于进趣，三辅诸儒莫不仰慕之。"也作"乐道安贫"、"安贫守道"。《晋书·儒林传论》："史臣曰：……宣子之乐道安贫，弘风阐教：斯并通儒之高尚者也。"宋·苏轼《荐布衣陈师道状》："臣等伏见徐州布衣陈师道，文词高古，安贫守道。"

1978 年初版中的释义，显然带有"文化大革命"时期的政治色彩，将它作为贬义词处理，但明确标出了该成语的出处；后来的修订版、增订版都对释义作了修改，去掉了"文化大革命"激进语言的时代烙印，回归到了词的本义；新世纪版不但遵循本义解释，而且揭示了其形式的流变情况，并举出了恰当的例证。其成长成熟的过程正是编著者几十年呕心沥血的见证，也正因如此，它至今仍是最为读者熟知、最受读者欢迎的成语词典。

四

先生的《敦煌残卷古文尚书校注》一书于 1992 年 12 月由甘肃人民出版社出版，它是西北师范大学古籍整理研究所与敦煌研究院敦煌遗书研究所合编的《敦煌文献丛书》中的第一部著作，对散见于敦煌遗书中的古文《尚书》残卷作了全面整理和研究。全书包括录文、校注和论述三个部分。录文部分将敦煌遗书中载有《尚书》的 23 个卷子全部过录，除书写款式有技术性调整外，字形、文句均依残卷原形摹写；校注部分将残卷与今本《尚书》对比校勘，并参以阮元校刻《十三经注疏》中的《尚书校勘记》等材料，逐一注明残卷中的脱文、衍文、异文、古字等，并尽量申明残卷与今本的是非得失；论述部分综论残卷古文《尚书》的概况及其价值。

先生在整理过程中发现，在载有《尚书》经传的 23 个卷子中，有些实际是原来相连、同属一卷，后来断裂为二卷、三卷乃至四卷的，经拼接而成连贯的原文。对比书写的行款与字体，断定除了伯 3670 号与伯 2516 号相连之外，还有伯 3752 号与伯 5557 号二卷相连；伯 3605 号、伯 3615 号与伯 3469 号三卷相连；伯 4033 号、伯 3628 号、伯 4874 号与伯 5543 号四卷相连。这是先生整理《敦煌残卷古文尚书》的重要贡献，不论对写本还是对传世本《尚书》的研究，都有十分重大的意义。该书为研究古文《尚书》提供了丰富的有价值的材料，并能明真伪，辨是非，确定今本与写本的优劣得失。比如今本《盘庚上》之"汝曷弗告朕而胥动以浮言？恐沉于众"，传曰："曷，何也。责其不请告上而相恐，欲以浮言不徙，恐汝沉溺于众，有祸害。"[①]葛本、闽本、明监本"请"作"情"，毛本"情"字上面又有"以"字，敦煌写本伯2643号卷子正作"不以情告"，与毛本同。先生指出："今本作'不请告'，错误显然，而'不以情告'则语法妥贴，两者相较，是非自见。"[②]此类例子于该书校注部分及论述部分都有很多。书中还精辟地阐述了敦煌残卷古文《尚书》的价值：（一）补经传之缺失——在经文方面，总的情况是写本与今本大同小异，而这些小异之处，大多是写本正确。（二）正经传之误差——写本与今本的差异主要在传文方面，其情形同样是今本的差误较多而写本较少。（三）明《释文》之原貌——今天我们看到的《经典释文》，是北宋开宝年间修改过的，因而非其原貌。敦煌写本中有各经的《释文》共十余种，其中《古文尚书释文》仅伯3315号一卷，此卷为《尚书释文》的《尧典》《舜典》部分。《尧典释文》约有一半，《舜典释文》完整，这可使我们窥《古文尚书释文》原貌之一斑及宋代删改的具体情况。先生据《舜典释文》今本与写本的差异，证明陆德明《舜典释文》悉据王肃注本，只是因宋人删改太多，以致今本失陆书之原貌。（四）助版本之品评。由于写本非一人一时之所抄，因而可作为品评各种版本的标准。这些论述对我们研究写本《尚书》乃至整个敦煌写本都有很大启发。比如对读《尧典》《舜典》的今本与写本《释文》，发现变化非常之大，今本被删改的主要是两方面的内容：一是凡云"×古×字"的一律删除了，二是多数释义的内容被删除，只保留了音注。有关古字的解释被删，肯定是因为经文正文被改为通用字了；有些字的释义被删，大概是宋人看到经文的唐宋人注释已足够翔实，《释文》的解释显得多余，

---

①《十三经注疏》，中华书局，1980年，第169页。

②吴福熙《敦煌残卷古文尚书校注》，甘肃人民出版社，1992年，第221页。

故直接删除了。如今本《尧典》"於，鲧哉！"今本《经典释文》注："於，音乌。鲧，故本反。马云：禹父也。"①写本《尧典释文》则云："曰於，音乌，叹美。，古鲧字，故本反。崇伯之名。马云：颛顼之子，禹父也。"②今本删去了"，古鲧字"与"崇伯之名""颛顼之子"三条注语。今本经文作"鲧"字，当然没有必要出古字""的注释了。再看注疏，伪孔传曰："鲧，崇伯之名。"孔颖达疏曰："《周语》云：'有崇伯鲧。'即鲧是崇君，伯爵，故云'鲧，崇伯之名'。"③注和疏都已注明鲧是崇伯之名，所以若附《释文》时再出此注，就多余了。由此也可以看出，宋人可能是先将《释文》改定之后，才附在各经相应位置上的。再看写本《尧典释文》与今本两处不同：

帝曰："畴咨若予采。"

今本《释文》："若予，音馀；又羊汝反。"④

写本《释文》："若予，羊汝反，我也。一音馀也。"⑤

岳曰："否德忝帝位。"

今本《释文》："方久反，不也；又音鄙。"⑥

写本《释文》："否德，音鄙，又方久反。不也。"⑦

"音馀"与"羊汝反"是平声与上声的不同，声母韵母皆同。今本选择平声为正音，写本则以上声为正音。"予"的本义是"给予"，《说文》："予，推予也。"《唐韵》"余吕切"，上声字。"予"作第一人称代词，应当是通"余"，汉代今文经一般用"予"，而古文经一般用"余"。今本《尚书》用"予"不用"余"，钱宗武说：

宋代洪适著《隶释》和《隶续》。《隶释》卷十四载汉石经残

①黄焯《经典释文汇校》，中华书局，2006年，第72页。

②吴福熙《敦煌残卷古文尚书校注》，甘肃人民出版社，1992年，第59页。

③《十三经注疏》，中华书局，1980年，第122页。

④黄焯《经典释文汇校》，中华书局，2006年，第72页。

⑤吴福熙《敦煌残卷古文尚书校注》，甘肃人民出版社，1992年，第59页。

⑥黄焯《经典释文汇校》，中华书局，2006年，第72页。

⑦吴福熙《敦煌残卷古文尚书校注》，甘肃人民出版社，1992年，第60页。

字，《商书·盘庚》："今予其敷腹肾肠。""予"作"我"。《隶续》载魏三体石经《周书·大诰》"予维小子"句，"予"作"余"。可知汉魏以前的古本《尚书》"予"或作"我"或作"余"。有可能西晋"永嘉之乱"后，梅赜献的本子"余"皆改定为"予"。[①]

这个问题还需要深入研究。而今本和写本对声调的不同选择，也可能是古今声调差异的反映。"否"字今本《释文》"方久反"在前而写本"音鄙"在前，也反映了"否"字古今音变及宋人对《经典释文》的篡改情况。否、鄙二字上古皆帮母之部字。"否"之"方久切"，在《广韵》为非母有韵；"鄙"《广韵》"方美切"，非母旨韵；《集韵》"补美切"，则为帮母旨韵。反切上字由"方"改为"补"，表明声母轻重唇音已分化；有韵与旨韵之别则说明上古之部字演变分化的情形，《经典释文》原本和今本都保留了"否"的不同方言变体，而对正音的确定标准不同。我们因此可窥宋人改音原因之端倪，这对汉语语音史的研究是十分有价值的。黄焯的《经典释文汇校》校语中全面吸收了写本《释文》的材料，但书出版于 2006 年，比先生著作晚十四年。因此，先生揭示写本《释文》对研究《经典释文》原貌的作用，是具有非常敏锐的学术眼光的。

五

先生发表的学术论文主要有《关于语音和字音的转变》《反切浅说》《古典格律诗的格律构成》《先秦文献注释中常被忽略的一个问题——姓和氏》《试论古汉语的以动用法和"以 a 为 b"式》《"见"字的指代作用献疑》等，其中都体现了独特的学术观点和研究方法。关于"以动用法"，上文已论及，这里就其他几篇作简要陈述。

《关于语音和字音的转变》，是对黄绮《语音和字音》一文的补充，主要讨论现代汉语语流音变的特点和原因。论文指出在声母不变的情况下，韵母

---

① 见《今文尚书语言研究》第 241 页，岳麓书社 1996 年 4 月第 1 版。

的变化，其鼻音韵尾脱落或增加，即古人所谓"阴阳对转"是常见的；而以ㄨ、ㄩ为韵头或以ü、o、e为单韵母的字，语流音变有其特点："在一般情况下，韵母ㄨ只有和ㄍ、ㄎ、ㄏ三个声母相拼的时候不常发生音变。（"还"字是个例外，它的变化和其他以ㄨ为介母的字的变化完全相同。）此外其他声母和ㄨ相拼，特别是以ㄨ为介母的字，很容易发生变化。如ㄨ是字音的介母，在语音中往往去掉；如ㄨ是字音的单韵母，在语音中往往变成ㄡ[①]。"其音理是"ㄨ是圆唇的后高元音，在它和声母拼音时——尤其是在它作介母用的时候——唇舌位置的变化较大；同时汉字的特点是一个字一个音节，在每个字单独念的时候，还可以把每个音素都念出来，但在讲话时是整句地或成词组地说，读音就有趋简的要求，那么发音时唇舌位置变化较大的元音ㄨ便常常被省略掉了。"至于ü，由于它是和i相配的圆唇元音，"发音时舌头的高低前后都和ㄧ相同，而唇形则和ㄧ相反（ㄧ是平唇，ㄩ是圆唇）；ㄩ介音字的语音发生变化，ㄩ变成ㄧ，介音去掉圆唇成分。"先生通过分析方言中众多语流音变的例子后，得出结论：

> 凡是一个字的韵母在语音中发生变化，大都是将字音中圆唇的、较高的元音变为平唇或自然唇的、较低的元音。

论文指出，口语方音中存在的声母异读现象，大多是古今音的不同，方言中往往遗存古音；而普通话零声母的字方言中常常有增加辅音声母（主要是加鼻辅音声母）的变化。

可以看出，先生揭示汉语口语语流音变的规律，能够沟通古今，解释力很强，对我们进一步认识介音在古今音变中所起的作用有很大启发意义。

对现代大多数人来说，反切注音法已经是比较陌生的东西，理解掌握起来有一定困难。先生《反切浅说》一文，在介绍反切的基本概念，交代汉语音节的特点，说明这种方法是适应汉语语音特点而创造的基础上，"以北京语音为标准，以拼音方案为表音的符号来谈反切注音的方法"，所以简洁明

---

①编选者按：吴先生文章发表时我国还用注音字母，ㄨ即汉语拼音字母之u，ㄩ即ü，ㄍ、ㄎ、ㄏ即g、k、h，ㄡ即ou，ㄠ即ao，ㄢ即an。

了，易于理解掌握，为现代人学习这一汉字注音法提供了极大的方便，充分体现了科学论文的实用价值。

近体诗的格律构成，对现在中文专业的学生来说，也都不容易掌握。先生《古典格律诗的格律构成》却将它讲得深入浅出。文章将格律诗中的一个语音停顿称为一个音段，五言和七言两种句子中的单音节音段都只有一个，则五言诗句分三音段，七言诗句分四音段。在此前提下，分别从句和篇的构成两个方面，推出五言和七言律诗的格律构成。

先生指出，句子的构成就是音段的组合，格律诗句平仄的构成规律是：双音节音段与双音节音段相连其平仄必须相异。单音节音段出现在末一音段时，其平仄必须与上一音段相异；出现在倒数第二音段的位置时，它的平仄必须与上一音段相同。七言诗句就是在五言句的前面加上一个与相邻音段平仄相反的双音节音段。格律诗篇的构成，就是"对"和"粘"的规律。"对"的规律为：如果首句不入韵，对句直接平仄相对即可；如果首句入韵，则变化主要在后两个音段，它们单双相反，而平仄相同。"粘"是上联对句与下联出句之间音段的组合规律，其前一（五言）、二（七言）音段平仄相同，后两个音段单双相反，而平仄相对。

先生对格律诗的构成规律所作的最精准概括，是一个关乎古代文学和古代汉语巧讲巧学的绝好案例。学生掌握了这个方法，便可以简驭繁，举一反三，迅速了解格律诗的韵律特点，顺利从事鉴赏和创作活动。

姓和氏是我国古代史和文化史中的重要问题，我国周代尤其是春秋及其以前，男子称氏，女子称姓，是非常严格的。但后世文献中常常将两者混同。先生《先秦文献注释中常被忽略的一个问题——姓和氏》这篇论文在梳理自《世本》《白虎通》《潜夫论·志氏姓》《通志·氏族略》直至清代学者顾炎武、钱大昕相关论述的基础上，重点分析了历代文献中误释误用姓氏的实例。在具体分析实例的过程中，先生有不少有价值的发现，如根据清人张澍所辑《世本》中关于姓氏的几条材料，先生对《世本》为战国时人所作的真实性提出质疑。又如王符《潜夫论·志氏姓》曰："黄帝之子二十五人，班为十二：姬、酉、祁、己、滕、葳、任、拘、釐、姞、嬛、衣，氏也。当春秋，晋有祁奚，举子荐雠，以忠直著。"先生有一段精彩的评析：

> 举祁奚为例来证明古有祁姓是错认家门了。根据我们现在的认识，既然当时以祁奚名于世，当然祁就不是他家的姓而是他家的氏。根据《通志·氏族略》的说法，祁奚是晋献公的四世孙，那当然就姓姬了。下面把《氏族略》的原文摘录一段："祁氏。姬姓，晋献公四世孙。奚为晋大夫，食邑于祁，遂以为氏。其地即今太原祁县是也。犹有祁奚墓。或云：'隰叔之后，与士氏同族。'又祁亦姓也。"（见《氏族略第三·以邑为氏·晋邑》）

> 可是郑樵的这段文字也有问题，他让两种说法并存，不加评断，反映了郑樵虽然在讲氏族，其实对有些事情尚未搞清。前面说祁奚的祁是氏，后面说"祁亦姓也"，这都合乎历史实际。但又引"或云"则完全不对。隰叔之后的士氏，是指晋国士蒍、士会之族。根据古史，隰叔是陶唐（即尧）之后，应该姓祁。士氏因采邑的变更，先后食采于随、范，所以士会后来有时称随会，有时称范会。《左传》成公、襄公年间晋国的栾黡之妻、栾盈之母栾祁，就是范宣子士匄之女。当时女子称姓，祁是她娘家的姓当毫无疑问。怎么能把姓姬的祁奚和姓祁的士氏看作同族呢？

辨正"祁奚"之"祁"为氏而"祁"姓为陶唐（即尧）之后，二者不可混淆。没有深厚的学养，是很难发现并分析清楚这类问题的。

《"见"字的指代作用献疑》对吕叔湘先生《"见"字的指代作用》一文的观点作了具体辨析。吴先生说，吕先生认为"'见V'式有表施动与表被动两种，这是符合汉语实际的。但吕先生认为表施动的'见V'式的'见'字'有类第一身之指代词，或更审慎言之，见字表示第一身代词作宾语之省略'。这又是我所不能接受的，这正是本文写作的出发点"[1]。文中连带分析了杨树达、董志翘、姚振武等先生的相关研究，认为"见V"式的"见"大多可易

---

[1]吴福熙《"见"字的指代作用献疑》，《兰州大学学报》1996年增刊，第31页。

为"加"或"施"。而这种结构能表示施受相反的两种意义,"关键在'见'这个词上,'见 V'式所以有此作用,主要是'见'具有这种相反的两种意义('见'字的其他意义,这里概不涉及)。这在训诂学上称之为施受同辞,总括地说可称之为正反同辞。"文章还对"见 V"句与"被"字句作了比较,认为"见"有"加"义,而"被"字也有"加""覆""受"诸义,从而得出:

> "被"字的"加"义在前,而"受"义则在其后,可能,"受"
> 义是从"加"义转化而来。同样的情况,"见 V"式表施动的时代
> 在前,表被动的时代则较后。在矛盾统一体内,事物的转化不是矛
> 盾的双方同时都在转化,而是矛盾的某方在一定条件下向相反的方
> 向转化……不管"见"字最早是表被动还是表施动,在一定条件下
> 其转化恐怕只能是单向的。即以"美恶同辞"的"乱"和"治"、
> "苦"和"快"来说,"乱"可转有"治"义,而"治"则没有
> "乱"义;"苦"可转有"快"义,而"快"则没有"苦"义。以近
> 现代汉语来看,"乖"原为"乖戾之乖",现已转为"乖巧""乖
> 顺"之义;"没治了"本指病入膏肓,而现在北京人却用以形容好
> 到极点,虽然这种转化原来可能有其修辞上的原因,但都是向其相
> 反的方向转化。我认为这种矛盾统一体的转化正是"见 V"式既能
> 表施动、又能表被动的根本原因。①

文中还几次提到,古文献中"见 V"句式的选择及"见 V 于 X"中"于"字的有无,可能与表达习惯及音节和谐有关,这也是一个值得深入探讨的问题。董志翘 2020 年发表了《再论"见 2V"句中"见 2"的功能及词性》一文,在详细梳理前人研究的基础上,搜集了中土文献及汉译佛典中大量的用例,通过分析对比,得出结论:

> "见"与"加"语音上相近;古人训诂中亦多见以"加"释"见"……
> "见 2V"句中的"见 2"并非代词、副词,而是相当于"加",其性质乃表示

---

① 吴福熙《"见"字的指代作用献疑》,《兰州大学学报》1996 年增刊,第 35—36 页。

对某一事物施加某种动作的"形式动词",真正表示动作的是后面的动词 V。

可以看出,这个结论与吴先生二十多年前的观点十分相合,这更有力地证明了先生论文的学术价值。

六

这次编选文集,除了几篇重要论文,还选了《古代汉语》几编中独具特色的一些章节、《文言语词工具书介绍》及《敦煌残卷古文尚书校注》中的《敦煌残卷古文尚书概况及其价值》一文,以期能较全面地展现先生的学术成就。工作过程中,兰州大学张文轩教授、兰州城市学院莫超教授,我的师兄马建东、韩惠言及师妹乔秋颖出谋划策,搜集资料,订补缺失,给予大力帮助;同时受到先生长女吴霞的鼎力支持;研究生宋晓晔、王瑾、张骁承担文字录入之劳。在此一并表示真诚感谢!

受业 周玉秀谨记
2021 年 12 月修订

目　录

关于语音和字音的转变

本刊总第二十八和二十九期上登载的黄绮先生的《语音和字音》一文，搜集了很多语音和字音转变的材料，并且提出一些转变的条理。现在我想根据原文的材料来加一些补充的解释。

语音和字音的转变不外声母、韵母和声调三方面的变化，变化的条理也应从这三方面来寻找。关于声调方面，我没有甚么补充。下面我只谈一些关于韵母和声母方面的变化。

甲、韵母的变化，也就是黄先生所说的"因为声母相同而转变的"一类。这类变化，最常见的大都是以ㄨ、ㄩ为介母或是以ㄨ、ㄛ、ㄜ为单韵母的字，由字音转变到语音往往是去掉介母或是变单韵母ㄨ、ㄛ、ㄜ为ㄡ、ㄚ及与ㄚ结合的复韵母。像"凿"ㄗㄨㄛ变为ㄗㄠ，"谁"ㄕㄨㄟ变为ㄕㄟ，"还"ㄏㄨㄢ变为ㄏㄞ，"都"ㄉㄨ变为ㄉㄡ，"雀"ㄑㄩㄝ、"觉"ㄐㄩㄝ变为ㄑㄧㄠ、ㄐㄧㄠ，"白"ㄅㄛ、"百"ㄅㄛ变为ㄅㄞ、ㄅㄞ，"宅"ㄓㄜ、"拆"ㄔㄜ变为ㄓㄞ、ㄔㄞ等等都是。

但这些韵母的变化又各有自己的特点。

在一般情况下，韵母ㄨ只有和ㄍ、ㄎ、ㄏ三个声母相拼的时候不常发生音变。（"还"字是个例外，它的变化和其他以ㄨ为介母的字的变化完全相同。）此外其他声母和ㄨ相拼，特别是以ㄨ为介母的字，很容易发生变化。如ㄨ是字音的介母，在语音中往往去掉；如ㄨ是字音的单韵母，在语音中往往变成ㄡ。这种变化不但见于北京话，也见于其他方言。如河北省的有些方言把"开滦"的"滦"ㄌㄨㄢ念成ㄌㄢ，"醉"ㄗㄨㄟ念成ㄗㄟ；在淮阴方言中，遇到有介母ㄨ的字（与ㄍ、ㄎ、ㄏ拼音时除外）都去掉这个介母；北京话的有些字音和其他"官话"比较，也常有少一介母ㄨ的情形，像"雷"字在有些"官话"中念ㄌㄨㄟ，北京话则念成ㄌㄟ的音。所以发生这种变化的，大概因为ㄨ是圆唇的后高元音，在它和声母拼音时——尤其是在它作介母用的时候——唇舌位置的变化较大；同时汉字的特点是一个字一个音节，在每个字单独念的时候，还可以把每个音素都念出来，但在讲话时是整句地或成词组地说，读音就有趋简的要求，那么发音时唇舌位置变化较大的元音ㄨ便常常被省略掉了。甚至像"尾"，字音ㄨㄟ，语音ㄧ，失落ㄨ介音又改变元音。

ㄩ除了作零声母字以外，作介母和单韵母用时和ㄐ、ㄑ、ㄒ三个声母相拼的机会最多。用ㄩ作介母的词，发音时有圆唇作用。ㄩ是和ㄧ相配的圆唇音，发音时舌头的高低前后都和ㄧ相同，而唇形则和ㄧ相反（ㄧ是平唇，ㄩ是圆唇）；ㄩ介音字的语音发生变化，ㄩ变成ㄧ，介音去掉圆唇成分。"雀""觉""血"等字的语音都是这样转变的。"药""钥"的字音是ㄩㄝ，语音是ㄧㄠ，也是同类的演变。

在上面ㄨ、ㄩ两个韵母的转变中，还可以看到一种现象，就是在失落或变换以后，剩下的或换上的韵母大都是较ㄨ、ㄩ为低的元音。像"学"（ㄒㄩㄝ）变为ㄒㄧㄠ，如将ㄧ丢开不管，单看由ㄝ到ㄠ的变化（ㄠ是由ㄚ到ㄨ的复合韵母，ㄚ是最低的元音），正是一种趋低的现象。因此，可以得出一个结论：凡是一个字的韵母在语音中发生变化，大都是将字音中圆唇的、较高的元音变为平唇或自然唇的、较低的元音。这现象在韵母ㄛ和ㄜ的变化中也同样可以看到。

韵母的转变还有一种失落或增加鼻音韵尾的情形，像"还"ㄏㄨㄢ变为ㄏㄞ。"还"字的语音在去掉介母ㄨ以后是ㄏㄢ（=ㄏㄚㄋ），鼻音ㄋ再变成ㄧ（ㄞ是由ㄚㄧ复合而成的）。这是一种由鼻音韵尾转变的情形。相反的，还有一种增加鼻音韵尾的情形，像"诉"字的字音是ㄙㄨ，语音则加上一个鼻音，念成ㄙㄨㄥ。

以上是由字音变为语音的情形，但有时语音也受字音的影响，将字音中的介母变为ㄨ或ㄩ，像"太"ㄊㄞ，变为ㄊㄨㄟ，"爪"ㄓㄠ，变为ㄓㄨㄚ，

"淋"ㄌㄧㄣ，变为ㄌㄩㄣ，"癣"ㄒㄧㄢ，变为ㄒㄩㄢ等等。

乙、声母的变化，也就是黄先生所说的"由于同韵母而转变的"一类。声母的转变，当然主要是由于发音方法和发音部位的改变，但结合汉语的发展情况来看，也可以说是古今音变所遗留下来的一些痕迹。汉语古音中没有ㄍ、ㄎ、ㄏ和ㄐ、ㄑ、ㄒ的分别，现在有些声母是ㄐ、ㄑ、ㄒ的字，在古汉语中声母大多数是ㄍ、ㄎ、ㄏ。这种古今音变的迹象，仍然有些保存在现在的语音和字音的差异上；有的是语音保存了古音，有的是字音保存了古音。如"搅"ㄐㄧㄠ的语音是ㄍㄠ，"槛"ㄐㄧㄢ的语音是ㄎㄢ，"倾"ㄑㄧㄥ的语音是ㄎㄥ，"虾"ㄒㄧㄚ的语音是ㄏㄚ，"角"ㄑㄩㄝ的语音是ㄍㄚ（如"角落儿"，有的方言里说ㄍㄚㄌㄚㄦ），"去"ㄑㄩ的语音是ㄎㄜ等等，都是语音保存古音的现象；但"更""耕"ㄍㄥ的语音是ㄐㄧㄥ，"隔"ㄍㄜ的语音是ㄐㄧㄝ，则是字音保存了古音。这种情形在好些方言里都有。像吴语方言中，"家"的字音是ㄐㄧㄚ，语音则是ㄍㄚ；"贵"的字音是ㄍㄨㄟ，语音则是ㄐㄩ。

此外，像"澄"ㄔㄥ的语音是ㄉㄥ，也是古今音变的迹象。清人钱大昕的《十驾斋养新录》里说过古无舌头舌上之分，就是说有一部分ㄓ、ㄔ是从古音ㄉ、ㄊ变来的。这里"澄"字的音变就是语音保存古音的现象。

至于像"拗"字由ㄠ变为ㄋㄧㄡ，乃是一种加声母的变法。"拗"字的语音还可以念成ㄧㄠ，所以把"拗"念成ㄋㄧㄡ的原因，可能就是在ㄧㄠ的前面加上一个声母ㄋ而引起的变化。这在其他方言中也常有相同的情形，像河北省的有些方言常在ㄚ的前面加上一个声母ㄋ，因此便把"爱"ㄞ念成ㄋㄞ，"安"ㄢ念成ㄋㄢ。

（原载《语文学习》1954 年第 10 期）

反切浅谈

一、反切是怎么回事

反切是我国古代的一种注音方法。这种方法是用两个汉字给另一个汉字注音，例如"东，德红切"就是用"德"和"红"这两个字给"东"字注音。这种方法有点像是拼音，但又不同于我们现代的拼音。用来注音的两个字，前一个叫它做反切上字，后一个叫它做反切下字，而被注音的那个字叫它做"被切字"或"所切字"。反切注音的方法是把反切上字的声母同反切下字的韵母拼合起来，构成一个新的音节，便是"被切字"的读音。

"反切"本来是指这种注音方法；由于这种方法最初是称"××反"，唐代以后一般均称为"××切"，后人因而把用这种方法所表示的音值也叫做"反切"了。如有人问："东的反切是什么？"回答说："是德红切。"其实"德红切"是反切这种方法在"东"字上的具体运用，说明确一些，它是"东"字的反切读音。

反切注音的方法本来并不复杂，我们用起来应该不会感到困难，可是现在面对着有些古代的反切却不能切出它们的读音来，这是什么原因呢？其主要原因是古代的语音同现代的语音有所不同。我们现代汉语的语音（包括各种方言的语音）是从古代汉语的语音发展来的，在古代原来就存在着方音不同的现象，古人用当时、当地的语音制定出来的反切，经过多年的发展、变化，因而现代人不能顺利、准确地念出这种反切的读音来是很自然的事情。古人最早使用反切约在东汉末期，到现在已经近两千年了，在这样长的时间里，汉语语音的发展变化是必然的，不过这种发展变化并不是杂乱无章而是有其规律可循的。古今语音之间存在着一定的对应规律，因而我们就可以利用这些对应规律来读这些古代的反切注音。现在我国汉民族的语言还存在着不少方言，这些方言之间的差别主要是在语音方面，而这些不同的现代方音同古代汉语语音的对应规律当然也不是完全一致的。所以，对说某一方言的人来说，只要他掌握了这一方音同古代汉语语音的大致的对应规律和反切的基本方法，那么他就能读出古代反切在这个方言中的现代读音。这里我所说的掌握古今语音的对应规律，不等于要大家都去学习古代的音韵学。因为这种规律并不太复杂，我们也不要把这种对应规律过分神秘化，只要稍加努力，掌握它是并不难的。话说回来，反切原来是一种比较简单的注音方法，后人之所以感到困难，主要是由于没有语音知识和没有掌握有关的古今语音的对应规律。只要说穿了这一点，反切究竟是怎么一回事，有些古代反切为什么念不出它的现代语音来，其答案是很简单的。

二、反切注音的方法

反切注音的对象是汉字，汉字是汉语语音的书写符号。在谈注音方法之前，还得把汉语语音的特点略提一下。对于汉语语音的分析，我们总是把每一个汉语的音节分成三个大部分，即声母、韵母和声调。声母是指每个音节的第一个音素，这个音素大多是辅音，如果不是辅音而是元音（或半元音）时，我们称之为零声母。韵母是指一个音节的声母以后的那些音素，韵母可以只有一个音素，最多可以有三个音素。有时一个音节只有一个音素，即一个元音（严格地说是半元音），这时这个音素既算零声母，又算是韵母。声调是指每个音节在整个发音过程中高低升降的情况。反切注音的方法就是用两个汉字把被切字的声母、韵母和声调都表示出来。下面就以北京语音为标准，以拼音方案为表音的符号来谈反切注音的方法。

（一）基本方法——上字定声母，下字定韵母和声调。这就是说：反切上字确定被切字的声母，即以反切上字的声母作为被切字的声母；反切下字确定被切字的韵母和声调，即以反切下字的韵母和声调作为被切字的韵母和声调。关于声调问题我们先要划清古今的界限。在开始使用反切及其以后相当长的一段时期中，汉语的声调一般是分为平、上、去、入四个调类，而在现代普通话里则是分为阴平、阳平、上声和去声等四个调类，我们这里说的"下字定声调"是指古代的声调，切不能把它同现代的声调混同起来。这一方面的问题我们下面还要讲，这里先举例说明反切的基本方法的运用。例如"康，苦冈切"。我们可以运用拼音方案把"苦"和"冈"两字分先后写出，如 ku+gang，然后取出"苦"的声母 k 和"冈"的韵母 ang 使之拼合，便成为被切字的整个音节 kang；因为反切下字"冈"的声调是平声，所以"康"的声调也一定是平声。为了简便起见，我们对这种过程用下面的式子来表示，并再举几个例子：

冬　都宗切　d(u)+(z)ōng→dōng

欣　许斤切　x(u)+(j)īn→xīn

灰　呼恢切　h(u)+(h)uī→huī

礼　卢启切　l(u)+(q)ǐ→lǐ

轸　章忍切　zh(ang)+(r)ěn→zhěn

短　都管切　d(u)+(g)uǎn→duǎn

酗　香句切　x(iang)+(j)ù→xù

妙　弥笑切　m(i)+(x)iào→miào

（二）现在不能直接拼合的反切由于古今语音的发展、变化在声母、韵母和声调三方面都有所体现，所以在反切问题上也必然要反映出来，下面就从这三个方面来谈一些现在不能直接拼合的情况。

1.声调方面　前面已经讲过，古代汉语的声调一般分为平、上、去、入四个调类，而现代普通话的声调则是阴平、阳平、上声、去声四个调类（其它方言的调类多少不等，最少的为三个，最多的有九个），这两者之间有继承、发展的关系，其变化之最显著者有三点：a.平声的分化为阴平、阳平；b.有些古代的上声字，现在改念去声；c.入声的消失。a、b 两种变化并不是随意乱变而是有严整的规律和一定的条件的。这两种变化的发生都同古代一些浊声母的消失有关。原来古代汉语的声母中有一些浊声母（即浊辅音），在现代普通话里它们都变成清声母了，这些浊声母的消失对声调的分化起了一定的影响。现在只以平声的分化来说，古代清声母的平声字在现代普通话里都念阴平调，古代浊声母的平声字在现代普通话里都念阳平调。因为古代平声只有一种，那时制定反切的人在选用平声的反切上下字的时候，根本考虑不到它是清声母还是浊声母，所以现在我们用起那时的反切注音来，就会遇到一些现在应念阴平的字而它的反切下字却是（现在的）阳平，或者现在应念阳平的字而它的反切下字却是（现在的）阴平，这就是声调方面要谈的第一种不能直接拼合的情况，即：

（1）阴平、阳平不合　例如：

东　德红切　d(e)+(h)óng→dōng

刊　苦寒切　k(u)+(h)án→kān

颠　都年切　d(u)+(n)ián→diān

心　息林切　x(i)+(l)ín→xīn

璜　胡光切　h(u)+(g)uāng→huáng

祈　渠希切　q(u)+(x)ī→qí

平　蒲兵切　p(u)+b(īng)→píng

怀　户乖切　h(u)+(g)uāi→huái

上列的八个例子中，前四个的反切下字现在都应念阳平，可是切得的字都应念阴平，这是因为它们的反切上字的声母在古代都是清辅音；后四个的反切下字现在都应念阴平，可是切得的字却应念阳平，这是因为它们反切上字的声母在古代都是浊辅音。由此可见，凡是平声字的反切，它的下字在表示声调方面只能告诉我们被切字是平声，至于这个字现在应念阴平还是阳平，那还得看反切上字的声母是清还是浊。因此，这里就产生一个问题，即怎么知道哪些字的声母在古代是浊辅音呢？对没有古代音韵学知识的人来说，要全部解决这个问题，当然是比较困难的，但也不是一点办法没有。因为在现代普通话里还保留着一些浊辅音，如 l、n、m、r 就是，这些对我们来说是不难辨认的。此外，以《广韵》一书来看，反切上字中的浊声母字以现代的阳平字居多，我们只要看到反切上字是现代的阳平字，那就有百分之九十以上的把握确定这个字在古代是浊声母字①。

（2）上声、去声不合 有些反切的下字按现代普通话来念分明是上声，可是切得的字却应该念去声；还有些反切的下字按现代普通话来念分明是去声，可是切得的字却应该念上声。例如：

后　胡口切　h(u)+(k)ǒu→hòu

绍　市沼切　sh(i)+(zh)ǎo→shào

静　疾郢切　j(i)+ǐng→jìng

浩　胡老切　h(u)+(l)ǎo→hào

吼　呼后切　h(u)+(h)òu→hǒu

苦　康杜切　k(ang)+(d)ù→kǔ

里　良士切　l(iang)+(sh)ì→lǐ

请　七静切　q(i)+(j)ìng→qǐng

上列的八个例子中前四个的反切下字现在都念上声，后四个的反切下字现在都念去声，而切得的字却分别是去声和上声。这种变化还是同古代的浊声母有关。古代的浊声母可分为两类，一类是现代普通话中还存在的l、m、n和r，在音韵学上称它们为次浊声母；还有一类在现代普通话里已不存在，在音韵学上称它们为全浊声母。古代是全浊声母的上声字，在它们丢失了浊音以后，就全部变成了去声字。其实，上列各例中的后、绍、静、浩、吼、苦、里、请等字在古代都是上声字，前四个字的声母是全浊的，所以现在都念去声；后四个字的声母不是全浊的，它们的反切下字在那时还是念上声（因为这几个反切下字是全浊的上声字，现在念起来是去声），所以这四个字还要念上声。

这里应该注意一点，即古代平声的分化为现代的阴平、阳平同古代的全浊上声变成现在的去声，其条件不全相同。古代平声中的所有浊声母字（不论全浊、次浊）现在都念阳平，而古代上声中只有部分浊声母字（即全浊的

①现代普通话念阳平调的字中，还有一部分是古代入声的清声母字，如"德""伯"等字。

上声字）变成现代的去声。（辨认这一部分上声字的办法同前，这类反切的上、下字中的浊声母字还是阳平调的字多。）

（3）入声问题　古代的入声在现代普通话中已经完全消失，原来读入声的字分别变为阴平、阳平、上声或去声。因此对有入声的方言区的人来说，不知道某些入声字在普通话中该怎么念；对普通话地区的人来说，又不知道哪些字原来是念入声的。不过，一般说来，古代入声字的反切，用现代普通话来念，反切上字和切得字的声母不一致的地方很少（有些不一致的可参看后面有关声母方面的对应规律），反切下字和切得字的韵母不相同的也只是少数（入声字的辅音韵尾不算在内）；比较复杂的就是声调的分化。试看下面的例子：

策　楚格切　ch(u)+(g)é→chè(今普通话读 cè)

客　苦格切　k(u)+(g)é→kè

叔　式竹切　sh(i)+(zh)ú→shū

屑　先结切　x(ian)+(j)ié→xiè

刻　苦得切　k(u)+(d)é→kè

忒　他德切　t(a)+(d)é→tè

乏　房法切　f(ang)+fǎ→fá

杓　市若切　sh(i)+(r)uò→shuó

上面的第一至第六例，反切下字在现代普通话里都是不送气声母的阳平字，这是我们辨认古入声字的重要线索之一（凡是不送气声母的阳平字都是古入声字），至于它们在现代普通话里念什么声调还与其他对应规律有关，这里不能一一介绍，但有一点是比较简单的，即反切上字的声母如是全浊辅音，那么切得字在现代普通话里肯定是念阳平调，如上面的第七、第八两例就是。

2. 声母方面　主要的有下面几种不能直接切出的情况：

（1）送气不送气的问题　用现代普通话来念，有些反切的上字是送气的声母，可是切得的字却应该念成不送气；反之，有些反切上字是不送气的声母，而切得的字却应该念成送气的。例如：

藏　昨郎切　z(uo)+(l)áng→cáng

迟　直尼切　zh(i)+(n)í→chí

骈　部田切　b(u)+(t)ián→pián

瓶　薄经切　b(o)+(j)īng→píng

盗　徒到切　t(u)+(d)ào→dào

健　渠建切　q(u)+(j)iàn→jiàn

傍　蒲浪切　p(u)+(l)àng→bàng

掘　其月切　q(í)+üè→jué

上列的前四例，反切上字都是不送气的声母，而切得的字却都要念成送气的。这是什么原因呢？还是全浊声母在起作用。古代语音同现代普通话的对应规律中有这么一条，即古代全浊声母的平声字，在现代普通话中都要念成送气的声母，而古代全浊声母的仄声字（即上、去、入三种声调的字）则都要念成不送气的。上列前四例的反切下字都是平声字，反切上字都是古代的全浊声母，所以切得的字都是送气阳平调的字。后四例的反切下字是去声或入声，所以切得的字都是不送气的仄声；其中的"掘"是古入声字，除了要把送气声母变成不送气声母之外，还要按照入声分化的规律把它的声调改为阳平。

（2）j、q、x与g、k、h的互变　有些反切上字的声母在现代普通话里是j、q、x，而被切字的声母却要相应地变为g、k、h；反之，有些反切上字的声母是g、k、h，而被切字的声母却要相应地变为j、q、x。例如：

规　居随切　j(u)+(s)uí→guī

匡　去王切　q(u)+uáng→kuāng

麾　许为切　x(u)+uéi→huī

跪　渠委切　q(u)+uěi→kuì→guì

艰　古闲切　g(u)+(x)ián→jiān

腔　苦江切　k(u)+(j)iāng→qiāng

效　胡教切　h(u)+(j)iào→xiào

下　胡驾切　h(u)+(j)ià→xià

上列的前四例，反切上字的声母分别为j、q、x、q，而被切字的声母却要相应地变为 g、k、h、k（第四例因为是全浊声母的仄声，所以要把 k 改为 g）；后四例的反切上字的声母分别为 g、k、h、h，而被切字的声母却要相应地变为 j、q、x、x。这是因为古代的 g、k、h 声母在发展为现代普通话的过程中，有一部分相应地分别变为 j、q、x，上列前四例反切上字的声母同被切字的声母原来是完全相同的，在发展为现代普通话时，这些上字的声母发生了变化，而被切字的声母则并未变化，因此我们现在看起来就觉得不能直接注音了。后四例的情况同前四例相反，即反切上字的声母没发生变化，而被切字的现代读音却发生了变化。

（3）j、q、x 与 z、c、s 的互变　有些反切上字的声母是 j、q、x，而被切字的声母却要相应地变为 z、c、s；反之，有些反切上字的声母是 z、c、s，而被切字的声母却要相应地变为 j、q、x。例如：

　煎　子仙切　z(i)+(x)iān→jiān

　诮　才笑切　c(ai)+(x)iào→qiào

　徙　斯氏切　s(i)+(sh)ǐ→xǐ

　线　私箭切　s(i)+(j)iàn→xiàn

　紫　将此切　j(iang)+(c)ǐ→zǐ

　操　七刀切　q(i)+(d)āo→cāo

　斯　息移切　x(i)+í→sī

　疵　疾移切　j(i)+í→zí→cí

上列的前四例，反切上字的声母分别为 z、c、s、s，而被切字的声母却要相应地变为 j、q、x、x（第三例反切下字"氏"，在古代原是全浊声母的上声字，所以仍应切作上声）；后四例的反切上字的声母分别为 j、q、x、j，而被切字的声母却要相应地变为 z、c、s、c（第八例"疵"的反切上字"疾"是古代的全浊声母，被切字应是阳平调而声母则应该送气，所以这一例先要把反切上字的声母 j 变成 z，然后再变成送气的 c。）这种变化的原因跟前一问题相同，原来现代普通话的声母 j、q、x 有两个来源，一个来源是前面谈的 g、k、h，另一个来源则是 z、c、s。所以上列八个例字的声母和它们的反切上字的声母在古代原都是相同的，现在之所以念起来不同是语音发展过程中由于条件不同，其中有一些发生了变化，另一些则没有变。但从它们之间的对应关系来看，则是很严整的。

（4）零声母的问题　有些反切上字是零声母，按照基本方法来切，有的切得字的零声母与之不同。例如：

按　乌干切　u+(g)àn→àn

藕　五口切　u+(k)ǒu→ǒu

员　王权切　u(ang)+(q)üán→üán(yuán)

烟　乌前切　u+(q)ián→iān(yān)

上列四例的反切上字的零声母同被切字的零声母都不相同，这是因为这些反切上字的零声母已经不起作用。凡是这样的反切，都以反切下字的韵母作为被切字的整个音节。这可以说是零声母的一般拼合规律。此外，还有一些例外，如"牛，语求切"、"凝，鱼陵切"、"倪，五稽切"、"遇，牛具切"等，但这些毕竟是少数，这里就不说明其原因了。

3. 韵母方面　在这方面所以有一些不能直接拼合，其主要原因固然是古今语音的变化，而具体表现则是受现代普通话语音体系的制约，而且这些情况的出现，大多由于声母的条件不同，即在现代普通话的语音体系中，某些声母只能同某些韵母拼合。主要的约有下面几种。

（1）反切上、下字的声母是 zh、ch、sh、r

①有些反切上字的声母是 zh、ch、sh、r，下字的韵母是齐齿呼（即以 i 作韵母或以 i 开头的复韵母）或撮口呼（即以 ü 作韵母或以 ü 开头的复韵母），被切字的韵母要相应地变为开口呼（即不以 i、u、ü 作单韵母或复韵母的头一个音素）或合口呼（即以 u 作韵母或以 u 开头的复韵母）。例如：

征　诸盈切　zh(u)+íng→zhēng

齿　昌里切　ch(ang)+(l)ǐ→chǐ[①]

神　食邻切　sh(i)+(l)ín→shén

---

①在现代普通话里，zh、ch、sh、r 后面的 i 是舌尖元音，术语开口呼，它的音值不同于一般的 i。

仁　如邻切　r(u)+(l)ín→rén

朱　章俱切　zh(ang)+(j)ǚ→zhū

川　昌缘切　ch (ang) +üán→chuān

书　伤鱼切　sh (ang) +ǘ→shū

注　中句切　zh (ong) + (j) ǜ→zhù

上列的前四例是齐齿呼变为开口呼，后四例是撮口呼变为合口呼。在齐齿呼变为开口呼的反切中有一点要注意，即遇到反切下字的韵母是 in 或 ing 的时候，要把 i 变为 e，如第一、第三、第四例。这种齐、撮与开、合相应改变的原因是在现代普通话里 zh、ch、sh、r 这组声母不能同齐、撮两呼的韵母拼合。

②有些反切下字是 zh、ch、sh、r，反切上字是齐齿呼或撮口呼，被切字的韵母要相应地变开口呼、合口呼为齐齿呼或撮口呼。例如：

瑶　于昭切　ü+(zh)āo→iáo

邻　力真切　l(i)+(zh)ēn→lín

骗　匹战切　p(i)+(zh)àn→piàn

紧　居忍切　j(u)+(r)ěn→jǐn

应　于证切　ü+(zh)èng→ìng

逾　羊朱切　i(ang)+(zh)ū→ǘ

缕　力主切　l(i)+(zh)ǔ→lǚ

禹　余乳切　ü+(r)ǔ→ǔ

上列的前五例是开口呼变为齐齿呼，后三例是合口呼变为撮口呼。在开口呼变齐齿呼的反切中，也要注意一点，即遇到反切下字的韵母是 en 或 eng 的时候，要把 e 变成 i。这种开、合与齐、撮相应改变的原因是在古代语音中这些反切下字原来就是齐齿呼或撮口呼。

上面两种变化的原因完全在于 zh、ch、sh、r 这一组声母古今拼合条件的不同；古代这一组声母同开、齐、合、撮四呼的韵母都能拼合，在现代普通话里这一组声母只能同开、合两呼的韵母拼合。如果反切上、下字是同一组的声母，那就没有什么变化了。例如：

斟　职深切　zh(i)+(sh)ēn→zhēn

弨　尺招切　ch(i)+(zh)āo→chāo

时　市之切　sh(i)+(zh)ī→shí

殊　市朱切　sh(i)+(zh)ū→shū

（2）反切上、下字的声母是 b、p、m、f。这里谈三种情况：

①有些反切上字的声母是 b、p、m、f，反切下字的韵母是合口呼，而被切字却是开口呼；反之，有些反切下字的声母是 b、p、m、f 或零声母、韵母是开口呼，而被切字的韵母却是合口呼。例如：

拜　博怪切　b(o)+(g)uài→bài

潘　普官切　p(u)+(g)uān→pān

闷　莫困切　m(o)+(k)ùn→mèn

费　芳未切　f(ang)+uèi→fèi

管　古满切　g(u)+(m)ǎn→guǎn

困　苦闷切　k(u)+(m)èn→kùn

化　呼霸切　h(u)+(b)à→huà

威　于非切　ü+(f)ēi→uēi

上列前四例反切下字的韵母是合口呼，而被切字却是开口呼；后四例反切下字的韵母是开口呼，而被切字却是合口呼。这种开合互变的原因是 b、p、m、f 这一组声母在古代可以同几种合口呼的韵母拼合，而在现代普通话里则只能同一种合口呼——即以 u 为单韵母——相拼，所以凡是古代 b、p、m、f 同其他合口呼韵母相拼的字，到了现代普通话里就一定要变为开口呼。上列后四例的满、闷、霸、非等字，在古代就是合口呼的字，因而用作合口呼的反切下字。

②有些反切上字的声母是 b、p、m，下字的韵母是 ia、ian、iang，被切字的韵母要变为开口呼。例如：

巴　伯加切　b(o)+(j)iā→bā

怕　普驾切　p(u)+(j)ià→pà

麻　莫霞切　m(o)+(x)iá→má

慢　谟晏切　m(o)+iàn→màn

办　蒲苋切　p(u)+(x)iàn→bàn

邦　博江切　b(o)+(j)iāng→bāng

胖　匹绛切　p(i)+(j)iàng→pàng

厖　莫江切　m(o)+(j)iāng→máng

上列的前三例，反切下字的韵母都是 ia，而被切字的韵母则都要变为 a；后三例，反切下字的韵母都是 iang，而被切字的韵母则都要变为 ang；中间两例，反切下字的韵母都是 ian，而被切字的韵母则都要变为 an。所以要这样改变，是因为这些韵母在古代都是开口呼，它们被念成齐齿呼是现代普通话的语音系统，在有些方言区里还仍保持开口呼的念法。

③有些反切上字的声母是 b、p、m、f，反切下字的韵母是 ong，而被切字的韵母则要变成 eng。例如：

蓬　薄红切　b(o)+(h)óng→péng

琫　边孔切　b(ian)+(k)ǒng→běng

蒙　莫红切　m(o)+(h)óng→méng

凤　冯贡切　f(eng)+(g)òng→fèng

上列四例的反切下字，韵母都是 ong，而被切字的韵母则都要变为 eng，这是因为在现代普通话里 b、p、m、f 这一组声母不同 ong 拼合，在有些方言中就没有这种情况。

上面只谈了三种情况，还有一些例字较少的情况这里没有一一列举。总而言之，遇到这类反切都要以现代普通话的拼合习惯为准，其变化规律大体上不外是开、合互变和齐、撮互变两种。

(3) uo 同 e 的互变　有些反切上字的声母是 g、k、h 或零声母，反切下字的韵母是 uo，而被切字的韵母要变为 e；反之，有些反切下字的声母是 g、k、h，韵母是 e，而被切字的韵母要变为 uo。例如：

舸　古我切　g(u)+uǒ→gě

课　苦卧切　k(u)+uò→kè

和　胡卧切　h(u)+uò→hè

蹉　七何切　q(i)+(h) é →cu ō

我　五可切　u+(k) ě →u ǒ

驼　徒河切　t(u)+(h) é →tu ǒ

上列的前三例，反切上字的声母是 g、k、h，反切下字的韵母都是 uo，而被切字的韵母都变为 e；后三例的反切下字，声母是 g、k、h，韵母是 e，而被切字的韵母又都变成了 uo（第四例的反切上字的声母是 q，它同开口呼相拼，要把 q 改为 c）。这是因为在现代普通话里 g、k、h 这一组声母同 uo 相拼的不多，除掉由入声转来的国、郭、括、扩、活等字以外，还有部分以"果"为声符的字和全部以"呙"为声符的字是 g、k、h 等声母同 uo 相拼的，此外有好多在某些方言里是 g、k、h 同 uo 相拼的音节，但在现代普通话里，其韵母大多要变成 e。

上面所谈声调、声母、韵母三个方面不能直接拼合的反切，只是其中比较常见的一些情况，还有一些比较少见或极其个别的情况没有全部列入。就是这样，已经够复杂的了，我们要掌握这些变化的条件和对应关系，必须先把现代普通话的语音系统（即声母、韵母的拼合情况和声调的分类等）完全掌握，因为我们谈这些问题都是以现代普通话的语音为标准的。如果这一套基本功没有练好，那么上面讲的那些内容就根本无法利用。

（原载《甘肃师大学报》哲学社会科学版 1978 年第 4 期）

古典格律诗的格律构成

1978 年《毛主席给陈毅同志谈诗的一封信》发表了，华主席为《人民文学》的题词下达了。这是我国文化生活中意义深远的大事，对我国文艺事业的发展必将产生重大的影响。毛主席给陈毅同志的信着重谈了格律问题、形象思维问题和新诗的形式问题。多少年来，毛主席对于新诗的形式一直非常关心，早在写这封信之前，就指出：新诗要"精炼、大体整齐、押韵"，并且反复指明：要在民歌和古典诗歌的基础上发展新诗；在这封信里又提出了"很可能从民歌中吸收养料和形式，发展成为一套吸引广大读者的新体诗歌"。根据这一系列的指示，今后新诗形式的发展，必须吸取古典诗歌和民歌的积极因素，这是毫无疑义的。毛主席在这封信里还指出："不讲平仄，即非律诗。"这虽然是针对写古典律诗谈的，但对新诗形式的发展也有指导意义。整齐、押韵、讲平仄是古典格律诗的特点，平仄问题则是古典诗歌格律中的最重要部分。因此适当注意平仄的运用，对各种文体的写作都有积极的作用，而对于写作新诗则更为必要。基于这样的认识，本文试图对古典格律诗的格律构成作一些粗浅的解说，为探讨新诗形式的发展提供一点参考的资料。

一、格律和古典格律诗的格律特点

"格"和"律"原来是两个词，"格"是格式，"律"是规律（主要是音律）；诗的格律就是诗的格式和音律。格式和音律都是就形式来谈的，因此格律诗可以说是具有一定格式和音律的诗。

通常我们所说的格律诗是区别于自由诗而言的。自由诗是在形式上没有一定的限制，而格律诗则是在形式上有各种情况（或较严或较宽）的限制。广义地说，凡是从形式上对内容起一定限制作用的诗篇，我们都可以叫它做格律诗。从这种理解出发，我国古代的诗歌都是格律诗，因为它们一般都有字数和韵脚的限制；不过一般谈到古典格律诗时总是指的过去所谓的近体诗，即律诗和绝句。过去人们所以这样认识，是因为这种诗的格律比起以前所有的诗来都更为严格了，古典诗歌发展到近体诗时，"格"已经定型了，"律"也十分严整了。本文所谈的主要是这种格律诗的格律构成。

　　诗的格律之所以形成是注意诗的形式美的结果。就我国古典格律诗来说，所谓格律主要是语音组合的格式和规律，它跟音乐有一定的联系，可以说我国古典格律诗的格律是文学语言音乐美的一种体现形式。这种文学语言的音乐美体现出来就是音节多寡和用韵的限制以及声调上平仄组合变化的规律。从音节多寡来说则是篇有定句（律诗八句、绝诗四句），句有定字（五言、七言）；从用韵和声调来说则是篇有定韵（不能换韵），字有一定的平仄（有宽严的区别）。我国古典格律诗的格律之所以这样定型是由于它适应汉语的特点和歌唱的需要。我国古代的语言基本上是单音节的（即大多数词是单音节的），而且一个有意义的音节写出来就是一个字，所以篇有定句、句有定字的问题从语音角度来看就是每篇每句都有一定数量的音节，从意义角度来看则是每篇、每句都有一定数量的字。篇有定韵，而且一定是平声韵，这是因为平声字比较舒缓，可以随意延长，特别适合于吟唱。平声韵脚是古典格律诗的标志之一，如果一首诗的句数字数合于格律的要求而韵脚是仄声，那么这首诗还不能算作我们这里讲的格律诗。例如柳宗元的《江雪》（千山鸟飞绝，万径人踪灭；孤舟蓑笠翁，独钓寒江雪）、王维的《竹里馆》（独坐幽篁里，弹琴复长啸；深林人不知，明月来相照）、孟浩然的《春晓》（春眠不觉晓，处处闻啼鸟；夜来风雨声，花落知多少）、贾岛的《寻隐者不遇》（松下问童子，言师采药去，只在此山中，云深不知处）等都不是律绝而是古绝。至于平仄的组合变化乃是音节有规律地抑扬顿挫的表现，那更是明显的音乐美了。

　　古典格律诗的格律从其构成的特点来说，大致不外整齐和有规律地变化两点。整齐体现在音节的定量和用韵的定位上；音节定量即句数、字数的固定，用韵的定位即入韵字在句末，而且一般是偶句入韵，奇句多不用韵（首句入韵的除外）。有规律地变化体现在句内为平仄相间，在篇内为奇偶句之间用韵不用韵相错和相对的音节之间平仄相对（也有不全对的）。因此，我国古典格律诗从形式上给人的美感是整齐而不单调，变化而不杂乱。

二、格律的构成

这要从句的格律构成和篇的格律构成两方面来说。

（一）句的格律构成

格律诗的句子有五个音节（五言）和七个音节（七言）两种，都是单数音节的句子。在这样的句子里各个音节之间的停顿并不是均等的，实际上五言诗的每句是三个停顿，七言诗的每句是四个停顿（我称一个停顿为一个音段，以下均只说音段不说停顿）；研究句的格律构成其实就是研究音段构成的原则和音段之间的组合原则。在古典格律诗中每一音段最多只能有两个音节，那么一个音段就有两种构成形式，即双音节和单音节的两种音段；此外在一句之中也只能有一个单音节音段，所以五言的句子必然要有两个双音节音段，七言的句子必然要有三个双音节音段。单音节音段只能出现在句子的最后两个音段，即五言的第二、第三音段或七言的第三、第四音段：就是这最后的两音段在句式和篇章的组合上变化最大。由于上述的组合原则，因而五言句的音段组合只能有两种格式，即"双——双——单"和"双——单——双"，七言句的音段组合也只能有两种格式，即"双——双——双——单"和"双——双——单——双"。

句的格律构成除了音段的格式之外，还有一个更重要的问题，即平仄问题。平仄问题在句的格律中表现于两个方面，一是音段组合的平仄异同的规定，另一是对双音节音段中每一音节的平仄要求。在音段组合时，双音节音段与双音节音段相连其平仄必须相异，如第一音段是"平平"，第二音段就必须是"仄仄"，这一般称之为平仄相间。单音节音段出现在末一音段与出现在倒数第二音段时其组合上的平仄要求不同：出现在末一音段时，它的平仄必须与上一音段相异；这样，五言句"双——双——单"格式的平仄就有两种情况，即：

$$\begin{array}{l}\text{双——双——单} \quad \text{双——双——单}\\ \text{仄仄} \neq \text{平平} \neq \text{仄} \quad \text{与} \quad \text{平平} \neq \text{仄仄} \neq \text{平}\end{array} \quad (\neq \text{表示前后两音段的平仄相异}) \text{七}$$

言句"双——双——双——单"格式的平仄也有两种情况，即

$$\begin{array}{l}\text{双——双——双——单} \quad \text{双——双——双——单}\\ \text{仄仄} \neq \text{平平} \neq \text{仄仄} \neq \text{平} \quad \text{与} \quad \text{平平} \neq \text{仄仄} \neq \text{平平} \neq \text{仄}\end{array}$$

如果单音节音段出现在倒数第二音段，它的平仄必须与上一音段相同，与下一音段相异，这样，五言句"双——单——双"格式的平仄就有两种情况，即：

$$\begin{array}{l}\text{双——单——双} \quad \text{双——单——双}\\ \text{仄仄} = \text{仄} \neq \text{平平} \quad \text{与} \quad \text{平平} = \text{平} \neq \text{仄仄}\end{array} \quad (= \text{表示前后两音段的平仄相同})$$

七言句"双——双——单——双"格式的平仄也有两种情况，即

$$\begin{array}{l}\text{双——双——单——双} \quad \text{双——双——单——双}\\ \text{仄仄} \neq \text{平平} = \text{平} \neq \text{仄仄} \quad \text{与} \quad \text{平平} \neq \text{仄仄} = \text{仄} \neq \text{平平}\end{array}$$

因为单音节的音段只能出现在后两音段，而平仄组合的异同又如上所述，所以不论五言句还是七言句的格式都只能各有四种平仄组合情况，而且每句的最后三个音节不会出现平仄全同（即"仄仄仄"或"平平平"）的现象，如果出现这种情况，在格律中便算犯了大病（过去称为三平声的毛病实即其中之一）。

对双音节音段里每一音节的平仄要求有宽严的区别，一般说来，同一音段的两个音节的平仄最好是完全相同，但是如果双音节音段是用作五言句的第一、第二音段或七言句的前三个音段①，它的第一个音节可以不严格要求，而第二个音节的平仄却不能马虎，因此，这些音段的平仄在句子的组合是以第二音节为主的。例如平起、仄起的说法就是一个很好的说明。所谓平起或

---

① 在五言句 $\frac{\text{双—双—单}}{\text{平平仄仄平}}$ 的格式里，第一音段必须全平，七言句 $\frac{\text{双——双——双——单}}{\text{仄仄 平平 仄仄 平}}$ 的格式里，第二音段必须全平，否则都算是孤平。

仄起是指第一音段的第二音节是平还是仄（此外还有平收、仄收的说法，所谓"收"是指句子末一音节的平仄，末一音节是平声就是平收、是仄声就是仄收）。如果双音节音段用作末一音段时，这两个音节的平仄必须一致。至于单音节音段，在句中则该平的就必须是平，该仄的就必须是仄。由于平仄要求有这样的不同，过去就有人说"一三五不论，二四六分明"（五言是"一三不论，二四分明"），其实这种说法是不全面的。因为说这种话的人只看到五言句的"双——双——单"的格式和七言句的"双——双——双——单"的格式，在这两种格式中，第一、第三、第五等音节都是双音节音段的前一音节，对它们可以不作严格要求，所以就得出了"一三五不论，二四六分明"这种结论。这个结论用在五言句的"双——单——双"或七言句的"双——双——单——双"的格式中就根本不行。

上面所谈的是句的格律构成的总的情况，另外还有些特殊句式，如所谓"拗 （ào）句"，后面还要谈到，这里就不谈了。

（二）篇的格律构成

篇是由句构成的，篇的格律也就是句与句的组合规律。篇的组合规律其实是很简单的，主要的就是"对""粘"（nián）两种组合方式。

古典格律诗的发展过程，从句的多寡来说是先有律诗，后有绝句，再后还有排律；从音节多寡来说是先有五言，后有七言。因此在谈篇的格律时就以律诗为主，把律诗的格律讲清楚了，绝句和排律的格律就可以类推，因为在"对""粘"的运用上所有的格律诗都是一样的。

在讲"对"之前，先得交代一下过去人们对律诗篇章的格律分析。过去人们把律诗的八句看成四联，即第一、二两句为首联，第三、四两句为颔联，第五、六两句为颈联，第七、八两句为尾联；在每一联中，前一句称出句，后一句称对句。我们这里要讲的"对"就是讲每一联的组合规律，具体地说，每一联的出句和对句在相同音段上要音节多寡相同而平仄相对，这在首句不入韵的格式中体现得最为充分。例如出句"双——单——双"的五言句或"双——双——单——双"的七言句，对句就必须是同样的格式；出句的第一个音段如果是平声，对句的那一音段就必须是仄声，这一联的全部相对的情况如下：

```
五言    出句：双——单——双 ╲
              平平   平  仄仄 ╲      ╲--➤ 相同
                                    ╲
        对句：双——单——双 ╱      ╱--➤ 相对
              仄仄   仄  平平 ╱

七言    出句：双——双——单——双 ╲
              仄仄 平平   平  仄仄 ╲    ╲--➤ 相同
                                      ╲
        对句：双——双——单——双 ╱    ╱--➤ 相对
              平平 仄仄   仄  平平 ╱
```

当然，五言句"双——双——单"的格式和七言句"双——双——双——单"的格式也都要作同样的要求。由此可见，只要知道一联中一句的平仄，就可以确定另一句的平仄。这是"对"的一般情况，但是也有一种特殊情况，即在首联中出句入韵的时候，"对"就必然要发生一些变化，因为格律诗的对句一定是入韵的，而入韵字又必须是平声，如果出句也入韵，那么出句与对句的末一音段就不能平仄相对了。遇到这种情况该怎么办呢？其实这里面还是有规律的，只是不像一般的"对"那样简单罢了。遇到入韵的首句，我们要给它找出对句的平仄，一定要注意对句的后两音段，一般的情况是：如果出句是"双——单——双"的五言句或"双——双——单——双"的七言句，其对句就要改成"双——双——单"和"双——双——双——单"的格式；而其平仄则是第一音段（七言是第一、第二音段）仍然相对，后两音段相同，具体情况如下：

```
           双——单——双       双——双——单——双
出句：     仄仄   仄  平平  或  平平 仄仄   仄  平平

           双——双——单       双——双——双——单
对句：     平平 仄仄   平   或  仄仄 平平 仄仄   平
```

反之，如果首句是"双——双——单"的五言句或"双——双——双——单"的七言句，其具体情况如下：

出句： 双——双——单 或 双——双——双——单
　　　 平平　仄仄　平　　　仄仄　平平　仄仄　平

对句： 双——单——双 或 双——双——单——双
　　　 仄仄　仄　平平　　　平平　仄仄　仄　平平

由上列的两组对照来看，首句入韵的问题并不复杂，第一组和第二组的"对"的情况实际上是完全一样的，只是出句同对句互换一下位置。

这里必须注意一个问题，即不要把格律中谈的"对"同"对仗"等同起来。格律中所谈的对只是就声音而言的，它所注意的是音段和平仄。"对仗"是在音段、平仄相对的基础上还要求词义、词性等方面也相对，因此"对仗"跟"对"有一定的关系，但它不等于"对"。"对仗"是以词为主的，"对"则纯粹是声音问题，两者的关系跟歌词同曲谱的关系有点相似。

按照格律来说，只要知道一首诗的首句的格律构成，就可以推知全诗的句子格式和平仄关系。上面谈的"对"是一联的组合规律，下面再谈联与联的组合规律——"粘"。

"对"是奇数句与下连的偶数句的组合规律，"粘"则是偶数句同下连的奇数句的组合规律。这样，所谓"粘"就是偶数句同下联的奇数句在句的格律构成上的相同又相异的组合规律——偶数句同奇数句在句的格律构成上既要有相同的因素又要有一定的变化。"粘"所规定的变化还是在于下连句的后两音段，其具体要求是相连两句的第一音段（七言则是第一、第二音段）平仄相同；后两音段的音节多寡相异、平仄相对。假如前面偶数句的格式和平仄是：

双——单——双 或 双——双——单——双
仄仄　仄　平平　　平平　仄仄　仄　平平

那么后面奇数句就是：

双——双——单 或 双——双——双——单
仄仄　平平　仄　　平平　仄仄　平平　仄

假如前面偶数句的格式和平仄是：

双——双——单　或　双——双——双—单
平平　仄仄　平　　　仄仄　平平　仄仄 平

那么后面奇数句就是：

双——单——双　或　双——双——单——双
平平　平　仄仄　　　仄仄　平平　平　仄仄

一般说来，"粘"也是很简单的。我们只要懂得了句的格律构成和"对""粘"的运用，对于格律诗的篇的格律构成便算基本上掌握了。这样，我们只要知道一首诗首句的格律构成，就可以推出下面各句的格律构成。下面以杜甫的《春夜喜雨》和毛主席的《长征》为例来看"对""粘"在全篇中的运用情况。

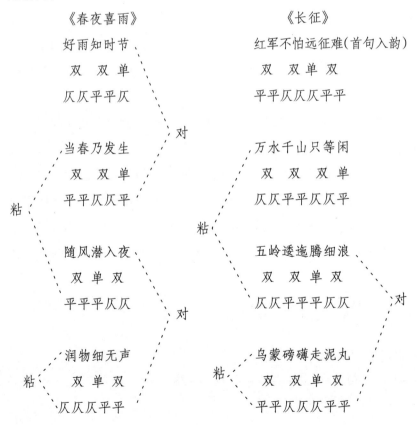

《春夜喜雨》　　　　　　　　　　《长征》

好雨知时节　　　　　　　　红军不怕远征难(首句入韵)
　双　双单　　　　　　　　　双　双单 双
　仄仄平平仄　　　　　　　平平仄仄仄平平

当春乃发生　　　　　　　　万水千山只等闲
　双　双单　　　　　　　　　双　双　双单
　平平仄仄平　　　　　　　仄仄平平仄仄平

随风潜入夜　　　　　　　　五岭逶迤腾细浪
　双　单双　　　　　　　　　双　双单 双
　平平平仄仄　　　　　　　仄仄平平平仄仄

润物细无声　　　　　　　　乌蒙磅礴走泥丸
　双　单双　　　　　　　　　双　双单 双
　仄仄仄平平　　　　　　　平平仄仄仄平平

粘　对　粘　对

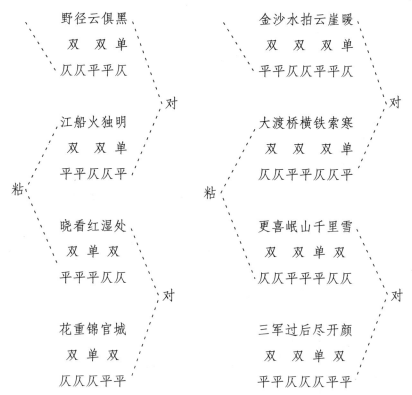

"对""粘"在格律诗中是篇的组合规律,上面只是就律诗来谈的,绝句则还没有谈到。因为从格律来谈,绝句只是律诗的一部分,绝句的格律构成就相当于律诗的任何相连四句(即两联)的格律关系,它在句和篇的格律构成上同律诗完全一样。下面以王之涣的《登鹳鹊楼》和李白的《望天门山》为例来看其格律构成。

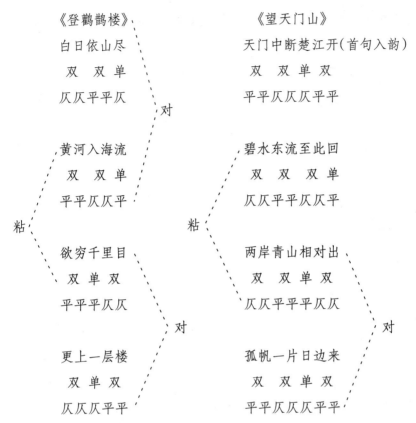

《登鹳鹊楼》

白日依山尽
　双　双　单
　仄仄平平仄

黄河入海流
　双　双　单
　平平仄仄平

欲穷千里目
　双　单　双
　平平平仄仄

更上一层楼
　双　单　双
　仄仄仄平平

《望天门山》

天门中断楚江开（首句入韵）
　双　双　单　双
　平平仄仄仄平平

碧水东流至此回
　双　双　双　单
　仄仄平平仄仄平

两岸青山相对出
　双　双　单　双
　仄仄平平平仄仄

孤帆一片日边来
　双　双　单　双
　平平仄仄仄平平

还有一种联数多于律诗的排律，其句和篇的格律完全与律诗一样，这里就不举例了。

（三）例外

以上谈的是古典格律诗的格律构成的一般情况，但还有些特殊情况，如篇章上的失粘、失对，句法上的拗句，这里只谈一些较常见的。

失对、失粘都是不合"对""粘"规律的现象，失粘是偶数句与下联的奇数句不粘，失对是一联之间的音段、平仄不对。总的看来，失对还是较少的，失粘的却不罕见。如杜甫的《戏为六绝句》之二就是失粘的一个例子，试看：

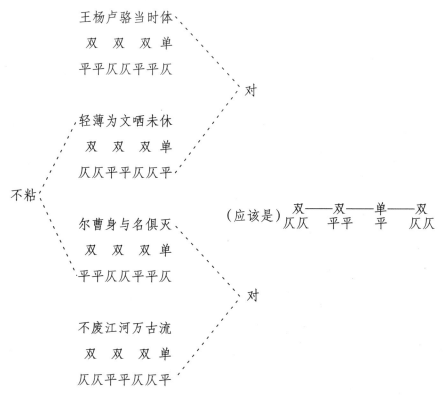

按格律来说，杜甫的这首诗是失粘的，不过在那时期，诗的格律还没有最后完成，失粘的诗不限于杜甫的作品，唐代的其他作家也有，因此我们不能拿其后才完成的格律来衡量、要求其时的作家。

拗（ào）句是一种特殊的句法，它的格律构成既不合句法，同时在一篇之中还不合章法，但也有一定的格式，不能乱"拗"，可以说，这种拗句是诗人们所承认的特殊句式。从格律构成来看，所谓拗是指在该用平声的地方用了仄声，出现这种情况的时候，必须在本句或对句的适当位置把该用仄声的字改用平声来加以补救。所以过去把这种情况称作"拗救"。拗救的格式有好几种，这里只谈比较常见的一种，即后两音段是 单—双 的格式，诗人有时把单音节音段用作仄声，然后把下一音节改用作平声，于是就成为"仄——平——仄"的格式。下面以杜甫的《月夜》、毛主席的《送瘟神》之二和《答友人》的后半为例。

《月夜》

今夜鄜州月
　双　　双　单
　仄仄平平仄
闺中只独看
　双　双　单
　平平仄仄平

不全粘
遥怜小儿女（拗句）
　双　单单单　（不拗应是平
　平平仄平仄　　平平仄仄）
　　　　　　　不全对
未解忆长安
　双　单　双
　仄仄仄平平

粘

香雾云鬟湿
　双　　双　单
　仄仄平平仄
清辉玉臂寒
　双　双　单
　平平仄仄平

不全粘
何时倚虚幌（拗句）
　双　单单单　（不拗应是平
　平平仄平仄　　平平仄仄）
　　　　　　　不全对
双照泪痕干
　双　单　双
　仄仄仄平平

《送瘟神》之二（后半）

天连五岭银锄落
　双　双　双　单
　平平仄仄平平仄
地动三河铁臂摇
　双　双　双　单
　仄仄平平仄仄平

不全粘
借问瘟君欲何往（拗句）
　双　　双　单单单（不拗应是仄仄
　仄仄平平仄平仄　平平平仄仄）
　　　　　　　　不全对
纸船明烛照天烧
　双　双　单　双
　平平仄仄仄平平

《答友人》（后半）

洞庭波涌连天雪
　双　双　双　单
　平平仄仄平平仄
长岛人歌动地诗
　双　双　双　单
　仄仄平平仄仄平

不全粘
我欲因之梦寥廓（拗句）
　双　双　单单单（不拗应是仄仄
　仄仄平平仄平仄　平平平仄仄）
　　　　　　　　不全对
芙蓉国里尽朝晖
　双　双　单　双
　平平仄仄仄平平

从上列三个例子来看，这种拗句已是一种固定格式，它总是以"仄——平——仄"的格式出现。在一联之中出现这样的出句，它的对句往往是不管它所发生的变化，还是把它当作一般出句看待（如上述三例的与之相应的对句），这样在篇章上发生的变化就不是太大的了。

三、词曲的格律构成

我国文学史上的词和曲实际上也是一种格律诗，可以说，词的出现是古典格律诗在格律上的丰富和发展；曲的格律是词的格律的发展，其篇与句的格律构成跟词基本上相同，这里就只谈词的格律不谈曲的格律了。词在格律上的丰富与发展表现在字数、句数、用韵等方面，总的说来是格式多样化了。虽然词也是篇有定句，句有定字的，但每篇的句数已不限于四句、八句或像排律那样十句以上的偶数句，而句的字数也不限于五言、七言两种了；在用韵上仄声可以入韵（如《满江红》），而且有的在同一篇内既有平声韵也有仄声韵（如《西江月》《菩萨蛮》等）。这些综合起来，格式（篇的格律构成）就很多了。每一种格式一般称为一个词调或词牌，每一个词牌规定有一定的句数，每句各自规定字数（实际上是有一定的音节，有时填上词以后可以把两个格律上的句子合成语言中的一句话，有时还可以拆断格律上的句子）。由于词牌很多，其篇的格律构成因词牌而异，不能在本文内细谈，这里只就其句的格律构成简单地谈些一般情况。

词的句子虽然不像近体诗那样只有五言、七言两种，但其音节之间的——主要是平仄的——组合规律却基本上同近体诗一致。如五个音节和七个音节的句子大都同近体诗一样（也有不同的），这就不用再谈了。至于三言句、四言句和六言句等的格律构成也基本上是近体诗的规律，大体说来，一般是下列情况（也有些特殊的地方，这里也不谈了）。

三言句一般等于近体诗的后两音段，不是"单——双"，就是"双——单"。

四言句等于近体诗七言句的前两音段，其平仄组合有两种格式：

A. 平平　仄仄　　　　　　　　B. 仄仄　平平
　　双——双　　　　　　　　　　双——双

六言句等于近体诗七言句的前三个双音节音段，其平仄组合有两种格式：

A. 平平　仄仄　平平　　　　　B. 仄仄　平平　仄仄
　　双——双——双　　　　　　　双——双——双

不同于近体诗的五言句可以看作两个大段，即前一后四的格式，后面的四个音节要合于上述四言句的格律，前一个音节以用仄声的较多，例如毛主席的《沁园春·雪》中的"望长城内外"和"惜秦皇汉武"就是，试看下表：

望　长城内外　　　　　惜　秦皇汉武

单　双双　和　　　　　单　双双

仄　平平仄仄　　　　　仄　平平仄仄

不同于近体诗的七言句也可以看作两个大段，即前三后四的格式，这样分开以后就按词的三言句和四言句的格律来分析。例如辛弃疾的《永遇乐·京口北固亭怀古》中的"想当年金戈铁马"即是，其格律如下：

想当年　金戈铁马

单　双　　双　双

仄平平　平平仄仄

八言句的格律构成可分成前一后七的两大段，如毛主席《沁园春·雪》中的"引无数英雄竞折腰"就是。此外还有一些特殊句式（如各种形式的拗句)，这里就不详细谈了。

下面以辛弃疾的《西江月·夜行黄沙道中》、李白的《菩萨蛮》和岳飞的《满江红》为例来分析这些词牌的格律构成。

《西江月·夜行黄沙道中》　　　　　《菩萨蛮》

　明月别枝惊鹊　　　　　　　　平林漠漠烟如织(仄韵)

　　双　双　双　　　　　　　　双　双　双单

　仄仄平平仄仄　　　　　　　　平平仄仄平平仄

　清风半夜鸣蝉(平韵)　　　　　寒山一带伤心碧(叶仄)

　　双　双　双　　　　　　　　双　双　双单

平平仄仄平平　　　　　　　　平平仄仄平平仄

稻花香里说丰年(叶平)　　　　暝色入高楼(平韵)

　双　双　单　双　　　　　　　双　单　双

平平仄仄仄平平　　　　　　　　仄仄仄平平

听取蛙声一片(叶仄)　　　　　　有人楼上愁(叶平)

　双　双　双　　　　　　　　　双　双　单

仄仄平平仄仄　　　　　　　　　平平仄仄平

七八个星天外　　　　　　　　　玉阶空伫立(换仄韵)

　双　双　双　　　　　　　　　双　单　双

仄仄平平仄仄　　　　　　　　　平平平仄仄

两三点雨山前(平韵)　　　　　　宿鸟归飞急(叶仄)

　双　双　双　　　　　　　　　双　双　单

平平仄仄平平　　　　　　　　　仄仄平平仄

旧时茅店社林边(叶平)　　　　　何处是归程(换平韵)

　双　双　单　双　　　　　　　双　单　双

平平仄仄仄平平　　　　　　　　仄仄仄平平

路转溪桥忽见(叶仄)　　　　　　长亭连短亭(叶平)

　双　双　双　　　　　　　　　双　双　单

仄仄平平仄仄　　　　　　　　　平平仄仄平

《西江月》的押韵是同部内的平仄相叶，即上下两阙的第一、第二两个韵脚与第三个韵脚的韵部相同，而第一、第二两个韵脚是平声，第三个韵脚是仄声。《菩萨蛮》的上下两阙的第一、第二两句与第三、第四两句是不同韵部的平仄间押；如第一、第二两句的韵脚是某韵部的仄声，第三、第四两句的韵脚就要另一韵部的平声。

《满江红》

怒发冲冠　　　　　　　　　　　靖康耻

　双　双　　　　　　　　　　　双　单

仄仄平平　　　　　　　　　　　平平仄

凭阑处 　　　　　　　犹未雪(叶)

　双　单 　　　　　　　单　双

平平仄 　　　　　　　平仄仄

潇潇雨歇(仄韵) 　　　　臣子恨

　双　双 　　　　　　　单　双

平平仄仄 　　　　　　　平仄仄

抬望眼 　　　　　　　何时灭(叶)

　单　双 　　　　　　　双　单

平仄仄 　　　　　　　平平仄

仰天长啸 　　　　　　驾长车踏破

　双　双 　　　　　　　单　双　双

平平仄仄 　　　　　　　仄平平仄仄

壮怀激烈(叶) 　　　　　贺兰山缺(叶)

　双　双 　　　　　　　双　双

平平仄仄 　　　　　　　平平仄仄

三十功名尘与土 　　　　壮志饥餐胡虏肉

　双　双　单　双 　　　　双　双　单　双

仄仄平平平仄仄 　　　　仄仄平平平仄仄

八千里路云和月(叶) 　　笑谈渴饮匈奴血(叶)

　双　双　双　单 　　　　双　双　双　单

平平仄仄平平仄 　　　　平平仄仄平平仄

莫等闲 　　　　　　　待从头

　单　双 　　　　　　　单　双

仄平平 　　　　　　　仄平平

白了少年头 　　　　　收拾旧山河

　双　单　双 　　　　　双　单　双

仄仄仄平平 　　　　　仄仄仄平平

空悲切(叶) 　　　　　朝天阙(叶)

双 单　　　　　　　双 单

平平仄　　　　　　　平平仄

最后还应该说明一点，本文只是谈诗词的格律，与内容无关，在词里如按文字——即从意义来看——有时要打破格律上的停顿，如岳飞的《满江红》中的"驾长车踏破贺兰山缺"，按格律来念则是前五后四的两句，按文意来念则应念作前三后六的两句；前者是从谱读的停顿，后者是从文读的停顿，两者不是一回事情。本文所谈的音段也是就格律来谈的，与文字的意义停顿也不是一回事情。如《长征》的"红军不怕远征难"按意义来说，应分"红军——不怕——远征——难"四个停顿，而按格律则是"双——双——单——双"的格式。当然也有时候文意的停顿和格律上的停顿是一致的，如"五岭逶迤腾细浪"句就是，但我们却不能因此就把格律跟文意的停顿完全等同起来。

本文所谈的格律并不是古典诗的格律的全部，只是择其要而言之。但就是所谈的这些问题，对表达所起的束缚作用已经相当大了，没有一定的素养是不能得心应手的。格律问题是形式问题，它同语言的发展有密切的联系，它本身也是在发展变化之中的；我们对于当代人所作的旧体诗词就不必一定都以古代的格律来要求。如写旧体诗词，不必拘泥古人的规定（如用韵），也不宜轻易破坏其合理的因素（如讲平仄）。不过我谈这些问题的用意不是提倡做旧体格律诗，而是希望通过对格律构成的解说，为研究文学语言的音乐美提供参考的资料。

（原载《甘肃师大学报》1978 年第 1 期）

先秦文献注释中常被忽略的一个问题
——姓和氏

　　姓和氏本来是我国古代史中的问题，也是我国文化史中的问题。已故的丁山先生早在 1951 年在《新建设》三卷六期上就发表过《姓与氏》一文，重点讨论了我国古代姓和氏产生的原因，并用我国古代的历史材料来印证恩格斯的《家庭、私有制和国家的起源》。此后未再见类似及有关的专文发表，似乎这个问题在我国学术界已经解决了。但在对先秦文献的注释、翻译中，却经常出现姓、氏不分的情况，即使是当代著名学者的著作中也偶有出现。这严格讲来应是错误，但姓、氏不分毕竟已经两千多年，一般都习惯于不分古今地一律称姓，因而在注释、翻译时就把这个问题忽略了，也是情有可原的事情。不过，如果任其发展，把古代原有区别的历史事实，含而糊之的泯灭其区别，恐怕也不是学术界应有的现象吧。

　　姓和氏都是家族的标识，是我国古代一定时期（以周代最分明）内特有的两种既有联系又有区别的标识，这在古代的一些文献中原已解说清楚。到现在为止，我国有的民族就没有姓或有姓而不固定。但在我国姓、氏有别的时代，贵者都既有姓又有氏，一般是男子称氏，女子称姓，氏可变而姓不变；贱者则只有名而无氏。姓氏合而为一是周代以后的事情；合一以后，氏同于姓。《史记》中所说的"姓×氏"大多是指以×氏为姓。直到现在人们只管"姓"而不管"氏"，有时就把氏当作姓的同义词，这已成为不自觉的习惯。但这是姓、氏不分以后的情况，一个从事古籍研究的人，如果不分古今，以今例古，那就应该算是错误。现在有些注释、翻译之所以出现这类问题，其根源大多是习惯于现在的用法而忽略了措辞上的推敲。

古代讲姓氏的文献很多，其中影响较大的有《世本》《白虎通》《潜夫论·志氏姓》《新唐书·宰相世系表》《通志·氏族略》和顾炎武的《原姓》《日知录》卷二十三的有关部分、钱大昕《十驾斋养新录·卷十二·姓氏》等。其中说得较明确清晰的当推《通志·氏族略》和顾炎武、钱大昕的文章。《氏族略》指出，"氏所以别贵贱"，"姓所以别婚姻"，"姓可呼为氏，氏不可呼为姓"，"奈何司马子长、刘知几谓周公为姬旦、文王为姬伯乎！三代之时，无此语也。良由三代之后，姓氏合而为一。虽子长、知几二良史犹昧于此"。顾炎武说："男子称氏，女子称姓。氏一再传而可变，姓千万年而不变。""考之于传，二百五十五年之间，有男子而称姓者乎？无有也。""自秦以后之人，以氏为姓，以姓称男，而周制止，而族类乱"。（以上引文均见《亭林文集·卷一·原姓》）钱大昕说："三代以上，男子未有系姓于名者。汉武帝元鼎四年，封姬嘉为周子南君，此男子冠姓于名之始。后代文人，有姬昌、姬满、姬旦之称，皆因于此。好古之士，当引以为戒。"用顾、钱二家之说来验证先秦文献，果然无一例外。所以丁山先生在《姓与氏》一文中也强调说："以春秋国语左传诸书证之，'男子称氏，女子称姓'，决无例外。"尽管这些学者如此强调，可是从古到今的有些学者，对此却经常忽略，甚至有些讲姓氏的专著也出现这类问题。下面分别列举一些实例。

一、古代误释误用的实例

（一）《世本》（相传为战国时人作）

1.《氏姓篇》："中行氏，晋大夫逝遨生桓伯林父及庄子首，本姓荀。自林父将中行，改为中行氏。"

2.《王侯大夫谱》："中行氏，晋大夫逝遨生桓伯林父，林父生宣伯庚，庚生献伯偃，偃生穆伯吴，吴生寅，本姓荀。自荀偃将中军，晋改中军曰中行，因氏焉。"

3.《氏姓篇》："武姓，夏时有武罗国，因氏焉。"

《世本》原书早已散佚，这里用的是清人张澍的辑本。例（1）辑自《元和姓纂》，例（2）辑自《史记索隐》。这两部书都是唐代人所作，其时姓、氏早已合而为一，虽然两条的说法有所不同，但都说"本姓荀"，这显然与春秋时"男子称氏"的通例不合。从而可见这两部书的作者都忽略了春秋时姓氏的用法。由此还可以推测，这两条中如有一条是《世本》的原文，那么《世本》就不可能是战国时人的作品。例（3）引自《广韵》。《广韵》引用《世本》不止一条，最荒唐的是入声二十九叶韵中"涉"字，引《世本》"楚大夫涉其帑"，这里就不谈了。《广韵》往往把后代的姓与春秋时的氏混为一谈。如上声十二蟹韵中"解"字注："亦姓，自唐叔食邑于解，今解县也，晋有解狐、解杨。"这就可能使人认为解狐、解杨原来都姓解。这样的例子很多，恕不多举。例（3）所引《世本》说的"武姓"，不知是指后来的武姓，还是原来就有武姓。如果这是汉代人的著作还情有可原，但如说是战国时人的著述，恐怕又是一件赝品，因为在春秋时的文献中似乎没有出现过武姓。

（二）《史记》

司马迁昧于姓氏之别，早在南宋时郑樵就已经指出，这里只举《史记》中的两个例子来印证一下：

1.《齐太公世家》："太公望吕尚者，东海上人，其先祖尝为四岳……虞夏之际封于吕，或封于申，姓姜氏。……本姓姜氏，从其封姓，故曰吕尚。"

2.《孔子世家》："孔子生鲁昌平乡陬邑。其先宋人也，曰孔防叔。……字仲尼，姓孔氏。"

例（1）的问题出在最后一句——意思是他本来姓姜，后来因为封地是吕，所以改姓吕而称吕尚。我们已经知道在那时候姓是不能改变也不用改变的，"吕尚"的"吕"是他家的氏——以封邑为氏，并不是姓。司马迁是讲究用词精当的，这里因昧于姓、氏之分而致误。

例（2）中说孔子"姓孔氏"，这分明是不对的。大家知道孔子是春秋宋国公孙嘉的后代，司马迁也说"其先宋人也"，那就是商朝的后裔，商朝天子姓子，那孔子应该也姓子。只是到了孔防叔时才以王父字为氏，因而称为孔氏。司马迁如说汉朝的孔×"姓孔氏"，那是毫无问题的，可惜他没有意识到在姓、氏问题上有周、汉之分呀！

（三）王符《潜夫论》

1.《志氏姓》第三十五："黄帝之子二十五人，班为十二：姬、酉、祁、己、滕、葴、任、拘、釐、姞、儇、衣氏也。当春秋，晋有祁奚，举子荐雠，以忠直著。"

2.《赞学》第一："故志曰：……汤师伊尹，文、武师姜尚，周公师庶秀，孔子师老聃。"

例（1）举祁奚为例来证明古有祁姓是错认家门了。根据我们现在的认识，既然当时以祁奚名于世，当然祁就不是他家的姓而是他家的氏。根据《通志·氏族略》的说法，祁奚是晋献公的四世孙，那当然就姓姬了。下面把《氏族略》的原文摘录一段：

> 祁氏。姬姓，晋献公四世孙。奚为晋大夫，食邑于祁，遂以为
>
> 氏。其地即今太原祁县是也。犹有祁奚墓。或云："隰叔之后，与
>
> 士氏同族。"又祁亦姓也。（见《氏族略第三·以邑为氏·晋邑》）

可是郑樵的这段文字也有问题，他让两种说法并存，不加评断，反映了郑樵虽然在讲氏族，其实对有些事情尚未搞清。前面说祁奚的祁是氏，后面说"祁亦姓也"，这都合乎历史实际。但又引"或云"则完全不对。隰叔之后的士氏，是指晋国士蒍、士会之族。根据古史，隰叔是陶唐（即尧）之后，应该姓祁。士氏因采邑的变更，先后食采于随、范，所以士会后来有时称随会，有时称范会。《左传》成公、襄公年间晋国的栾黡之妻、栾盈之母栾祁，就是范宣子士匄之女。当时女子称姓，祁是她娘家的姓当毫无疑问。怎么能把姓姬的祁奚和姓祁的士氏看作同族呢？

例（2）引的这一段话不知出于何书，其中所说的"姜尚"，当即《史记》所说的"吕尚"。这种系姓于名的称法也是不合先秦用例的，这里就不多说了。

（四）杜预《春秋左传集解》

杜预在注《左传》时，对于氏、族是相当注意的，他还撰有《氏族谱》。但有的时候，他也难免疏忽。下面只略举数例。如：

1.《左传·僖公十五年》"晋侯使郤乞告瑕吕饴甥，且召之"注："瑕吕

饴甥即吕甥也，盖姓瑕吕，名饴甥，字子金。"

2.《春秋·宣公十年》"齐崔氏出奔卫"，《左传·宣公十年》"凡诸侯之大夫违，告于诸侯曰：'某氏之守臣某，失守宗庙，敢告'"注："上某氏者，姓；下某，名。"

3.《左传·成公二年》"十一月，公及楚公子婴齐、蔡侯、许男、秦右大夫说、宋华元、陈公孙宁、卫孙良夫、郑公子去疾及齐国之大夫盟于蜀"注："齐国之大夫不书姓氏，因其非卿。"

4.《左传·哀公十一年》"使于齐，属其子于鲍氏，为王孙氏"注："私使人至齐属其子，改姓为王孙，欲以辟吴祸。"

例（1）中"瑕吕饴甥"的"瑕吕"，历来有不同的说法，但无论怎么说，肯定不是姓。

例（2）例（4）的情况相同，宣公十年的《经》文已说明是"崔氏"，而杜注却说"某氏"的"某"是姓。《左传·襄公二十五年》记东郭偃对崔杼说"君出自丁"，即崔杼是齐丁公的后代，那么他就应该姓姜，这一点，自称有"《左传》癖"的杜预是不会不知道的。这里的注文无异于告诉读者"崔氏"的"崔"是姓，不知其根据是什么。哀公十一年《传》文明明说的"为王孙氏"，《注》文却硬说"改姓为王孙"，难道杜预真的不知道当时姓、氏有别吗？

例（3）记载的人物，有的是国君，有的是公子、公孙，有的是大夫，没有一个称姓的。华元、孙良夫用的是名氏，不是用的"姓名"。

上述情况，我想都是杜预一时疏忽，他在大多数情况下是非常清楚的。例如《春秋·文公十四年》"宋子哀来奔"注："大夫奔，例书名氏，贵之故书字。"这不就没说"姓名"而说"名氏"吗？像这种疏忽，后世学者往往难免。清代著名训诂学家王引之在《经义述闻·卷十八·斗穀於菟》中说："《传》凡言'命之曰某'者，皆名也，未有连姓言之者。'斗'字盖涉他篇'斗穀於菟'而衍。"这里所说的'斗穀於菟'是楚之宗室，应该姓芈，"斗"是他家的"氏"，怎能说成"姓"呢？

二、现代误解误用的实例

（一）《先秦文学史参考资料》的注释

这部书选收的先秦散文有《尚书》《左传》《国语》《战国策》《论语》及其他子书，人名出现很多，注中明确标"姓"的只是其中的少数，下面列出的大多是春秋时的人名，战国时期的人名一般不列，只有少数与春秋姓氏有关的列了进来。例如：

1. 《秦晋韩之战》："瑕吕饴甥：晋大夫，姓吕，字子金，又称吕甥。他食采邑于瑕、阴二地，故以瑕为氏，又称阴饴甥。"

2. 《晋公子重耳之亡》："介之推：重耳的微臣。姓介名推，'之'是语助词。"

3. 《晋楚城濮之战》："子人九：郑臣，姓子人，名九。"

4. 《烛之武退秦师》："烛之武：郑大夫。烛是姓。按，'烛'指烛城，在洧水旁；烛之武是烛城人，故以邑为氏。"

5. 《郑子产相国》："叔向：晋之贤大夫。姓羊舌，名肸（音吸）。"

6. 《苏秦止孟尝君入秦》："孟尝君：姓田，名文，齐靖郭君田婴的少子。"

7. 《颜斶说齐王贵士》："柳下季：鲁之贤人，即柳下惠。他姓展名禽，字季，食采于'柳下'，谥惠。"

8. 《魏加谏春申君》："春申君：姓黄名歇……"

9. 《子路曾皙冉有公西华侍坐》："子路：孔子弟子。姓仲名由，字子路……"

10. 同上："公西华：名赤，字华，公西是复姓。"

上列各条所注的"姓"，都应该是"氏"，其理由总的来说，春秋时"男子称氏"，概无例外。其中的"瑕吕饴甥"前面谈杜预注时已经见过，可这里的解释又不同于杜预，竟说"瑕"是氏，"吕"是姓，这样氏和姓同时见于男子的称谓中还是从未见过的。至于说"子人九"的"子人"是姓，这反映了作注者对姓、氏的知识太少，他忘了考查一下子人九的祖先，也不知道以王父字为氏的用例。子人九是《左传·桓公十四年》郑国公子语（郑厉公之弟）的后代，公子语字子人，故其孙辈以子人为氏。关于"烛之武"，注文先说"烛"是姓，后又说是"以邑为氏"，反映了作注者不明春秋姓、氏之分。晋国的"叔向"是羊舌氏。《左传·闵公二年》孔颖达《正义》云："羊舌，氏也，爵为大夫，号曰羊舌大夫……此人生羊舌职，职生叔向，故为叔向祖父。《谱》云：'羊舌氏，晋之公族，羊舌其所食之邑也。'"据此，则叔向应该与晋君同姓——姓姬。说"孟尝君""姓田，名文"，这样的注本很多。但如仔细推求，他究竟姓什么是不难推出的。其父靖郭君是齐威王的少子，战国时的齐王是田氏，也就是陈氏，最早原是陈国的贵族。春秋鲁庄公二十二年，陈公子完逃到齐国，齐桓公使之为卿，于是成为齐国的世家。陈国国君是舜的后裔，应该姓妫，《左传·庄公二十二年》明明说过"有妫之后，将育于姜"，难道能够视而不见吗？至于"柳下惠"，注文前面说"姓展名禽"，后面又说"食采于柳下"，似乎在告诉读者"柳下"是氏，这可能是对的，但"展"绝对不是他的姓，而是他家的氏。因为其父无骇是鲁国公子展之孙，故为展氏。柳下惠既是无骇的儿子，那么展禽的展当然是氏而不是姓（他名获，禽是他的字）。如果问他到底姓什么，我想毫无疑问应该姓姬。"春申君"黄歇原来也不姓黄，他的祖先是以国为氏。《通志·氏族略》："黄氏，嬴姓，陆终之后，受封于黄。……楚有春申君黄歇也。"

（二）杨伯峻《春秋左传注》

在这部书中，一般说来杨先生在姓氏问题上是严格区分的，但有些时候也不免疏漏，下面略举数例：

1. 庄公三十二年"成季使以君命命僖叔，待于鍼巫氏，使鍼季酖之"注："鍼季即鍼巫，鲁大夫，鍼盖其姓。"

2. 闵公二年"梁馀子养御罕夷，先丹木为右"注："梁馀子养，梁是姓，馀子为其字，养其名。……晋有梁五、梁由靡、梁丙、梁益耳，俱以梁为姓。"

3. 襄公二十三年"孟氏之御驺丰点好羭也"注："丰点盖姓丰名点。"

4. 昭公元年"郑徐吾犯之妹美"注："杜《注》，'犯，郑大夫'，则徐吾为复姓。成元年《传》'王师败绩于徐吾氏'，《广韵》吾字注：'郑公子有食采于徐吾之乡，后以为氏。'"

5. 隐公元年"郑伯请释泰山之祀而祀周公，以泰山之枋易许田"

注："……或据此以周公姬旦或伯禽本封在今许昌或今鲁山县者，误。"

6. 文公十八年"作《誓命》曰"注："《誓命》似亦姬旦所作篇名，今亦亡。"

以上六例前四例均误以氏为姓，后两例正如钱大昕所指责的"冠姓于名"，但这在全书中只占少数，大多数情况姓、氏之分是很明确的。例如：

襄公三十一年"工偻洒、渻灶、孔虺、贾寅出奔莒"注："工偻是氏，洒是名。"

同上"公孙挥能知四国之为，而辨于大夫之族姓、班位、贵贱、能否，而又善为辞令"注："族姓，姓氏也。"

（三）《古代汉语》（王力主编）

这部书在文选部分（前五个单元）对于姓、氏的注释也经常忽略，下面举的只是其中的一部分。

1. 《齐桓公伐楚》注："管仲，齐大夫，姓管，名夷吾，字仲。"

2. 《蹇叔哭师》注："孟明，姓百里，名视，是秦另一元老百里奚之子。"

3. 《鞌之战》："郑丘是复姓。綦毋张，晋大夫，姓綦毋，名张。"

4. 《祁奚荐贤》注："羊舌职，晋臣，姓羊舌，名职。"

5. 《子产不毁乡校》注："然明，郑大夫，姓鬷，名蔑，字然明。"

6. 《冯谖客孟尝君》注："孟尝君，姓田，名文，齐国的贵族。"

7. 《庄辛说楚襄王》注："庄辛，楚庄王之后，因而以庄为姓。"

8. 《论语·公冶长》注："子贡，姓端木，名赐，子贡是他的字。"

9. 《论语·宪问》注："子羽，姓公孙，名挥，郑大夫。"

10. 《论语·微子》注："接舆，姓陆，名通，字接舆。"

11. 《论语·子张》注："公孙朝，卫大夫。公孙，复姓。"

12. 《孟子·寡人之于国也》注："梁惠王，即魏惠王（魏是国名），姓魏名䓨。"

13. 《察传》注："智伯，名瑶，晋国荀首的后代（荀首封于智，以邑为姓）。"

上列各例中，有些已在前面见过，应该是姓还是氏已经清楚，这里只讨论其中的管仲、子羽、公孙朝、庄辛、梁惠王和智伯的姓氏问题。关于管仲，我们先引些有关的资料：

《世本·卷五·王侯大夫谱》："管氏，庄仲山产敬仲夷吾……"

《国语·齐语》注："管夷吾，齐卿，姬姓之后，管严仲之子敬仲也。"

《左传·僖公十二年》"管氏之世祀也宜哉"孔颖达《正义》："《世族谱》：'管氏出自周穆王。'"

于此可见，管仲不是姓管而是姓姬。

子羽和公孙朝，一个是郑国人，一个是卫国人，他们应该都姓姬，因为他们都是本国的公孙。《白虎通·姓名》中早就说过："王者之子称王子，王者之孙称王孙；诸侯之子称公子，公子之子称公孙，公孙之子各以其王父字为氏。故《春秋》有王子瑕，《论语》有王孙贾，又有卫公子荆、公孙朝……"公孙挥（即子羽）和公孙朝都因为他们是公孙才如此称谓，如果把他们都说成姓公孙，很可能使人误认为这两个人在当时是哥儿们呢。

庄辛既然已经注明他是楚庄王之后，那就应该肯定他姓芈，姓是不变的，怎么后来又以庄为姓呢？

梁惠王（魏罃）是晋献公时毕万的后代，毕万因功封于魏，故为魏氏。毕万的始祖又是周文王之庶子，所以他们家应该姓姬。

智伯，注文说他因荀首封于智而"以邑为姓"，这里只是一字之差，如果把"姓"字改成"氏"字，那就完全正确了。

（四）《古代汉语》（郭锡良等编）

这部书选春秋时的作品不多，但也同样出现一些姓、氏不分的问题。下面略举数例，不再一一讨论。

1.《齐桓公伐楚》注："管仲：齐国大夫。姓管，名夷吾，字仲。"

2.《鞌之战》注："郑丘是复姓。""綦毋是复姓。"

3.《子路曾皙冉有公西华侍坐》注："子路：姓仲名由，字子路，一字季路。……公西是复姓。"

4.《齐桓晋文之事》注："齐宣王：姓田名辟疆，战国时齐国的国君。"

上面引的古今著作，所以出现这些问题，其原因大抵有二：一为本人对姓氏之分缺乏了解；另一为一时忽略，由于当时姓氏早已不分而习惯于一律称姓，因而不自觉地用当时的习惯误解先秦文献。上列的一些例子大多是后一原因造成的。即以古代的杜预来说，他之所以有时姓、氏不分，恐怕主要是一时忽略。但孔颖达遇到杜预这种错误时往往为之开脱。例如《左传·宣公十年》"某氏之守臣某"，杜预注为"上某氏者，姓；下某，名"，孔颖达的《正义》就说"天子赐姓，诸侯赐族。对文则姓与族别，散文则可以通。《礼》谓族人为庶姓，故云上某氏者姓，其实正是族也"。我们知道，在《左传》中，"族"有时就等于"氏"（例子很多，不列举）。"诸侯赐族"的"族"，实际就是"氏"。顾炎武说："氏族对文为别，散则通也。"（《日知录·姓氏》）孔颖达说姓与族散则可通缺乏实例，可能他是遵守疏不破注的原则而曲为之说吧。再以杨伯峻先生来说，如果说他不知春秋有姓、氏之分，那就是厚诬时贤，所以出现一些问题，完全是现代习惯所致。令人费解的是两部《古代汉语》的编者，书中都有关于"姓名"或"姓氏"的文化常识，可是在注释时竟然置之不顾。郭锡良等先生的《古代汉语》出版较后，理应后出转精，竟然在紧接"古代的姓氏和名号"等文化常识之后的文选中立即出现姓、氏不分的问题；而且在讲姓氏的过程中还引用了顾炎武《日知录》卷二十三（按：应是《亭林文集·原姓》）的一段话："考之于《传》，二百五十五年之间，有男子而称姓者乎？无有也。"言犹在耳，倏忽即忘。这到底是什么原因呢？

近年各地出了一些古代文选之类的著作，在对先秦文献的注释中这类问题屡见不鲜，可见这一问题的普遍性，就连曲阜孔林在介绍孔子时也写着孔子"姓孔名丘字仲尼"等字样。这虽不是什么大问题，但如不及时提醒，任其自流，必将习非成是，以讹传讹，也将见笑于海内外有识之士。所以提出这个问题以引起注意。

（原载《西北师院学报》1988年第2期）

试论古汉语的"以动用法"和"以 a 为 b"式

一、问题的提出

几年前笔者在拙作《古代汉语》（甘肃人民出版社 1980 年）中提出过"以动用法"，原因是过去提的"意动用法"不能与所有例句完全吻合，如用"以 a 为 b"式来解释、翻译，则无一不合，所以改称为"以动用法"。但是这种用法因"以 a 为 b"式所表达的内容有两种意思，而过去提出的"意动用法"所表达的实际上也同样具有两种意思，所以将"以动用法"分为两类。这两类的主要不同，在于一类所表达的是主语的主观臆想而事实不一定就是那样（这可以称为意动用法），另一类所表达的是主语的作为，一般是既成事实或可以成为事实（这不应属于意动的范围）。这在拙作中已有简单的说明。对于前一类，未见有什么异议。对于后一类，有同志认为用"以动用法"仍嫌"含混不清"，并提出了一些批评意见（见陈蒲清《谈处动用法》，载《中国语文通讯》1982 年 1 期）。对此我表示衷心的感谢。对于有关这种语法现象的名称问题，我不打算争论，但必须强调一点：我分两类的主要根据是看所表达的是意想还是作为（即行动）。如用"认为""以为""把 a 当作 b"之类的现代用语来解释或翻译的应当属于前一类，即一般所说的"意动"，因为这一类句子中动词所表达的只是主语的意想，不一定是事实。如"不如吾闻而药之也"的"药"是一种可治病的实物，句子是用修辞手法来比喻所闻之言的功用就像药可治病一样；再如"吾妻之美我者私我也"的"美"也是一种意想，事实是邹忌认为自己不如徐公美，而他的妻子却认为他比徐公美。

而后一类的"以动用法"都指成为事实的作为，如"采荼薪樗""友其士之仁者"都是具体的作为和事实，即拿荼作采（菜）吃、拿樗作薪烧，以"士之仁者"作朋友，这些都没有意想的成分。因为这两类句子都可以用"以 a 为 b"来解释，为了少立一些名称，所以合称为"以动用法"。本文不打算作无谓的争辩，只想从"以 a 为 b"（包括"以为"）式的运用及其与"以动用法"的关系作一些具体的探讨。

二、"以 a 为 b"式的运用

"以 a 为 b"式中的"以"和"为"一般都是谓语的主要部分，这两个词都有好多义项和用法，我们这里讨论的"以 a 为 b"式大致只表示"认为 a 怎么样"（包括把 a 当作 b）和"用 a 作 b"。这两种意思在表达时有时可以简化为"以为"，不过稍后的"以为"已凝定成一个词，它只表示"认为"的意思。

"以 a 为 b"是一种固定格式，使用这一格式的句子都是兼语式的复杂谓语，"以"和"为"后边都带着宾语，而"以"的宾语又是"为"的主语。例如：

1. 子曰：二三子以我为隐乎？（《论语·述而》）

2. 百姓皆以王为爱也。（《孟子·梁惠王上》）

3. 不我能慉，反以我为雠。（《诗经·邶风·谷风》）

4. 于是梁王虚上位，以故相为上将军。（《战国策·齐策》）

1、2 两例的"以 a 为 b"都表示"认为"（杨伯峻先生都译为"以为……"）的意思，3、4 两例的"以 a 为 b"都表示作为（行动或事实）。"以"的宾语都是"为"的主语。如果不是这样，就不属于这种格式。例如：

5. 臧武仲以防求为后于鲁。（《论语·宪问》）

6. 文王以民力为台为沼，而民欢乐之。（《孟子·梁惠王上》）

7. 不能以礼让为国，如礼何？（《论语·里仁》）

8. 以一命命郤缺为卿，复与之冀。（《左传·僖公三十三年》）

例 5 "以"的意思是"凭"，例 6 "以"的意思是"用"，例 7 "为"的意思是"治"，例 8 的"以一命"是后一"命"的状语，这些句子都不是我们要讨论的"以 a 为 b"式。此外还有一些类似上述情况的句子格式，这里就不一一列举了。

"以 a 为 b" 式的句子一般说来其结构是比较简单的，但有时候却比较复杂，大致有下列几种情况：

① "以 a 为 b" 式中 "以" 前可加状语。例如：

9. 王德狄人，将以其女为后。（《左传·僖公二十四年》）

10. 吾与戊也县，人其以我为党乎？（《左传·昭公二十八年》）

11. 象日以杀舜为事，立为天子，则放之，何也？（《孟子·万章上》）

12. 自天子至于庶人，壹是皆以修身为本。（《礼记·大学》）

以上四例，"以" 前都有副词或名词作状语。

② "以 a 为 b" 式中 "以" 后可带比较复杂的宾语。例如：

13. 君子以二公子之立黔牟为不度矣。（《左传·庄公六年》）

14. 秦伯任好卒，以子车氏之三子奄息、仲行、鍼虎为殉，皆秦之良也。（《左传·文公六年》）

15. 蔡侯如晋，以其子元与大夫之子为质焉，而请伐楚。（《左传·定公三年》）

16. 得志者，不得志也，以桓公得志为仅矣。（《穀梁传·僖公四年》）

例 13、16 "以" 后的宾语都是主谓词组（前一句在主谓之间还加有 "之" 字），例 14 "以" 后的宾语是带有同位成分的偏正词组，例 15 "以" 后的宾语是两个偏正词组构成的联合词组。

③ "以 a 为 b" 式中 "为" 前可加状语或其他动词。例如：

17. 寡人唯是一二父兄不能共忆，其敢以许自为功乎？（《左传·隐公十一年》）

18. 高止好以事自为功，且专。故难及之。（《左传·襄公二十九年》）

19. （宋人）焚渠门，入及大逵，伐东郊，取牛首，以大官之椽归为卢门之椽。（《左传·桓公十四年》）

20. 归于者，罪未定也。罪未定，则何以得为伯讨？（《公羊传·僖公二十八年》）

17、18 两例中 "为" 前的 "自" 都是状语，19、20 两例中 "为" 前的 "归" 和 "得" 都是动词。例 20 中的 "何以" 是 "以何" 的倒序，故仍看作

"以 a 为 b"式。这种"为"前加状语的例句不多，但总是一种语法现象。

④"以 a 为 b"式中"为"可带比较复杂的宾语。例如：

21. 晋侯以魏绛为能以刑佐民矣。（《左传·文公六年》）

22. 不榖即位，于今五年，师徒不出，人其以不榖为自逸而忘先君之业矣。（《左传·襄公十八年》）

23. 子曰："赐也，女以予为多学而识之者与?"（《论语·卫灵公》）

24. 成王以周公为有勋劳于天下，是以封周公于曲阜。（《礼记·明堂位》）

例 21"为"的宾语是助动词和介词结构结合作状语的动宾词组，例 22、23"为"的宾语都是用连词"而"把两个词组连接起来有承接关系的较大的结构，例 24"为"的宾语是带有补语的动宾词组。

⑤"以 a 为 b"式中"以"和"为"有时都带比较复杂的宾语。例如：

25. 若然者藏金于山，藏玉于渊……不拘一世之利以为己私分，不以王天下为己处显。（《庄子·天地》）

26. 仲子，齐之世家也。兄戴盖禄万钟。以兄之禄为不义之禄而不食也，以兄之室为不义之室而不居也。（《孟子·滕文公下》）

27. 齐国夏曷为与卫石曼姑帅师围戚? 伯讨也。此其为伯讨奈何? 曼姑受命乎灵公而立辄，以曼姑之义为固可以距之也。（《公羊传·哀公三年》）

28. 取，易辞也。内不言取，以其取为公取之，故易言之也。（《穀梁传·昭公二十五年》）

以上四例中"以"的宾语"王天下"是动宾词组，"兄之禄""兄之室"和"曼姑之义"是偏正词组，"其取"是主谓词组；"为"的宾语"己处显"和"公取之"是主谓词组，"不义之禄""不义之室"是偏正词组，"固可以距之"是带多重状语的动宾词组。

三、"以为"的运用

"以为"本是"以 a 为 b"式的简化，"以"和"为"原是两个词。一般的"以为"从意义的表达来说，都可以复原为"以 a 为 b"或在"以"后面加上一个代词"之"。例如：

29. 匪报也，永以为好也。（《诗经·卫风·木瓜》）

30. 夫颛臾，昔者先王以为东蒙主，且在邦域之中矣。（《论语·季氏》）

31. 观丁父，若俘也，武王以为军率。（《左传·哀公十七年》）

32. 是故鲁，王礼也，天下传之久矣……天下以为有道之国。（《礼记·明堂位》）

29 例的"以为"可以还原为"以所报之物为好"，也可以把句子改写为"永以之为好"。同样的情况，30、31、32 三例的"以为"分别可还原为"昔者先生以颛臾为东蒙主""武王以观丁父为军率""天下以鲁为有道之国"，还可以把句子改写作"昔者先王以之为东蒙主""武王以之为军率""天下以之为有道之国"。

为什么上述例句不用"以 a 为 b"而用"以为"，这有其语境的要求，笔者拟另文加以讨论，这里只简单提一下其中的两个原因。

① "以为"中"以"的宾语可以前置。例如：

33. 将子无怒，秋以为期。（《诗经·卫风·氓》）

34. 仁以为己任，不亦重乎？（《论语·泰伯》）

35. 楚国方城以为城，汉水以为池，虽众，无所用之。（《左传·僖公四年》）

36. 大人世及以为礼，城郭沟池以为固，礼义以为纪。（《礼记·礼运》）

以上四例中带点的词语都是句中"以"的宾语，所以提到"以"的前面，可能是为了强调其作用。但在有些篇章里，在使用排比句式时，前面用"以 a 为 b"，后面又改为"以为"，这大概是为了使句式有些变化，由此可以说明一个问题，即"以 a 为 b"和"以为"最初在表达时的意思和作用是一样的。例如：

37. 故圣人作则，必以天地为本，以阴阳为端，以四时为柄，以日星为纪，月以为量，鬼神以为徒，五行以为质，礼义以为器，人

情以为田，四灵以为畜。（《礼记·礼运》）

这个例子中十个句子，前四句用"以 a 为 b"，后六句用"以为"，其表达作用完全一样，如一律用"以 a 为 b"或"以为"都是可以的。

② "以为"中"以"的宾语已在前面出现，因此在复述到它时就省略了，即不再用"以 a 为 b"而用"以为"。下面的例子是比较典型的：

38. 告子曰："性犹杞柳也，义犹杯棬也，以人性为仁义，犹以杞柳为杯棬。"孟子曰："子能顺杞柳之性而以为杯棬乎？将戕贼杞柳而后以为杯棬也？如将戕贼杞柳而以为杯棬，则亦将戕贼人以为仁义与？"（《孟子·告子上》）

上例中前面用了两个"以 a 为 b"，后面用了四个"以为"；前三个"以为"是"以（杞柳）为杯棬"，后一个"以为"是"以（人性）为仁义。"这四个"以为"中"以"的宾语已见于前，所以就省略了。

"以为"与"以 a 为 b"一样，也可以表示两类不同的意思。例如：

39. 颜渊死，颜路请子之车以为之椁。（《论语·先进》）

40. 大叔又收贰以为己邑，至于廪延。（《左传·隐公元年》）

41. 子曰："事君尽礼，人以为谄也。"（《论语·八佾》）

42. 寡人之囿方四十里，民犹以为大，何也？（《孟子·梁惠王下》）

39、40 两例中的"以为"所表示的是具体的行为或可实现的事实，41、42 两例中的"以为"所表示的是"认为"。

从前面的引例来看，"以 a 为 b"式比较固定、呆板，而"以为"则比较灵活而多变，因此在使用频率方面，"以为"就显示了它的优势。据笔者对《左传》一书的统计，"以 a 为 b"式共出现 71 次，而"以为"则出现了 211 次，其比例大致为 1 : 3。虽然，一部分的统计数字不能概括全面，但"以为"的优势可由此而聊见一斑了。

"以为"在运用过程中有时前面可以加上其他的词，如"何""可"等构成"何以为""可以为"等句式，有人认为这些句式中"何以""可以"等结合得很紧，与"以为"没有关系。其实这是一种误解。请看下面的例子：

43. 反先王则不义，何以为盟主？（《左传·成公二年》）

44. 鲁祭周公，何以为牲？（《公羊传·文公十三年》）

45. 孟公绰为赵魏老则优，不可以为滕薛大夫。（《论语·宪问》）

46. 是故知为人子，然后可以为人父；知为人臣，然后可以为人君；知事人，然后能使人。成王幼，不能莅阼，以为世子，则无为也。（《礼记·文王世子》）

43、44 两例的"何"都是疑问代词，它一般总是提在动词之前，所以这两例可以认为是"以何为盟主""以何为牲"的倒序。45、46 两例中的"可"在早期古代汉语中是单独使用的，即使"可"和"以"在句中相连使用，它们各自成词，不能作为一个词看待。例如"祭仲不从其言则君必死，国必亡；从其言则君可以生易死，国可以存易亡。"（《公羊传·桓公十一年》）这两个"可""以"连用的句子，实际上其结构是"可""以生易死"、"可""以存易亡"的结合，特别是例 46 前面用了两个"可以为"，后面用一个"以为"来与之照应，可见"以为"的意义和作用都没有变。

我们说"以为"是"以 a 为 b"式的简化，这是说它最初是这么来的，但由于"以"和"为"经常连用，因而稍后就逐渐凝定成一个词，而且其意义只限于表示"认为"。在这同时，"以为"各自成词的用法并未消失，这就需要我们细心地加以辨别了。"以为"表示"认为"的例子如下：

47. 始也，吾以为其人也，而今非也。（《庄子·养生主》）

48. 一人虽听之，一心以为有鸿鹄将至，思援弓缴而射之。（《孟子·告子上》）

49. 明日，徐公来，孰视之，自以为不如。（《战国策·齐策》）

50. 子曰："师，尔以为必铺几筵，升降酌献酬酢，然后谓之礼乎？尔以为必行缀兆，兴羽籥，作钟鼓，然后谓之乐乎？"（《礼记·仲尼燕居》）

以上四例中"以为"中"以"的宾语是什么？在整个句子里找不到，能找到的只是"以为"的宾语，所以这样的"以为"是一个词而不是"以 a 为 b"式的简化，这种用法一直沿用至今，成为现代汉语词汇的一个成员。

在"以""为"连用的句子里还有一个问题应该注意。那就是"为"的意义，在"以 a 为 b"式（包括"以为"）中，"为"的意义是"作为""做"和"是"，除此以外的意义都不是这种格式的意义。例如：

51. 吾今而后知礼之可以为国也。（《左传·昭公二十六年》）

52. 先王所禀于天地以为其民，是以先王上之。（同上）

这两例中"为"的意思是"治""治理"，"为国"的意思是"治国"，"为民"的意思是"治民"，因此类似这样的"以为"就不是本文讨论的范围了。

四、"以动用法"是表达时要求简练而产生的一种用法

前面我们说过，"以动用法"都可以用"以 a 为 b"（包括"以为"）来解释、翻译，现在我们倒过来看，"以 a 为 b"在一定条件下也可以改用"以动用法"来表达。例如：

53. 《书》曰："圣作则。"无宁以善人为则，而则人之辟乎？匹夫为善，民犹则之，况民君乎？（《左传·昭公六年》）

54. 儒有不宝金玉，而忠信以为宝；不祈土地，立义以为土地；不祈多积，多文以为富。（《礼记·儒行》）

例 53 中，"无宁以善人为则"是用的"以 a 为 b"式，后面的"则人之辟"和"民犹则之"则改为"以动用法"。如果后两句不改句式而用"而以人之辟为则乎"和"民犹以为则"，句子完全通顺，但显得有点儿冗赘。例 54 的"不宝金玉，而忠信以为宝"如果改为"不以金玉为宝，而以忠信为宝"（或"忠信以为宝"）应该是可以的。但因为全句是个排比句，为了句式的一致，所以第一句采用"以动用法"。这样不但句式整齐，而且"宝"字显得非常简练。由此我们推想，"以动用法"是表达要求简练而产生的一种用法，但是这里必须强调一点，即"以动用法"只是词类活用的一种，它一般只限于单词，而且不是所有的"以 a 为 b"式都能转换为"以动用法"。"以 a 为 b"式转换为"以动用法"就是把 b 用作动词，把 a 用作 b 的宾语。如果"以 a 为 b"式中的 b 是比较复杂的词组，那就不能转换。有时 a 是比较复杂的词组，也不能转换。例如：

55. 陈寅曰："子立后而行，吾室亦不亡，唯君亦以我为知难而

行也。"（《左传·定公六年》）

56. 以友天下之善士为未足。（《孟子·万章下》）

例55、56中"为"的宾语都是词组，例56中"以"的宾语是比较复杂的词组，因此这样句子都不能转换为"以动用法"。此外 a 或 b 虽都不是词组，但意义含混或不合习惯也都不能转换。例如：

57. 无以妾为妻。（《公羊传·僖公二年》）

58. 天将以夫子为木铎。（《论语·八佾》）

例57不能说成"无妻妾"，因为这样一说就意义含混。例58不能说成"天将木铎夫子"，因为这不合习惯。

从上述来看，"以动用法"和"以 a 为 b"式所表达的作用相同，只是因句意繁简不同而采用不同的结构，所以在一定时期内这两种用法同时并存。但"以动用法"有一定的局限，因而"以 a 为 b"式沿用至今，成为现代汉语的句式之一，而"以动用法"只适用于文言，在现代汉语中已丧失其生命力。

五、余论——与"使动用法"的比较

在古代文献中有些句子似乎用"以动用法"或"使动用法"来解释、翻译都可以说得通，例如：

59. 公若曰："尔欲吴王我乎？"（《左传·定公十年》）

60. 夺之人者臣诸侯，夺之与者友诸侯。（《荀子·王制》）

这两个例句，有本古汉语读本认为都是名词的"使动用法"，并且把"吴王我乎"翻译成"让我成为吴王僚吗"，把"臣诸侯""友诸侯"翻译成"使诸侯成为臣属""使诸侯成为朋友"。把例59看作"使动用法"不始于这本书，这是大家都知道的。但我觉得这两个例句如用"以动用法"来翻译、解释，似乎就更为顺当，杨伯峻先生在注释这句话时就是这么办的。他说："公若见圉人以剑锋向己，便呵斥之，谓尔欲以我为吴王僚乎，即刺杀己也。"（见《春秋左传注》1580页）同样的情况，把"臣诸侯""友诸侯"译成或解作"以诸侯为臣""以诸侯为友"不是也可以吗？由上引两例看来，在名词活用为动词时，"以动"或"使动"有时确有混同或两可之处，但严格说来，两者还是可以区别的。上引两例，如按"以动用法"处理，除了"以 a 为 b"这个固定格式以外，不用另加无关的其他词。一般的"使动用法"，翻译时通常是把动宾关系译成"使——宾——动"的格式（例如"既来之，则安之"可以译为"已经使他们来了，就要使他们安"），不用另外加进无关的词。如果"吴王我"是使动用法，应该译成"使我吴王"，"臣诸侯""友诸侯"也应该译成"使诸侯臣""使诸侯友"。上引那本书的译文分明加进了无关的词语，这与一般"使动用法"的通例不合，所以我认为这类句子还是看作"以动用法"比较好。

在较古的文献中，用"使"或用"以 a 为 b"式（包括"以为"）是有区别的。如"毋以妾为妻，毋使妇人行国事"（《穀梁传·僖公四年》）和"（赵盾与其母）来，以盾为才，固请于公，以为嫡子，而使其三子下之；以叔隗为内子，而己下之"（《左传·僖公二十四年》），前一句是前面用"以 a 为 b"式，后面用"使"；后一句是前面用"以为"，后面用"使"，两者绝不能互换。再如"子疾病，子路使门人为臣"（《论语·子罕》），这句话中的"使"字也绝不能换为"以 a 为 b"式。因为这一类"以 a 为 b"式多少含有"安排"的意味，而"使"字则有明显的"使令"意味。

上引 59、60 两例，如果不加仔细辨析，似乎按"使动"或"以动"处理都可以说得通。可是有些名词活用的"以动用法"就毫无疑问地不能说成使动用法。例如：

61. 原宪华冠縰履，杖藜而应门。（《庄子·让王》）

62. 饭我豆食羹芋魁。（《汉书·翟方进传》）

例 61 中的"杖藜"，《经典释文》："以藜为杖也。"例 62 中的"羹芋魁"，颜师古注作"以芋根为羹也"。这两例是决不能说成"使藜杖""使芋魁羹"的。

通过以上的分析，我们认为"以动用法"包括了"意动用法"的所有格式而其范围又大于"意动用法"，它同"使动用法"有严格的区别。因此"以动用法"这个名称容量较大，使用它并无不可。

（原载《甘肃教育学院学报》1990 年第 1 期）

"见"字的指代作用献疑

      自从吕叔湘先生《见字之指代作用》[①]一文发表以来，我国语言学界大多奉为圭臬。但笔者自拜读以后，对其所说的指代作用始终存疑，所以在教学及为文的过程中，从未引述。近十来年，不少学者发表了一些有关的文章，实际是对吕说作些补充和修正，读了很受启发，确是"前修未密，后出转精"[②]。几年前，日本牧克己先生将其载于《九州中国学会报》第二十九卷的一篇文章寄来，要我发表意见。该文实际是针对吕文而作，其主要观点是不同意吕先生所云见字的指代作用，而同意杨树达先生的观点，即仍认为是表被动。为了答复牧先生的问题，笔者反复阅读了吕、杨两先生的有关论著，觉得吕说优于杨说，杨先生认为"见 V"式都是表被动的，有些用例不好解释，则笼统地谓之变用。如"因往见司徒王允，自陈卓几见杀之状"（《后汉书·吕布传》），杨云："此见字不复能如前条以'被'字释之。以释为'被'则与事实舛，不可通也。故所以为前条之变用法也。"[③]

      诚如吕先生所说，"杨君所谓'变用'究作何用，亦未尝有明确之界说"[④]。而吕先生则认为，"见 V"式有表施动与表被动两种，这是符合汉语

---

    ①吕叔湘《见字之指代作用》，1943 年，今载《汉语语法论文集》，科学出版社 1955 年第一版。

    ②章太炎《国故论衡》上。

    ③杨树达《词诠》。

    ④吕叔湘《见字之指代作用》。

实际的。但吕先生认为表施动的"见 V"式的"见"字"有类第一身之指代词，或更审慎言之，见字表示第一身代词作宾语之省略"①。这又是我所不能接受的，也正是本文写作的出发点。我一直怀疑，这种用法的"见"字可否有别的解释？可否用别的实词来解释或置换？

要解答上述的疑问，我觉得首先应对杨、吕两位先生都引以为据的《诗经·郑风·褰裳》序及唐孔颖达《疏》进行分析，兹录《褰裳》序和郑笺、孔疏于下：

《褰裳》序：《褰裳》，思见正也；狂童恣行，国人思大国之正己也。

郑玄《笺》：狂童恣行，谓突与忽争国，更出更入，而无大国正之。

孔颖达《疏》：作《褰裳》诗者，言思见正也。所以思见正者，见者自彼加己之辞，以国内有狂悖幼童之人，恣极恶行，身是庶子，而与正适（嫡）争国，祸乱不已，无可奈何，是故郑国之人思得大国之正己，欲大国以兵征郑，正其争者之是非。

从上引材料来看，"思见正也"的"见"确是"自彼加己"之辞。这一点我没有疑问，但吕先生认为"加己"即"加我"，这种表施动的"见 V"式隐含"V 我"之意，据此而推衍出这种"见 V"式的"见"是"表示第一身代词宾语之省略"的结论，我则存有疑问。因为这里面包括两个问题：一个是"见"字是否有指代作用？另一个是"见 V"的用法是否只见于第一身？后一问题，董志翘先生的《中世纪汉语的三类特殊句式》②一文已作了明确的解答——第一、第二、第三三种人称均有；前一问题，姚振武先生的《古汉语见 V 结构再研究》③一文也作了明确的否定，而且对前一问题有进一步的阐述。二位先生对这两个问题的意见，我是完全同意的，但是董、姚二位对

①吕叔湘《见字之指代作用》。
②董志翘《中世汉语中的三类特殊句式》，《中国语文》1986 年第 6 期。
③姚振武《古汉语"见 V"结构再研究》，《中国语文》1988 年第 2 期。

《裳裳》序及有关的孔《疏》均未加理会，可能他们认为无关紧要。我认为"自彼加己"的"加"很值得重视，"见V"式的"见"大多可易为"加"（施加之加）或"施"字。当然，不是这样的"见"字一开始就有"施加"义的，词的语法作用、词汇意义总是在长期运用中发展变化的，"见"之有"施加"义是逐渐明确起来的，表施动的"见V"式产生于先秦（从姚振武说），东汉以后用例增多，"盛行于魏晋六朝"[1]延及唐、宋，直至近代。而唐代韩愈《进学解》中的"然而圣主不加诛，宰臣不见斥"两句，可说是"见"有"加"义的典型例子，也可说是最有力的证据。在这两句中。"加"和"见"为互文，这是毫无疑问的。由此而上推下联，远至先秦，下及近代，很多"见V"式的例句均可验证，例如：

1. 古之守者，以其所重，禁其所轻；以其所难，止其所易。……夫贪盗不赴溪而掇金，赴溪而掇金则身不全；贲、育不量敌则无勇名，盗跖不计可则利不成。明主之守禁也，贲、育见侵于其所不能胜，盗跖见害于其所不能取。（《韩非子·守道》）

2. 神龟能见梦于元君，而不能避余且之网。（《庄子·外物》）

3. 及汤为御史大夫，以兒（倪）宽为掾。天子见问，说之。（《史记·儒林列传》）

4. 凡论事者，违实不引效验，则虽甘义繁说，众不见信。（《论衡·知实》）

5. 元皇帝时，廷尉张闿在小市居，私作都门，蚤闭晚开，群小患之，诣州府诉不得理。……贺司空出至破冈，连名诣贺诉。贺曰："身被征作礼官，不关此事。"群小叩头曰："若府君复不见治，便无所诉。"（《世说新语·规箴》）

6. 司马景王东征，取上党李喜，以为从事中郎。因问喜曰："昔先公辟君不就，今孤召君何以来？"喜对曰："先公以礼见待，故得

———
①吕叔湘《见字之指代作用》。

以礼进退；明公以法见绳，喜畏法而至耳。"（《世说新语·言语》）

7. 初毅家在京口，贫约过常，尝与乡曲士大夫往东堂共射。时悦为司徒右长史，暂至京，要府州僚佐共出东堂。毅已先至，遣与悦相闻曰："身久踬顿，营一游集甚难。君如意人，无处不可为适，岂能以此堂见让？"悦……不答毅语。……悦厨馔甚盛，不以及毅……毅又相闻曰："身今年未得子鹅，岂能以残炙见惠？"悦又不答。（《宋书·庾悦传》）

8. 不意吾子自京师来蛮夷间，乃幸见取。（柳宗元《与韦中立论师道书》）

9. 虽欲强聒，终必不蒙见察……故今具道所以，冀君实或见恕也。（王安石《答司马谏议书》）

10. 巡抚秋颿先生应灵潮而生，有列纬之望……然而大任欲降，始遇已屯，盖公生十二年而先赠公即见背焉。（洪亮吉《卷施阁集·文乙集·灵岩山馆诗集序》）

以上十例采自先秦至清代的著作，例1的"见侵""见害"可易为"加侵""加害"，例2的"见梦"可易为"施梦"，例3至例9的诸"见"字均可易为"加"或"施"字，例8的"见"和例9的前一"见"字过去有人认为是表被动的，但其前分别冠以"幸"和"蒙"字，则"取"和"察"的主语必非作者本人，而为收信者，而且两个"见"字均可易为"加"字，所以这里也是表施动的"见V"式。例10的"见背"似乎不能易为"加背"，但其"见"字仍隐含"施加"的意思，"慈父见背"句，多年来有各种不同的解释，吕先生认为施动句是极正确的。这里面有汉语的词汇搭配习惯和音节和谐的问题。现在"见"和"背"不能搭配，而在古代则可以搭配。在音节方面，单音词须与单音词构成双音节的停顿，此句如果不用"见V"式而用单音节的V，在句法上是没问题的，可是在音节上就不和谐了，所以古人遇到这种情况，一般是将V改为双音节，如下例：

11. 先夫人弃背之时，属世荒馑，家涂空迫。（《颜氏家训·终制》）

　　此句的"弃背"易为"见背"意思完全一样，只是词的构造不同而已。此外还有个时代问题，例 7 的"见惠"，如由战国时代的人来说，就可以说成"加惠"，如"大王加惠，以大易小"①；反之，这话如由唐、宋时人来说，就可能说成"大王见惠……"。"见 V"式的"见"后，有时可有两个动词，如"郎诚见完与恩，无所不可"②，而"见"的"加"义不变。

　　在上述十例中，前两例的"见 V"后有"于 X"的介词结构，"于 X"的X 实即 V 的宾语，但当时的表达习惯（杨伯峻先生在其《古汉语中之罕见语法现象》中认为"这是不当用介词，而用了介词"，笔者不敢信从，觉得其间当有规律，待高明指教）往往在动词与意义上的宾语之间加上介词"于"或"於"字。例如：

　　12. 故孝之于亲也，生则有义以辅之，死则哀以莅焉。祭祀则莅之以敬，如此而成于孝子也。（《大戴礼记·曾子本孝》）

　　13. 君子温俭以求于仁，恭让以求于礼。（《韩诗外传》十）

　　14. 张侯御曰：三军之心在此车矣，其耳目在于旗鼓。（《国语·晋语》十一）

　　15. 吾非至于子之门，则殆矣。（《庄子·秋水》）

　　上举四例中的"成于孝子""求于仁""求于礼""在于旗鼓""至于子之门"等词组，如用现代汉语语法规律来看，"于"字都可以不要，可是古人就是这样说的，我们只能承认它们都是正确的说法。值得注意的是例 14，在《左传·成公二年》里却说成"师之耳目在吾旗鼓"，就没有用"于"字。这可能与音节和谐、各书的语言风格有关，这里就不多讨论了。据姚振武说，"见 V"式的出现，肇始于先秦，基本格式为"见 V 于 R"，其后省略了"于R""就成了后世的'见 V'结构"③。这种说法，我觉得是可以信从的。上

---

①《战国策·魏策》。

②柳宗元《河东先生集·童区寄传》。

③姚振武《古汉语"见 V"结构再研究》，《中国语文》1988 年第 2 期。

举十例中，例 3 至例 10 可以反映这一说法的大致情况。至于吕先生所说，"见 V"或是由表被动的"R 为 A 所见 V"式"删去'为……所'；冗重者复化为轻灵，即为常见之非被动式"①，此说似颇合理，但总觉得有些迁远。姚说并未影响原句的施受关系，施动者的位置不变，只是补语被省略了；吕说首先变动了原来的施受关系，处于"为"后的施动者转而成为全句的主语，全句的表达由被动句变为施动句，这样的大变动，恐不能说是"见 V"式产生的轨迹。拿前举的例 2 来说，"见梦于元君"省去了"于元君"，句子的主语未变，施动者未变，句意未变。例如：

16. 近世江上人有得名龟，畜置之，家因大富，与人议，欲遣去。人教杀之勿遣，遣之破人家。龟见梦曰："送我水中，无杀吾也。"

宋元王二年，江使神龟使于河，至于泉阳，渔者豫且举网得而囚之，置之笼中。夜半，龟来见梦于宋元王曰："我为江使于河，而幕网当吾路。泉阳豫且得我，我不能去。身在患中，莫可告语。王有德义，故来告诉。"……于是王乃使人驰而往问泉阳令曰："渔者几何家？名谁为豫且？豫且得龟，见梦于王，王故使我求之。"（《史记·龟策列传》褚补）

17. 有屠者故凶忍，于是方欲解牛，三夕不能奏刀。已而，牛见梦：送我吉祥院子。（黄庭坚《豫章集·太平州芜湖县吉祥禅院记》）

例 16 与前举的例 2 所说的是一回事，所有的"见梦"和"见梦于 X"的施事主语都是神龟，例 17 的施事主语是牛，除有无补语而外，句式基本相同。可见一定的语言环境中，"见 V"和"见 V 于 R"都是规范的句子，因此由"见 V 于 R"省略而为"见 V"是合乎逻辑的。至于"见 V 于 R"之所以后世少见，我想可能与表被动的"见 V 于 A"式的大量使用有关，为了避免混淆，就尽量不用"见 V 于 R"式了。但这又造成了另一问题，即表施动的"见 V"式与表被动的"见 V"式同时并用，引生歧义，这在吕先生文中举

---

① 吕叔湘《见字之指代作用》。

有例句①，不再罗列。我想"见 V 于 A"式之所以大量使用，也正是为了避免歧义。两种"见 V"式并存期（大约是汉至六朝时期），我觉得这是过渡阶段，到了唐代，被动句多用"见 V 于 A"式，施动多用"见 V"式。如韩愈《进学解》中的"然而公不见信于人，私不见助于友"和"然而圣主不加诛，宰臣不见斥，兹非其幸欤"，前者是表被动，用"见 V 于 A"式，后者是表施动，用"见 V"式。

吕先生认为"R 为 A 所见 V"式中"为……所"和"见"均表被动："不免叠床架屋之嫌，故不恒见。"②近年王海棻先生也认为叠架现象之一种，在其《六朝以后叠架现象举例》一文中也举了此类例句③。我觉得此类句式并非叠架，句中的"见"字并非表示被动，其中很多仍可易为"加"或"施"字，例如：

18. 今凉州部……数为小吏黠人所见侵夺。（《后汉书·西羌传》）

19. 诸葛恪、滕胤、吕据，盖以无罪，为峻、綝兄弟所见残害。（《三国志·吴书·孙綝传》）

20. 权本性空薄，文武不昭，昔承父兄成军之绪，得为先王所见奖饰，遂因国恩抚绥东土。（《三国志·吴书·吴主传》裴注引《魏略》）

21. 金城郡昔为韩遂所见屠剥，死丧流亡，或窜戎狄，或陷寇乱，户不满五百。（《三国志·魏书·苏则传》裴注引《魏名臣奏》）

22. 以此喻小国暗主不容忠臣，为谗贼小臣之所见害。（《史记·屈原贾生列传》索隐）

23. 臣受性愚陋，人事多所不通，惟酷好学问文章，未尝一日暂废，实为时辈所见推许。（韩愈《潮州刺史谢上表》）

上列六例中，"见侵夺"可释为"加侵夺"，"见残害"可释为"加残

---

①吕叔湘《见字之指代作用》。

②吕叔湘《见字之指代作用》。

③王海棻《六朝以后叠架现象举例》，《中国语文》1991 年第 5 期。

害"，"见奖饰"可释为"加奖饰"，"见屠剥"可释为"加屠剥"，"见害"可释为"加害"，"见推许"可释为"加推许"，各句中的"见"字均有其较实的词汇意义，它们都不表示被动，当然不能算是叠架。王海棻还提到"被……见……"的被动式①，这种句式出现较晚，且多接近口语，句中的"见V"还是表施动的，"见"字也都可译为"加"或"施"。例如：

24. 仆是弃背帝乡宾，今被平王见寻讨。（《敦煌变文集·伍子胥变文》）

25. 汝今日莫非被董太师见责来？（《三国志通俗演义·凤仪亭吕布戏貂蝉》）

26. 王夫人心中为的是凤姐未经过丧事，怕他料理不起，被人见笑。（《红楼梦》第十三回）

例24的"见寻讨"可释为"加寻讨"，例25的"见责"可释为"加责"，例26的"见笑"可释为"加笑"或"施笑"。"见笑"一语，现在还用，他如"见教""见赠""见惠""见访"等现在还都有其生命力。而这些"见"字都可释为"加"或"施"字。姚振武文中的最后一例"杨宗保听说给穆桂英见礼，这礼没见"中的"见礼"其意思就是"施礼"。

"见V"或可表被动，也可表施动，这一发现是吕叔湘先生的一大功绩。可是同一种结构，为什么能表示相反的两种意义呢？我觉得关键在"见"这个词上，"见V"式所以有此作用，主要是"见"具有这种相反的两种意义（"见"字的其他意义，这里概不涉及）。这在训诂学上称之为施受同辞，总括地说可称之为正反同辞。这种现象由来已久，最早注意到的是东晋时的郭璞，他在《尔雅·释诂》"徂、在，存也"条下注曰："……此皆训诂义有反覆旁通，美恶不嫌同名"，又在"肆、故，今也"条下注曰："今亦为故，故亦为今，此义相反而兼通者。"此后注意这一问题的学者很多，清代不少学者均有所论述，有的称之为"反训"，有的称之为"美恶同辞"。对于"反训"这种

---

①王海棻《六朝以后叠架现象举例》，《中国语文》1991年第5期。

提法，我也存有疑问，因为这不属于训诂方法问题，所以我在拙作《古代汉语》中提作"同词义反"。至于"美恶同辞"，它与"施受同辞"一样只是"正反同辞"中的一种类型。我认为郭璞所云"义有反覆旁通""义相反而兼通"已经接近了这个问题的实质。到了清代，王念孙说得更加明确，他在《广雅疏证·释诂》"敛、钦、丐、贷……，与也"条下疏证说："敛为取而又为与，乞、丐为求而又为与……义有相反而实相因者，皆此类也。"郭、王二家所说的"反覆旁通""兼通"和"相因"都是说相反的意义之间有其内在联系，把它提到哲学的高度，就是正反两义构成一个矛盾的统一体，而这矛盾的双方在一定条件下可以相互转化，即向与之对立的相反的方向转化。"见V"式既可表施动又可表被动就是施、受这相反的二义在矛盾统一体中共存的表现。表示施或受的动词都是及物动词，及物动词所涉及的事物必有施加与承受二方，亦即施动与受动二方，这样就构成一个相互依存又相互矛盾的统一体。他们相互转化的条件就是郭、王所说的"反覆旁通""兼通"和"相因"。被动的"被"原来就有"加"义、"覆"义和"受"义。如：

27. 众谗人之嫉妒兮，被以不慈之伪名。（《楚辞·哀郢》）

28. 高祖被酒。（《汉书·高帝纪》）

29. 故人者，天地之心也，五行之端也，食味别声被色而生者化。（《礼记·礼运》）

30. 今兄弟被侵，必攻者，廉也；知友被辱，随仇者，贞也。（《韩非子·五蠹》）

31. 朱明承夜兮，时不可淹；皋兰被径兮，斯路渐。（《楚辞·招魂》）

32. 其胤维何？天被尔禄。（《诗经·大雅·既醉》）

上列六例中，例27、28的"被"义均为"加"，例29、30的"被"义均为"受"，例31、32的"被"又均为"覆"。从上列例句的时代来看，"被"字的"加"义在前，而"受"义则在其后，可能，"受"义是从"加"义转化而来。同样的情况，"见V"式表施动的时代在前，表被动的时代则较后。在矛盾统一体内，事物的转化不是矛盾的双方同时都在转化而是矛盾的某方在一定条件下向相反的方向转化。在"正反同辞"这个统一体中也不例外。所以"被"字词义的转化过程是由表施动而转为表被动。至于"见 V"式的"见"字最早是表施动还是表被动，学术界似乎尚未有一致的看法。赵诚先生说："见字句这种被动式在甲骨文时代已经形成。"①虽然他举例不多，其说也很值得注意。但不管"见"字最早是表被动还是表施动，在一定条件下其转化恐怕只能是单向的。即以"美恶同辞"的"乱"和"治"、"苦"和"快"来说，"乱"可转有"治"义，而"治"则没有"乱"义；"苦"可转有"快"义，而"快"则没有"苦"义。以近现代汉语来看，"乖"原为"乖戾之乖"，现已转为"乖巧""乖顺"之义；"没治了"本指病入膏肓，而现在北京人却用以形容好到极点，虽然这种转化原来可能有其修辞上的原因，但都是向其相反的方向转化。我认为这种矛盾统一体的转化正是"见 V"式既能表施动，又能表被动的根本原因。

以上所述，除引用时贤的高论外，都是笔者的臆说，不敢自信，故献疑以就正方家。

（原载《兰州大学学报》（社会科学版）1996 年增刊）

---

① 赵诚《甲骨文动词探索（二）——关于被动式》，《中国语言学报》第 4 期。

敦煌残卷《古文尚书》概况及其价值

"古文尚书"一词，现在有两种含义：其一是与我国经学史上被称为今文经的《尚书》相对而言的，也就是南宋以来大多数经学家确定为伪书的二十五篇；另一是用古文字书写的《尚书》，也就是晋·梅赜所上附有孔安国传的五十八篇的《古文尚书》（包含今文经三十三篇在内，在《舜典》内还加上南齐·姚方兴所得《舜典》中多出的二十八字，一般称之为伪《古文尚书》）。自唐初陆德明作《经典释文》、孔颖达作《五经正义》（我们称之为"孔疏"）以来，直至清末，历代统治者都把这部伪《古文尚书》奉为宝典，并称之为《书经》，也就是现在通行的《十三经注疏》中的《尚书》。因为它原来多用古体文字（实际是楷化了的古字）书写，而且都附孔安国传（现在我们称之为"伪孔传"），书前还有托名孔安国撰的《尚书序》，所以就笼统地称为《古文尚书》（有时前加一个"伪"字）。到了唐玄宗天宝三年，诏集贤院学士卫包把所有古字都改为今字，其后唐文宗开成二年完成了镌石刻经的大业，为我们留下了《尚书》的范本。现在我们看到的唐以后的各种版本，都是用今字书写或刊刻的。其实唐代以前已经有了用当时通用文字书写的《尚书》，《隋书·经籍志》就著录了"今字尚书十四卷孔安国传"，恐怕当时未能广泛流传，所以《旧唐书·经籍志》和《新唐书·艺文志》就不见著录了。我们这里校注的敦煌残卷大多数是古字《尚书》。

敦煌残卷中有关《古文尚书》的共有二十五个卷子，其中伯希和所劫二十四卷，斯坦因所劫一卷；只有四个卷子属今字《尚书》，即伯四九〇〇号《尚书序》、伯三〇一五号《尧典》、斯六二五九号《蔡仲之命》《多方》和伯二六三〇号《多方》《立政》。除伯四九〇〇号《尚书序》和伯三三一五号《尧典、舜典释文》二卷外，涉及《尚书》经传的计二十三个卷子。这二十三个卷子残损的程度有轻有重，存留的经传文字有多有少；多的存留经传九篇（伯二六四三号），少的只有几句乃至只存经文二字、传文四十三字的残块（伯二五三三号）。有些残卷还相互重见，共涉及二十七个篇目（《舜典》有目无文），其中只见一次者十篇，重见者十七篇。在这十七篇中，《禹贡》的篇目重见九次（即九个卷子），均为片段；《盘庚中》《五子之哥》重见三次，均一卷全篇，两卷残损；《胤征》重见三次，均为片段；《盘庚上》《多方》《蔡仲之命》《益稷》均重见二次，且均不完整；《说命上》《微子》《亡逸》亦重见二次，均一卷全篇，一卷残损；重见二次且均为全篇者有《盘庚下》《说命中》《说命下》《高宗肜日》《西伯戡黎》《甘誓》等六篇；只见一次且为全篇者有《立政》《多士》《君奭》《秦誓》等四篇；只见一次且均残损者有《尧典》《泰誓》《洛诰》《顾命》《费誓》等五篇。

在载有《尚书》经传的二十三个卷子中有些实际是原来相连，同属一卷，后来断裂为二卷、三卷乃至四卷的。经我们拼接连贯的原文，对比书写的行款与字体，发现除了伯三六七〇号与伯二五一六号相连（《敦煌宝藏》已注明）之外，还有伯三七五二号与伯五五五七号二卷相连，伯三六〇五号、伯三六一五号与伯三四六九号三卷相连；伯四〇三三号、伯三六二八号、伯四八七四号与伯五五四三号四卷相连。伯三七五二号与伯五五五七号都是《胤征》篇的残卷。前者是该篇的开头部分，卷末的最后一字是"孟"；后者是该篇的后一部分，开头的一字是"春"，经文正好相接，两卷拼合，除伯三七五二号卷首右上角有残缺外，恰是《胤征》的全篇。伯三六〇五号是《益稷》篇的后半残卷，而伯三六一五号的卷首则是前卷的残缺部分，两者拼合，经传交错弥合，恰好相连；伯三六一五号主要是《禹贡》篇的开头部分，卷末是"淮夷其义蒙羽其艺"的传文"二水已治"四字，而伯三四六九号的开头则是与前卷卷末四字相连结的"二山已可种艺"，可见上述三卷原为一体。伯四〇三三号是《禹贡》篇"雍州"以后的残卷，上半残损，只余下半，而伯三六二八号也是《禹贡》篇的残卷，但前者上残，此卷下残，经拼接连读，前卷"东迆北会于汇"之传文正与伯三六二八号开头的传文相接；而伯四八七四号则是一段上缺的《禹贡》篇的半截残块，经拼合对校，原来它是伯三六二八号残缺的下半截的一部分，伯三六二八号原卷第七行"又东过柒沮入于"七字正好与伯四八七四号原卷第三行的"河"字连读，其后的五行均可上下拼接连读；伯五五四三号是《禹贡》篇的结尾部分和《甘誓》及《五子之哥》开头部分的残卷，全卷上半截残损，经我们填补缺文，发现两卷之间缺经文七字、传文约三十字，相当于伯三六二八号与伯四八七四号拼接后一行的字数，可是伯三六二八号最后一行缺下半截，伯五五四三号首行缺上半截，两者相加恰为一行，因此我们认为伯四〇三三、三六二八、四八七四、五五四三号四卷实为一体，破卷重合（当然还非完整的原卷），亦属难得。此外伯五五二二号也是《禹贡》的半截残卷，从行款及字体看与伯四〇三三号等四卷相同，应是伯四〇三三号以前的残卷，惜间隔太多无法复原。

在二十五个卷子中，署有写完日期的有两卷：一为伯五五五七号《胤征》，署明为"天宝二年八月十七日写了也"；另一为伯二六四三号《盘庚上》至《微子》的那份比较完整的卷子，署明日期为"乾元二年正月廿×日"，并有写者的姓名。标明卷数的有五个卷子：伯五五五七号卷末书作"尚书卷第三"，伯二六四三号卷末书作"古文尚书第五"，伯三七六七号"无逸"残卷卷末书作"尚书卷第九"，伯二六三〇号《立政》篇末书作"尚书卷第十"，伯三八七一号《秦誓》篇末书作"古文尚书卷十三"，此外伯三六一五号《益稷》《禹贡》残卷中，在篇名"尚书禹贡第一"之下以小字写有"卷第三"于右侧。从上述情况可以看出两个问题：一是书名不统一，或称《尚书》，或称《古文尚书》；另一是写本所分卷数的大致情况，即全部"夏书"（自《禹贡》至《胤征》）为第三卷，《盘庚上》至《微子》为第五卷，第九卷至《无逸》止，第十卷至《立政》止，可见《君奭》在第十卷，与今本分卷《无逸》与《君奭》同卷，《立政》为另卷之首完全不同，而且标明卷数的位置也不固定，可以书于卷末，也可书于一卷第一篇之下。从全书分十三卷看来，它与《隋书·经籍志》《旧唐书·经籍志》《新唐书·艺文志》所著录的《古文尚书》十三卷相符，那么敦煌残卷的《古文尚书》就是三《志》所著录的《古文尚书》的传抄本。

我们这次对敦煌残卷的《古文尚书》（以下简称敦煌写本）进行校注主要是以之与中华书局一九八〇年出版的《十三经注疏》中的《尚书》（校注中称之为"今本"）对照勘校，同时也以阮元审定的校勘记为重要参考资料；对阮校所用的古本、宋板、岳本、闽本、葛本、《尚书纂传》、明监本、毛本等资料，我们有选择地加以采用，此外还利用残卷中重见的篇章，相互对校。通过这次校勘，我们对敦煌残卷中这些宝贵资料的价值有如下的初步认识。

一、补经文之缺失

在经文方面，总的来说，写本除了字形和用字（如写本多用"弗"而今本多用"不"，今本"威"写本作"畏"等）以外，与今本不同的地方较少。而这些不同之处大多是今本有误而写本正确。据我们从二十七篇中发现的就有四处，（此外《舜典释文》还有四处，见后）两处是词语错误，两处是脱落经文。

（一）词语错误

甲、今本《盘庚上》的"汝无侮老成人"，在伯二六四三和三六七〇号中均作"女亡老侮成人"，这在阮氏校勘记中已经论及。古本"侮"上有"老"字，即作"女亡老侮老成人"，唐石经作"汝无老侮成人"，校者指出："今本脱上'老'字，石经脱下'老'字。"可见校者以为古本是标准的，而阮氏按语则同意段玉裁的看法，说"唐石经是也"。现在以敦煌写本看来，唐石经确实是对的，只是"女亡"二字改作今字"汝无"而已。今本词语颠倒殆无疑问。至于古本"侮"下的"老"字未必不是衍文，因为古本也是写本，在抄写时脱字衍字是经常发生的，古本除此之外，还有其他衍字的地方。例如今本《蔡仲之命》"周公告召公将作蒲姑"的传文"……使此册书告令之亡"，古本作"使为此册书告令也之也"。山井鼎认为"古本上'也'字误写灼然"，阮元据岳本《尚书纂传》均作"使此册书告令之"，认为古本衍二"也"字。敦煌写本斯六二五九号则作"使为此策书告令之亡"，句末与今本同，都有一个与经传无关的"亡"字，我们怀疑"亡"可能是"也"字之误。

据此我们认为如把写本的"亡"改为"也",那么写本与去一衍字的古本就完全相同了。这样如说古本衍二"也"字就不一定对了。不论是衍一字还是衍两字,古本有衍文是事实。因此我们怀疑它衍下一"老"字是有其可能的。

乙、今本《说命上》"以台正于四方,惟恐德弗类,兹故弗言",葛本、闽本、明监本、《尚书纂传》均同,唐石经、岳本、毛本"惟"作"台",敦煌写本伯二六四三号正也作"台"。以写本与今本相较,两者有重要差异时,在阮校所用各本中,葛本、闽本、明监本与今本同多异少,而古本、岳本、毛本、《尚书纂传》则多与写本相同,且大多正确。《说命》已确定为伪书,问题只是哪个接近于最初的面貌。写本时代较早,唐石经是官定经书,岳本、毛本又都是比较可信的版本,今本中的"惟"字很可能不是原书应有的。

(二)脱落经文

甲、今本《洛诰》"惠笃叙,无有遘自疾,万年厌于乃德,殷乃引考",唐石经、古本、岳本、《尚书纂传》"厌"下均有"于"字,敦煌写本伯二七四八号亦作"厌于乃德"。阮校案:"有于字是也。"我们不是迷信阮校的案语,从语法来看,也是有"于"字为长;再以传文及孔疏来看,传文作"……则天下万年厌于汝德,殷乃长成为周",孔疏作"……则天下万年厌饱于汝王之德",可见有"于"字是正确的。

乙、今本《君奭》"呜呼!笃棐时二人,我式克至于今日休",古本"呜呼"上有"公曰"二字,敦煌写本伯二七四八号与之相同,可见古本绝非偶然。我们认为在孔颖达作《正义》时,这里原有"公曰"二字,所以他在《正义》中说:"周公言而叹曰:呜呼!我厚辅是二人之道……。"如果这里无此二字,则"周公言而叹曰"六字从何而来?至于这二字的脱落时间,估计总在唐石经镌成之前,会不会是卫包改经时脱落的,现在还很难断言。

二、正经传之误差

经过这次校对,我们发现写本与今本的正误差别主要是在传文方面,具体篇章中的不同详见校注部分,这里只撮其要而例言之。今传之误差大致为下述四种情况。

（一）释词的不同

这主要是指传文使用的单词（字）的不同，仅举四例：

甲、今本《甘誓》"启与有扈战于甘之野，作《甘誓》"的传文"夏启嗣禹位，伐有扈之罪"，古本、宋本"位"均作"立"，敦煌写本伯五五四三号"位"亦作"立"，验之孔疏："盖由自尧舜受禅相承，启独见继父，以此不服，故云'夏启嗣禹立，伐有扈之罪。'言继立者见其由嗣立，故不服也。"再按语法来看，作"立"较稳，可见作"位"非是。

乙、今本《盘庚上》"世选尔劳，予不掩尔善"传文"选，数也。言我世世选汝功勤，不掩蔽汝善，是我忠于汝"，葛本、闽本、明监本均同。毛本"选女"作"数女"，敦煌写本伯二六四三与三六七〇号亦均作"数女"，孔疏作"自我先王以至于我世世数汝功劳"，可证作"数女"是。

丙、今本《高宗肜日》"乃曰其如台"传文"祖己恐王未受其言，故乃复曰：天道其如其所言"，葛本、闽本、明监本均同；毛本次"其"字作"我"，敦煌写本伯二六四三与二五一六号亦均作"我"。这里是祖己再次提出忠告，是第一人称自述的语气，意思是"天道将如我所言"，"其"字显然不合语气，所以写本的这两卷与毛本是正确的。

丁、今本《西伯戡黎》"……今王其如台"传文"……王之凶害其如我所言"，敦煌写本伯二六四三与二五一六号"害"均作"祸"，此例阮校未出，恐各本均未提及，但孔疏云"……王之凶祸其如我之所言"，可知孔作疏时传文当亦作"祸"。

（二）释语的不同

这主要是传文使用的词语不同，亦举四例：

甲、今本《胤征》"胤侯命掌六师"传文"仲康明胤侯掌王六师，为大司马"，岳本、宋本"王"作"主"；古本作"掌，主也。主六师为大司马也"，阮校以为"当从之"。敦煌写本伯二五三三号作"掌，主。主六师为大司马也"，伯三七五二号作"掌主六师，为大司马"，可见伯二五三三号与古本基本上相同；伯三七五二号则与岳本、宋本相同，与今本只是"王"与"主"之差。从以上各本看来，伯二五三三号似乎较早；伯三七五二号较晚，脱一"主"字,类似此卷之抄本流传。因而成为岳本、宋本之依据,在以后转抄转刻的过程中,又将"主"字讹作"王"字,即成今本之模样。

乙、今本《盘庚上》"汝曷弗告朕而胥动以浮言?恐沈于众"传文"曷,何也。责其不请告上而相恐……"。葛本、闽本、明监本"请"作"情",毛本"情"上更有"以"字,敦煌写本伯二六四三号正作"不以情告",与毛本同。今本作"不请告"错误显然,而"不以情告"则语法妥帖,两者相较,是非自见。

丙、同上"若火之燎于原,不可向迩,其犹可扑灭"传文"火炎不可向近,尚可扑灭;浮言不可信用,尚可得遏绝之"。"尚可得遏绝之"阮校出"尚可得遏之绝之",多一"之"字,不知孰是。毛本作"刑戮绝之",敦煌写本伯二六四三号作"刑戮绝也"。 "遏"与"刑戮"用语不同,验之孔疏,则作"此浮言流行若似火之燎于原野,炎炽不可向近,其犹可扑之使灭,以喻浮言不可止息,尚可刑戮使绝也",正与敦煌写本及毛本的传文相合,而与今本之"遏绝"毫无关涉。

丁、今本《西伯戡黎》"祖伊反曰:'呜呼!乃罪多参在上……'"传文"反报纣也,言汝罪恶众多……"。古本作"反,报也;报纣也"。敦煌写本伯二六四三与二五一六号均作"反报报纣言也女罪恶众多……"。这两卷的"言也"两字均误倒,应读作"反,报,报纣也。言女罪恶众多……",这样比古本只少一可有可无的"也"字。这也是解释的体例问题,甲例中"掌,主"与这里的"反,报"一样都是解释的词后不用"也"字。古本与敦煌写本都是较早的抄本,在其后的传抄过程中,脱漏一个"报"字,就成为今本的依据,其错误非常明显。

(三)词序的颠倒

这主要是指有些连用的两个词今本与敦煌写本次序互易,亦举四例:

甲、今本《盘庚中》"汝不谋长,以思乃灾,汝诞劝忧"传文"汝不谋长久之计,思汝不徙之灾……",敦煌写本伯二六四三与三六七〇号"长久"均作"久长",考之古代文献,"久长"连用较早,如《战国策·赵策》:"岂非计久长有子孙相继为王也哉?"我们认为 "久长"较之"长久"差胜。

乙、今本《微子》"殷罔不小大，好草窃奸宄"传文"草野窃盗又为奸宄于内外"，闽本、葛本、明监本、《尚书纂传》均同，敦煌写本伯二六四三与二五一六号"内外"均作"外内"，毛本同。按《国语·晋语六》："乱在内为宄，在外为奸。"《尚书·舜典》："蛮夷猾夏，寇贼奸宄。"传文"群行攻击曰寇，杀人曰贼，在外曰奸，在内曰宄。"可见"奸宄"与"外内"相应，作"内外"者非也。

丙、同上"我不顾行遁"传文"明君子之道出处语默非一途"。敦煌写本伯二六四三号"语默"作"默语"，孔疏"《易·系辞》曰，'或出或处，或默或语'，是非一途也"。王符《潜夫论·实贡》："出处默语，勿强相兼。"可见写本作"默语"者是也。

丁、今本《君奭》"嗣前人，恭明德，在今予小子旦"传文"继先王之大业，恭奉其明德，正在我今小子旦，言异于群臣"，葛本、闽本、明监本均同；古本、宋板、《尚书纂传》、毛本"我今"均作"今我"，敦煌写本伯二七四八号亦作"今我"。经文"今予"，传作"今我"，正相吻合，且孔疏亦作"继嗣前人先王之大业，恭奉其明德也，正在今我小子旦"。可见作"我今"者非也。

以上甲、丙两例阮校未出，可能各本均与今本无异，而敦煌写本与众不同，更可见其价值矣。

（四）用字的增减

今本传文较之敦煌写本，往往在一句之中用字互有增减，其中有些在阮元校勘时已经发现，这里是以敦煌写本为准来看今本增减传文的误差，下面各举二例：

甲、今本《盘庚中》"兹予有乱政同位，具乃贝玉"传文"此我有治政之臣，同位于父祖，不念尽忠，但念贝玉而已，言其贪"。敦煌写本伯二六四三号"贝玉"上有"具"字。阮校云："古本'念'下有'其'（恐为刻误，当为"具"）字，与疏合。"孔氏在疏经时说"不念尽忠，但念具汝贝玉而已，言其贪而不忠也"；疏传时又说"当时之臣，不念尽忠，但念具贝玉而已，言其贪也"。敦煌写本伯二五一六号"贝玉"上有"集"字，不知何据？

但今本脱一"具"字，于经于疏皆不相合，显然错误。

乙、今本《说命上》"使百工营求诸野"传文"使百官以所梦之形象经求之于野……"，葛本、闽本、明监本同。敦煌写本伯二六四三号"野"上有"外"字，比今本多一字；伯二五一六号"经"下有"营"字，"野"上有"外"字，正与岳本、《尚书纂传》毛本相同，亦与孔疏相合。今本两处脱字，当必有误。

丙、今本《禹贡》"泗滨浮磬，淮夷蠙珠及鱼"传文"蠙珠，珠名"，敦煌写本伯三四六九号作"蠙，珠名"。孔疏云："蠙是蚌之别名，此蚌出珠，遂以蠙为珠名。"似与敦煌写本相合，今本增一"珠"字，殊不必要。

丁、今本《说命中》"惟天聪明，惟圣时宪，惟臣钦若，惟民从乂"的传文，山井鼎据古本、宋板正误补阙，指出传文应为"圣王法天以立教，臣敬顺而奉之，民以从上为治"，余者均为疏文。敦煌写本伯二六四三与二五一六号除句末有一"也"字外，其余均与山井鼎之说相符，今本传文中窜入疏文五十九字。

三、明《释文》之原貌

《释文》即唐初陆德明之《经典释文》，是一部为古代（主要是先秦）经典（包括传注）注音兼释义的著作，在现代流传的十三经中，除《孟子》以外，它都为之作了音释。但在北宋开宝年间，敕改《尚书释文》中的古字为今字，重新修订，对原书删改颇多，致使今本《释文》的《尚书》部分已非原貌。敦煌写本有各经的《释文》共十余种，《古文尚书释文》仅伯三三一五号一卷。伯三三一五号是《尚书释文》的《尧典》《舜典》部分，《尧典释文》不全，约存一半；《舜典释文》完整。我们认为这是一份极有价值的材料，它让我们看到《古文尚书释文》原貌的一斑，还让我们看到删改的具体情况。伯三三一五号共存三百四十二条，今本只存一百九十五条，删去一百四十七条。《尧典》部分从"毡"字条（缺标目及部分注文）起原存一百四十条，今本只存七十三条；《舜典》部分存二百二十八条，今本只存一百二十二条。在今本所存一百九十五条中，只有十四条未经改动，其余一百八十一条均或多或少有所改动。《释文》所释《尚书》原为古文，其实也并非全是古文，正如陆氏在该书《序录》中所说，"《尚书》之字，本为隶古。既是隶写古文，则不全为古字。今宋、齐旧本及徐、李等音，所有古字，盖亦无几"。今本《释文》删去的大多是原作古字、释义不同或今本经传所无的条目。改动的情况比较复杂：条目方面改出条目用字的六条，由两字改出单字的四十五条；注文方面删去古字及其释义的四十五条，删去释义的三十条，删去"读若"之类注音的五条，改注文用语的（如"争讼"条之释词原为"争斗之争"，今本改为"斗也"）四条，全改音释的（如"畴"的注文原为"古畴字，谁也"，今本改为"直由反"）六条，改反切的六条，改"本作×"的五条，《释文》本以作音为主（作音之中往往即寓有释义），释义为辅，而释义则又每每涉及字形，所以宋人删《释文》中的古字时总是同时删去或改动释义的词语。由此可见，宋人删改《释文》是以删改古文为主，凡与此有关的均加改动。而敦煌写本《释文》的发现，才使我们看到未经删改的原貌。它不仅使我们了解了一些字在《释文》的原型，也即在《古文尚书》中的原形，如 "类"写作"臂"，"砺"写作"砅"，"伯"写作"栢"等，还从而看到语音方面的一些变化。如改反切的六条中有三条就反映了隋唐之际到宋初的变化。这三条是"涤"字原作"直历反"，被改为"大历反"；"俎饥"的"俎"原作"蒺吕反"，被改为"庄吕反"；"猾"字原作"于八反"，被改为"户八反"。"直"中古属澄母，为舌上音，"大"属定母，为舌头音，古无舌头舌上之分；"蒺"中古属从母，"庄"属照系二等，古属精系；"于"为喻母三等，"户"属匣母，喻三古归匣母。这三条正好说明在陆氏作音时这些古声的读音仍有遗存，到了宋初已完成了分化过程。

以上情况使我们看到了《释文》在字形和音读方面的一斑，但我们认为敦煌写本伯三三一五的重要之处不仅于此，它还有更大的价值，即它还透露出一些有关《古文尚书·舜典》的问题，下面只谈两点。

（一）陆氏对《舜典》的态度

梅赜所上孔传《古文尚书》亡《舜典》一篇，后来人们"乃取王肃注《尧典》从'慎徽五典'以下为《舜典》以续之"（见《释文·序录》），其后

"齐明帝建武中吴兴姚方兴采马、王之注造孔传《舜典》一篇，云于大航头买得"（同上文）。在陆德明作《释文》和孔颖达作《尚书正义》时，马、郑、王三家所注的《尚书》尚未失传，陆、孔二人可能都亲见过，但当时都重视孔传《古文尚书》，所以他们一个作《释文》，一个作《正义》，都是采用的所谓的孔氏传本。可是对于《舜典》来说，二人的态度就不同了，陆氏不信姚方兴本，所以作《释文》时明确标出"王氏注"三字；而孔氏则惑于"孔氏传"，故以姚本为真，并据而作《正义》。两人的态度不同，所据不同，我们从敦煌写本伯三三一五号与宋人删改后《舜典释文》的比较看得清清楚楚。写本在《舜典释文》中第一条即列"王氏注"，并用大字标题，与《尧典释文》之"孔氏传"一样对待。今本《释文》把"王氏注"三字改为与注文一样的小字，这一改不但破坏陆氏排列条目的体例，而且显露了删改者的尴尬心态，因为改后的这篇《释文》不是真正的"王氏注"而是姚方兴所造的"孔氏传"。陆氏所以这样标题的用意是非常清楚的，他要告诉人们：这篇的经传都是王氏注本，不是孔氏传本。陆氏对于姚本多出的二十八字（当然是王本所没有的）不予置理，从敦煌写本伯三三一五号来看，陆氏对《舜典》的小序作了六条注释，今本删去五条，只留"难"字一条。陆氏六条注释中最后一条为"作《舜典》"，注云："此下或便有《舜典》题者非也，此篇既是王注，应作今本相承，以续孔传，故亦为古字。"这几句话主要是针对姚本说的，首先指出其下不应有《舜典》二字，并再次强调这篇的注文是王氏注。陆氏对于姚本增出的二十八字只出了一条注，即把前十二字列为一条，指出这是姚本所有，后四句十六字"于王注无施也"。孔颖达的态度与陆氏相反，他似乎认为姚本的注文就是孔氏传，所以对增出的二十八字也分别加以疏解。这种态度在宋人删改《释文》时起了决定性的作用；正是基于这一原因，就把《舜典释文》改得面目全非。

（二）王注《舜典》与姚本的差别

王本与姚本究竟有多大差别，现在已无法了解，但通过伯三三一五号所提供的材料，我们发现在经文和传文两方面都有一些出入，这主要是从写本《释文》有而今本《尚书》的经文传文都无的条目和一些改动看出来的。写本

《释文》中有三十三条在今本《舜典》的经传中均不见其字，可以肯定，这些条目都是陆氏所据的王注本中有而姚本所没有的，这些正是二本的不同之处（不是全部）。从三十三条的注文及其在书中所处的次序来看，少数是经文有异，多数是传文不同。

先说可能与经文有关的，在三十三条中有"为我"和"放勋"两条。

"为我"在写本中的位置，列于"底"和"女陟"两条之间。"底"和"女陟"是经文"帝曰：格汝舜，询事考言，乃言底可绩，三载。汝陟帝位"中的两条，"为我"处于两者之间，当不至为传文。

"放勋"处于"乃殂"之前，今本经传均无此二字。写本"乃殂"的注文为"本作殂，古文作殂，皆古殂字，才楷反，死也。马、郑本同，方兴本作'帝乃殂落'"。宋人删改时只留"才苦反"三字，其余悉被删去。据此条可知，"帝乃殂落"是姚本经文，王本定然与之不同。那么王本应该怎样呢？我们设想王本此句可能为"放勋乃殂"（《说文》"殂"下引《书》作"勋乃殂"，《孟子·万章上》引作"放勋乃殂落"）。因为宋人把"方兴本作……"一句删去，如非敦煌写本，后人将永远不明其真相了。

此外还有两条，一条是写本《释文》"女袚宗"条，注文说："本或作'女作袚宗'，'作'衍字。"此条也被宋人删去，但今本经文却正作"汝作袚宗"，可见王本此句无"作"字。另一条是"至于北岳如初"，今本《释文》改为"至于北岳如西礼"，注文原为"马本同，方兴本作'如西礼'"。今本改为"方兴本同，马本作'如初'"。宋人删改《舜典释文》时一以姚本为准，致使王本横遭删改。清代学者阎若璩说"马、郑、王三家系真古文本，宋代已不传"，并深以失传为惜，曾于今本《释文》及孔疏中摘出若干条，其中"如西礼"条注曰："马本西礼二字作初。"阎氏只知马本如此，不知王本亦如此也，更不知《释文》原有更多的马、王注述被宋人删抹。阎氏对马、郑、王本如此重视，可见敦煌写本《舜典释文》的价值非同一般。宋人改真从伪，以曲就伪孔传，甚至妄改陆著，其情节可谓恶劣矣。

再说与传文有关的，在前述的三十三条中，除了与经文有关的两条以外，其余三十一条都是传文方面的问题，这些在校注中已逐一指出，其中多数可以寻出致异的原因或线索，它们是"浑天""赢""缩""埋""少牢""大昭""祖迎""坎""坛""幽宗""雩""宗""适子""祢""燕齐""辽远""刑见""剽""朝市""甸师"等八组二十条，下面分组讨论。

"浑天""赢""缩"三条列于"玉衡"条后，显然应见于"在璿玑玉衡，以齐七政"之传文，但今本传文并无此三条。惟孔疏中两引马融云，其一为"浑天仪可旋转，故曰玑衡。其横箫（应为"箭"），所以视星宿也。以璿为玑，以玉为衡，盖贵天象也"；其二为"日月星皆以璿玑玉衡度知其盈缩进退失政所在……"。又《史记·天官书》"北斗七星，所谓旋玑玉衡，以齐七政"《索隐》案："《尚书》'旋'作'璿'。马融云：'璿，美玉也。机，浑天仪，可以旋转，故曰"机"。衡，其中横箭。以璿为机，以玉为衡，盖贵天象也。'郑玄注《大传》：'浑仪中箭为旋机，外观为玉衡也。'"从孔疏与《史记索隐》来看，"浑天""赢""缩"三条盖出于马注，王注可能是据马说而略加改动。

"埋"至"宗"九条引于"六宗"与"遍于"之间，当为"禋于六宗"之传文，但今本传文中未见，惟孔疏云："《祭法》云：'埋少牢于太昭祭时，相近于坎坛祭寒暑，王宫祭日，夜明祭月，幽禜祭星，雩禜祭水旱也。'……王肃亦引彼文，乃云'禋于六宗，此之谓矣'。"检之《礼记·祭法》，"大昭"作"泰昭"，"幽禜""雩禜"仍作"幽宗""雩宗"。又《祭法释文》"相近"云："王肃作'祖迎'也。"由此可见，这九条原为王氏注文。

"适（嫡）子"当为今本经文"三帛二生一死贽"之传文，今本传文无"适子"而有"世子"，实际上"世子"也就是"适子"，这是王、姚二本用词不同而已。

"祢"字列于"艺"与"四朝"之间，从次序看应为"归格于艺祖，用特"之传文。写本《释文》于"艺"字下注云："鱼世反。又马、王云：祢也。"（今本《释文》同）；于"祢"字下注云："乃礼反。考庙。"今本《舜典》此句之传文为"巡守四岳然后归，告至文祖之庙。艺，文也。言祖则考著。特，一牛"。陆氏所据者为王注本，王氏已解"艺"为"祢"，则注文中当不会出"艺，文也"这样的句子，而"艺，祢也"这样的句子倒是很可能出现的，陆氏作《释文》出"祢"字可能即由于此。

"燕齐""辽远"列于"十有二州"与"封"之间，当为"肇十有二州"之传文，今本传文无此两条。但孔疏云："……则舜摄位元年，九州始毕，当是二年之后，以境界太远，始别置之……《尔雅·释地》九州之名于《禹贡》无梁、青而有幽、营云：'燕曰幽州，齐曰营州。'"据此可以设想，在王氏注中必"燕齐"连称，"辽远"乃"太远"之别说耳。

"形见"列于"豖"与"鞭"之间，当为"流宥五刑"之传文，今本传文未见。孔疏："王肃云：言宥五刑则正五刑见矣，是言二文相通之意也。""形见"（即"刑见"）二字果亦出于王注。

"勡"字列于"奸宄"与"劓"之间，当为"寇贼奸宄"之传文，今本传文作"群行攻劫曰寇，杀人曰贼……"，可"勡"字的注文为"匹妙反。《说文》云："一曰劫人也。……"据此我们设想，王注可能不作"攻劫"而作"勡劫"，不然陆氏不会无故出一"勡"字。

"朝市"和"甸师"列于"大辟"和"三处"之间，可以肯定原应见于"五服三就"之传文，今本传文则作"既从五刑，谓服罪也。行刑当就三处：大罪于原野，大夫于朝，士于市"，因此今本《释文》出"于朝"于"三处"之后。但孔疏云："马、郑、王三家皆以三就为原野也、市朝也、甸师也。"可见"市朝""甸师"正是王注的内容。

上列二十条是王氏注文，尚有十三条现在虽未发现线索和引证，但可以断定亦必为王注。于此可见，陆氏《舜典释文》悉据王氏注本，惜为宋人删改太多，遂失陆书之原貌。敦煌写本伯三三一五号之发现是我国经学史上的一件大事，它不仅使我们看到了陆书原貌的轮廓，而且使我们看到王氏注《舜典》的一斑，所以我们认为伯三三一五号这一写本在所有敦煌《释文》的写本中价值最高，作用最大，若阎若璩生于现代，亦必引为快事也。

四、助版本之品评

在敦煌残卷中，虽仅涉及《古文尚书》的二十七个篇目，但已可从中看到隋唐以来至宋代刊本出现以前《古文尚书》的大致情况。总的来说，古字

《尚书》当时可能还占主要地位，即使是天宝三年卫包改古文从今文以后，民间传抄的还是古字的《尚书》，如伯二六四三号明确记下了抄写年月为乾元二年正月，其时距卫包改经已经十五年了，可是该卷还是写了不少古字；即使是用今字书写的伯二六三〇号、三〇一五号和斯六二五九号，所有经传都只是古本《尚书》的今字本罢了。今字《尚书》的广泛流传，可能是开成石经镌刻竣工以后的事情。敦煌写本不是一人一时的抄本，因此有些重见的篇章，有的与今本较近，有的与古本相同。如伯二五一六（包括三六七〇）号与伯二六四三号的篇目大致相同，而前者则较近于今本，后者多同于古本，这说明这一时期流传的抄本不一，传抄的底本不同。尽管如此，两个写本在有些重要的地方还是彼此相同，且均不同于今本的。因此，这些写本无论是经文还是传文都保存了《尚书》较早的面貌，而以后的各种刊本大都源于这类抄本。所以我们认为这批写本可以作为品评各种版本的标准。

从阮校所用的各本来看，敦煌写本不同于今本之处多与古本、岳本、《尚书纂传》及毛本相同或相近。我们认为这几种版本应属较好之列，但阮校对之有时还略有微词，其中有些我们可以用敦煌写本来为之作些辩解。

先说古本，从敦煌写本的材料来看，古本确是较古的写本，说它"字体太奇，间参俗字，多不足信"，恐怕不太准确。敦煌写本的古字《尚书》各卷中，有一些字也有"太奇"的地方，特别是伯三三一五号《尧典、舜典释文》中有一些字是我们从未见过或很少见到的。因为《古文尚书》就是以古字流传于世的，所以"字体太奇"不能算是什么缺点。至于"间参俗体"，这在传抄过程中也是难免的，抄写者往往用当时当地通用的俗字书写，这在各种敦煌写本中可说是普遍的现象，不足为怪。以阮校所用古本的材料与敦煌写本比验，尚未发现多少不可信之处。例如今本《多士》"非我一人奉德不康宁，时惟天命"传文"我徒汝非我天子奉德不能使民安之，是惟天命宜然"的"不能使民安之"古本作"不能使民安安之也"。山井鼎曰："恐衍一'安'字。"阮校按："疏云'不能使民安而安之'，即古本之所本。"意思是古本乃根据孔疏而来的。其实当时的写本即已如此，如敦煌写本伯二七四八号就作"不能使人安安之也"。"人"是"民"的避讳字，此处如不避讳就跟古本全同。我们认为古本不一定依据孔疏，而孔疏所依据者则为当时流传或官定的抄本。

至于岳本和毛本，都是后人承认的较好版本，即使有些值得怀疑之处，也大致都有所本。例如今本《尧典》"父顽，母嚚"，岳本的传文于"心不则德义之经为顽"下有"口不道忠信之言为嚚"九字，阮校按："前'嚚讼'传云'言不忠信为嚚'，传例一训不重出，岳本恐非。"敦煌写本伯三〇一五号正与岳本相同。这里对岳本的是与非可以暂置不论，即使非是，其咎也不在岳本，由伯三〇一五号可知，唐时已有写本如此，岳本盖承其旧而已。再如今本《多方》"我有周惟其大介赉尔"的传文为"我有周惟其大夫赐汝，言受多福之作"，"作"毛本作"祚"，阮校以为"误作"，敦煌写本伯二六三〇号正亦作"祚"，可见毛本非误，乃据唐时写本。

从以上三例来看，古本、岳本、毛本异于今本之处，大都各有所本，这正是其可贵之处，下面再举一例以综合说明之。今本《立政》"方有天下，至于海表，罔有弗服"的传文为"方，四方。海表蛮夷戎狄无不服化者乎"，闽本、葛本同；古本"无"下有"有"字，"者"下无"乎"字，岳本、《尚书纂传》同，正与敦煌写本伯三六七〇号相合；毛本无"有""乎"二字，比之今本差胜。仅以此一例而论，古本、岳本、《尚书纂传》与闽本、葛本之优劣可以聊见一斑。当然，较好的版本并非绝对的好，只是相对而言，同样的情况，敦煌写本也不是完全正确。因为它们都是经过传抄传刻之后的成品，尽管经过精心校勘，（敦煌写本恐怕做不到这样）脱、衍、讹误仍在所难免。前人说，"校书如扫落叶，旋扫旋生"。阮元主持校勘的《十三经注疏》不能说不精审了，但校完付刻之后，又产生了不少新的错误，这说明版本的善否，当看主要方面，至于笔误刻误明显者，应属情有可原。

上述四点是我们对敦煌《古文尚书》残卷的粗浅评价，对其可贵之处挂一漏万，拾小遗大，敬待方家指正。但敦煌写本也有一些缺陷，大致有下列四个方面的问题。一，书写方面用字不一，一篇之中时今时古，脱、衍、讹误也为数不少；二，语句方面"也"字偏多，有的地方影响语句的通顺；三，避讳方面也很混乱，例如"民"字有时改字，有时缺笔，最严重是伯二七四八号，该卷前半"民"都改作"人"，后半则完全相反，遇"人"都改作"民"；四，卷面方面整乱不一，有的行款整齐，字迹挺秀，有的行款错乱，甚至两行传文插于另两行之间（伯三六二八号），有的背面另有文字，影响阅读。上述四方面的缺陷都是次要的细小问题。何况写本并非正式书卷，不应苛求，我们这里只是略提一下而已。

敦煌写本是世界文化宝库中的一批重要财富，敦煌写本《古文尚书》是我国经学宝库中的一批珍贵资料，其价值之大非我们所能尽述，所见未广，所闻恨寡，谨草此小引以待高明。

（《敦煌残卷古文尚书校注》213~235 页，甘肃人民出版社 1992 年）

古代汉语的声母

一、守温三十六字母与《广韵》的四十一声类

（一）三十六字母及其来源

三十六字母是"见溪群疑，端透定泥，知彻澄娘，帮旁并明，非敷奉微，精清从心邪，照穿床审禅，影晓匣喻，来，日"。这三十六个字母实际上就是古代声母的代表字，也可以说是古代声母的呼读音；所以汉语音韵学的字母和韵目，其实质就相当于我们的声母和韵母，不过其表示的方法没有现在科学罢了。

汉语音韵史上创制字母始于唐代末年，据说是一个名叫守温的和尚发明的。关于这事有些不同的说法，有人说是先有人创制了三十个字母，守温补充了六个，现在我们沿用较多人的说法，把发明权给予守温。

（二）三十六字母的发音部位和发音方法

古代音韵学家对于声母的发音部位和发音方法，也进行过一些研究，但是观测的方法和所立的名称都不够完善，不够科学。他们把声母的发音部位分为喉、牙、舌、齿、唇五部；而舌音又分为舌头、舌上和半舌三种，齿音又分为齿头、正齿和半齿三种，唇音分为重唇、轻唇两种。现把三十六字母按发音部位排列于下：

见溪群疑　牙音（见溪群的开口呼和合口呼与现代普通话的舌根音 g、k 相对应，齐齿呼和撮口呼与现代普通话的舌面音 j、q 相对应；疑与现代汉语的零声母和舌尖中音的 n 相对应）

端透定泥　舌头音（与现代普通话的舌尖中音 d、t、n 相对应）

知彻澄娘　舌上音（知、彻、澄与现代普通话的舌尖后音 zh、ch 相对应，娘与 n 相对应）

帮滂并明　重唇音（与现代普通话的双唇音相对应）

非敷奉微　轻唇音（非、敷、奉与现代普通话的唇齿音相对应，微与双唇音 m 及零声母相对应）

精清从心邪　齿头音（与现代普通话的舌尖前音 z、c、s 和舌面音 j、q、x 相对应）

照穿床审禅　正齿音（与现代普通话的舌尖后音 zh、ch、sh 相对应）

影晓匣喻　喉音（影、喻与现代普通话的零声母相对应，晓、匣与舌根音 h 和舌面音 x 相对应）

来　半舌音（与现代普通话的 l 相对应）

日　半齿音（与现代普通话的 r 相对应）

古代音韵学家对于声母的发音方法主要是注意到清浊的区别，他们把三十六个字母分为全清、全浊、次清、次浊四种，现在也列表于下：

全清	次清	全浊	次浊
帮端精见心 非知照影审	滂透清溪 敷彻穿晓	并定从群邪 奉澄床匣禅	明泥疑来 微娘喻日

从上表可以看出，全清字母现在大多是不送气的塞声、塞擦声，另有部分是清擦声；次清字母现在绝大多数是送气的塞声、塞擦声，也有部分是清擦声；全浊字母现在大多是塞声、塞擦声（平声送气，仄声不送气），另有部分是浊擦声；次浊声母现在大多是鼻音，另有部分元音和浊擦声，其中的"来"母则是边音。

古代音韵学家对字母的发音部位和发音方法还有一些说法，但都不太科学，这里就不一一介绍了。现在将三十六字母的发音部位和发音方法综合列成下面的表格，以便记忆。

发音部位新名	发音部位旧名		全清	次清	全浊	次浊
双唇	唇音	重唇	帮	滂	并	明
唇齿		轻唇	非	敷	奉	微
舌尖	舌音	舌头	端	透	定	泥
舌面		舌上	知	彻	澄	娘
舌尖前	齿音	齿头	精心	清	从邪	
舌面		正齿	照审	穿	床禅	
舌根	牙音		见	溪	群	疑
喉	喉音		影			
舌根				晓	匣	
半元音						喻
舌尖	半舌音					来
舌面	半齿音					日

（三）《广韵》的四十一声类

　　守温的三十六字母并不是以当时的韵书为依据的，所以它同《切韵》《广韵》的声母系统颇有出入。根据清代学者陈澧（字兰甫）在其所著《切韵考》中考证，《切韵》的声母可分为四十类。他从三十六字母的照系字中又分出四类，把喻母字分为两类，把明、微两母合成一类。近人黄季刚先生则认为明、微两母仍应分开，所以共有四十一类。黄氏对这四十一声类的名称除了利用守温的三十六字母以外，把照系字母分为庄、初、床、疏和照、穿、神、审、禅两组，把喻母分为喻、为两类。关于《广韵》声母的分类，各家的说法很多，这里是采用为大多数人所同意的说法。

（四）中古汉语声母与现代普通话声母的关系

　　现代普通话的声母是由中古汉语发展来的，现在把它们的继承关系分述于下：

1. 见溪群，晓匣

见、溪两母都是清声母，它们在现代普通话中（由于开口呼、合口呼和齐齿呼、撮口呼的不同条件）各分化为两种声母：见母分化为 g 和 j，如"该""古"和"见""俱"等字；溪母分化为 k 和 q，如"开""宽"和"欺""去"等字。群母是全浊声母，它在现代普通话中失去了浊音性质，分化为四种声母：现在念上声和去声的时候分化为 g 和 j，如"共""跪"和"俭""箘"等字，现在念阳平的时候，分化为 k 和 q，如"逵"和"其""群"等字。晓母是清声母，它在现在普通话中分化为 h 和 x，如"海""荒"和"熙""虚"等字；匣母是全浊声母，在现代普通话中分化为 h 和 x，如"寒""回"和"贤""悬"等字。

2. 精清从心邪

精、清、心都是清声母，它们在现代普通话里各分化为两种声母（条件与见组相同）：精母分化为 j 和 z，如"精""苴"和"增""祖"等字；清母分化为 q 和 c，如"秋""取"和"餐""粗"等字；心母分化为 x 和 s，如"心""须"和"散""酸"等字。从、邪两母都是全浊声母，它们在现代普通话中失去了浊音性质，从母分化为四种声母，即念阳平的时候分化为 q 和 c，如"前"和"从"等字，念上声和去声的时候分化为 j 和 z，如"静"和"自"等字；邪母分化为三种声母，即念阳平时分化为 x 和 c，如"习"和"辞"等字，念去声时转为 x 和 s，如"谢"和"似"等字。

从上两组声母的分化情况来看，现代普通话的声母 j、q、x 有两个来源：一个是由见组字来，一个是由精组字来。

3. 庄初床疏

庄、初、疏三母都是清声母，它们在现代普通话中绝大多数相应地转为 zh、ch、sh，如"争""爪""窗""差""山""数"等字，较少一部分相应地转为 z、c、s，如"阻""测""色"等字。床母是全浊声母，在现代普通话中失去了浊音性质，念阳平时分化为 c 和 ch，如"岑"和"锄"等字，念去声时分化为 sh 和 zh，如"事"和"状"等字。

由上述情况来看，现代普通话的声母 z、c、s 有两个来源：一个是由精组字来，一个是由庄组字来。

4. 知彻澄，照穿神审禅，日

知、照、彻、穿、审等母都是清声母，它们在现代普通话中都分别转为zh、ch、sh，如"张""珍"（知母），"章""真"（照母），"宠""趁"（彻母），"昌""齿"（穿母），"商""矢"（审母）等字。日母是次浊声母，在现代普通话中大多数转为r，如"然""惹""如""软"等字；少数读er，如"儿""尔""而""二"等字。澄、神、禅三母都是全浊声母，它们在现代普通话中都失去了浊音性质，并且都各自分化为两种声母：澄母分化为ch和zh，如"持"和"住"等字；神母和禅母都分化为ch和sh，如"船"（神母）"城"（禅母）"示"（神母）"时"（禅母）等字。由上述情况来看，现代普通话的声母zh、ch、sh是由庄组、照组、知组等发展来的，声母r和音节er是由日母发展来的。

5. 帮滂并明

帮、滂两母都是清声母，它们在现代普通话中各自转为b和p，如"班""碑"（帮母）和"潘""披"（滂母）等字。明母是次浊声母，现仍读m，如"蒙""迷"等字。并母是全浊声母，它在现代普通话中失去了浊音性质，分化为两种声母，即念阳平时转为p，如"平""排"等字；念上声、去声时转为b，如"部""暴"等字。

6. 非敷奉微

非、敷两母都是清声母，它们在现代普通话中都念f，如"方""风"（非母）和"芳""丰"（敷母）等字。微母是次浊声母，现多数转为零声母w，如"亡""文"等字；少数现在念m，如"闽""曼"等字。奉母是全浊声母，在现代普通话中失去了浊音性质，转化为f，如"房""凡""费""附"等字。

由上述情况来看，现代普通话的声母b、p、m、f是由帮组（包括非敷奉微）发展来的。

7. 端透定泥，来，娘

端、透两母都是清声母，它们在现代普通话中各自转为d和t，如"东"

"低""兜""多"（端母）和"通""梯""偷""拖"（透母）等字。泥、娘两母都是次浊声母，现都读 n，如"农""宁""内""乃"（泥母）和"浓""狞""挈""腻"（娘母）等字。来母也是次浊声母，现仍读 l，如"龙""林""老""里"等字。定母是全浊声母，它在现代普通话里失去了浊音性质，分化为两种声母，即念阳平时是 t，如"唐""田"等字；念上声、去声时是 d，如"但""地"等字。这些就是现代普通话声母 d、t、n、l 的来源。

8. 影喻，疑

影母是全清声母，在现代普通话中分化为各种零声母，如"矮""恩""殴""英""汪""约"等字。喻母是次浊声母，现转为零声母 y、w、ü，如"夷""炎""王""惟""云""园"等字。疑母原是见组的次浊声母，现在大多数转为各种零声母，如"岸""傲""额""牙""宜""五""鱼""元"等字，少数转为 n，如"逆""凝""牛"等字。

〔附〕中古声母与现代普通话声母对应表

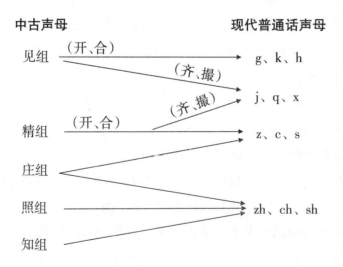

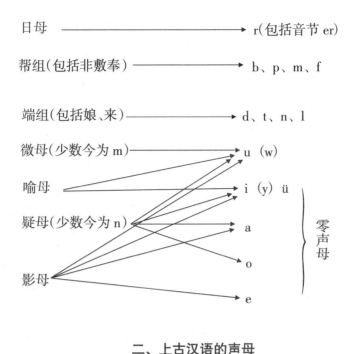

二、上古汉语的声母

上古汉语的声母比中古汉语的少得多，现在先介绍几种上古汉语同中古汉语在声母方面的分合情况，然后再归纳上古汉语声母的数目。

（一）古无轻唇音说

这是清代学者钱大昕提出的。他说："凡轻唇之音，古读皆为重唇。"这就是说，现代普通话声母是 f 的字，在上古汉语里它们的声母是 b 或 p；还有一部分以 u 为零声母的字，上古时的声母是 m。这种现象我们从形声字的声符上还可以看出一些痕迹。例如用"方"作声符的"彷""旁"等字，现在它们的声母还是 P；用"非"作声符的"辈""排""俳"等字，它们的声母还是 b 或 p；用"奉"作声符的"棒""捧"等字，它们的声母还是 b 或 p；用"反"作声符的"板""版""阪"等字，它们的声母还是 b；用"分"作声符的"扮""颁"等字，它们的声母还是 b；用"发"作声符的"拨""泼"等字，它们的声母还是 b 或 p；用"亡"作声符的"忙""汇""茫"等字，它们的声母还是 m。此外如"问""闻"两字的声符是"门"，"潘"的声符是"番"，"盆"的声符是"分"，"蓬""篷"的声符是"逢"；

再如有些字现在还有轻唇、重唇两读的，如"甫"有 pǔ 和 fǔ 两念，"蔔"有 bo 和 fu 两念，"费"有 fèi 和 bì 两念，"娩"有 wǎn 和 miǎn 两念等等。这些现象都说明在古代轻唇音是读重唇的。（钱氏还举了很多古书异文、通假和反切的实例来说明这个问题，可参阅钱氏所著《十驾斋养新录》卷五）

这一规律的运用，可用下面的几个例子来说明：

"匍匐"（指四肢伏地）可写作"扶服""蒲服"。如《诗经·邶风·谷风》："凡民有丧，匍匐救之。"《礼记·檀弓》引作"扶服救之"。《史记·苏秦列传》："嫂委（wēi）蛇（yí）蒲服。"（委蛇：伏地而进。）这里的"匍匐""扶服""蒲服"实际上是同一个词。

"汾"字与"盆"字通用。如《庄子·逍遥游》的"汾水之阳"，司马彪、崔譔本都把"汾水"写作"盆水"。

"敷"字与"布"字通用。《诗经·商颂·长发》："敷政优优，百禄是遒。"（施行的政治措施宽和，各种好事就一起来到了。）《左传·成公二年》引作"布政优优"。

"方"字与"谤"字通用。如《论语·宪问》的"子贡方人"，郑康成本作"子贡谤人"。

"服"字与"仆"字通用。如《世本·作篇》："胲作服牛。"（王亥开始用牛驾车。胲，即王亥，古史传说中的人物。）《山海经·大荒东经》："有易杀王亥，取仆牛。"（有易杀了王亥，夺取了驾车的牛。）这里的"仆牛"就是"服牛"。

"铺"字与"敷"字通用。如《诗经·大雅·常武》的"铺敦淮濆（fén）"（布陈敦厚的阵势于淮水沿岸的高地之上），《经典释文》引韩《诗》"铺"作"敷"，《后汉书·冯绲传》也引作"敷敦"。

"郿"字与"微"字通用。如《左氏·庄公二十八年》的"筑郿"，《公羊传》和《榖梁传》的经文都作"筑微"。

"邦"字与"封"字通用。如《诗经·商颂·玄鸟》的"邦畿千里"（王都所在地的千里地面），《东京赋》注引作"封"，《释名·释州国》："邦，封也，封有功于是也。"

"彬"字与"份"字通用。如今本《论语·雍也》"文质彬彬"，《说文·人部》引作"文质份份"。

（二）古人多舌音说

这也是钱大昕首先提出的。他说："古无舌头、舌上之分，'知、彻、澄'三母以今音读之，与'照、穿、床'无别也，求之古音则与'端、透、定'无异。"其主要内容是说现代普通话中声母 zh、ch、sh 的字，上古时它们的声母大都是舌头音——相当于现在的 d、t、n 等。这种现象从形声字的声符上也可以看出一些痕迹。例如用"者"作声符的"都""睹"等字，现在它们的声母是 d；用"周"作声符的"涠""调"等字，它们的声母也都是 d；用"失"作声符的"跌""迭"等字，它们的声母还是 d；用"真"作声符的"颠""填"等字，它们的声母还是 d 或 t；用"寿"作声符的"涛""祷""捣"等字，它们的声母是 t 或 d；用"卓"作声符的"悼""掉"和"淖"等字，它们的声母是 d 和 n；用"兆"作声符的"桃""逃""窕"等字，它们的声母都是 t。再如"瞠"的声符是"堂"，"甂"的声符是"亶"，"终"的声符是"冬"，"澄"的声符是"登"。再如"翟"有 zhái 和 dí 两念，"适"可以借作"嫡"用；古代"竺"和"笃"是同一个字，"陈"和"田"是同一个字，"天竺"就是"印度"等等，都可以证明钱氏的看法是正确的。（钱氏举的例子也可参阅《十驾斋养新录》卷五）

这一规律的运用，可用下面的例子来说明：

"笃"字与"竺"字通用。如《论语·泰伯》的"君子笃于亲"（在上位的人用深厚的感情对待亲族），《汗简》云"古文作竺"。

"猪"字与"都"字通用。如《尚书·禹贡》的"大野既猪"（大泽汇成以后），《史记》引作"既都"。

"追"字与"彫"字通用。如《诗经·大雅·棫朴》的"追琢其章"（雕琢它的花纹），《荀子》引作"彫琢其章"。

"止"字与"戴"字通用。如《春秋·僖公五年》的"公及齐侯、宋公、陈侯、卫侯、郑伯、许男、曹伯会王世子于首止"（首止，地名），《公羊传》《穀梁传》均作"首戴"。

"世"字与"太"字通用。如《春秋·僖公五年》的"晋侯杀其世子申生"（晋献公杀了他的太子申生），《左传》记作"太子"。《尚书·洛诰》《礼记·月令》之"太室"，《周礼·考工记》称"世室"。

"知"字与"鞮（dī）"字通用。如《礼记·王制》："西方曰狄鞮。"郑注："鞮之言知也。"正义："谓通传言语与中国相知。"

"涿鹿"也作"独鹿"。如《史记·五帝本纪》："余北过涿鹿。"《汉书·武帝纪》作"遂北出萧关、历独鹿鸣泽，自代而还"。

（三）古音娘、日二母归泥说

这是近人章太炎先生提出的，其主要内容是说中古的娘、日二母的字——亦即现代普通话声母是 n 和 r 的字，它们的声母在上古汉语中都属于泥母（相当于现在的 n）。这也可以从形声字的声符看出一些痕迹。例如"内"的声符是"人"，"腻"的声符是"贰"，"耐"的声符是"而"，"诺"的声符是"若"，"嫋"（niǎo）的声符是"弱"，"仍"的声符是"乃"；再如"女"跟"汝"原来是一个字，"奶"跟"妳"（从尔得声）是一个字，"如何"就是"奈何"。这些现象都足以证明章氏的说法是正确的。（章氏原文见《国故论衡》上）

（四）为、喻二母古归匣、定说

这是近人曾运乾先生提出的，其主要内容是说中古的"为""喻"二母（现代汉语中零声母的大部分）在上古汉语中，它们的声母分别与全浊声母"匣""定"（相当于现代的 h 和 d）相同。这些现象也可从形声字的声符中看出一些痕迹。例如用"云"作声符的"魂"，用"爰"作声符的"缓"，用"韦"作声符的"讳"，用"有"作声符的"贿"，用"为"作声符的"撝"，它们现在的声母都是 h；"馘"的声符是"盍"，"哗"的声符是"华"，它们现在的声母也都是 h；再如"晕""运"和"荤""浑"的声符都是"军"，"惑"和"域"的声符都是"或"。这些都可以证明为母字和匣母字，在上古汉语中声母是相同的。

至于中古喻母字同定母字的关系，也可从下面的例子得到证明。如用"夷"作声符的"荑"（tí）字，用"弋"作声符的"代"字，用"余"作声符的"途""荼"等字，用"炎"作声符的"谈""淡"等字，用"延"作声符的"诞""蜒"等字，用"甬"作声符的"桶""通"等字，用"攸"作声符的"條""滌"等字，用"由"作声符的"迪""笛"等字，用"俞"作声符的"偷""窬"等字，用易（yáng）"作声符的"汤""荡"等字，用"易"作声符的"惕""踢"等字，用"也"作声符的"他""拖"等字，它们的声母都是 t 或 d；再如"佚""轶"和"跌""迭"的声符都是"失"，"悦"和"脱"的声符都是"兑"，"怡""贻"和"殆""怠"的声符都是"台"。再如"陶"字有 yáo 和 táo 两念，"泄（yì）"和"沓"（tà）的声音相近。（《孟子·离娄上》："泄泄，犹沓沓也。"）这些现象都可以说明曾氏的提法大体上是对的。但中古喻母字还有一些复杂的情况，如"台"音"怡"，中古在喻母，而从台的字"始"在审母，"枲"在心母，"笞"在彻母，"治"在澄母；再如"由"古读如"迪"，而从由的字"抽"在彻母；"炎"古读如"谈"，而从炎的"剡"又读时染切，则在禅母。这种复杂的现象都不是曾氏这一提法所能概括的。

根据上述中古声母在上古汉语中的分合情况，我们可以把上古声母归纳为下列十九组：

1. 影

2. 晓

3. 匣、为

4. 见

5. 溪、群

6. 疑

7. 端、知、照

8. 透、彻、穿、审

9. 定、澄、神、禅、喻

10. 泥、娘、日

11. 来

12. 精、庄

13. 清、初

14. 从、床

15. 心、疏、邪

16. 帮、非

17. 滂、敷

18. 并、奉

19. 明、微

古代汉语的声调

一、古代汉语的四声——平、上、去、入

汉语是有声调的语言之一，在古代汉语里，一般把声调分为平、上、去、入四类，总名之为"四声"。平、上、去、入是四个声调的代表字，它们对声调本身没有描写作用。

四声的说法是齐、梁时才出现的。最早提供这方面材料的是《南齐书·陆厥传》。这篇传里是这样说的："永明末，盛为文章。吴兴沈约、陈郡谢朓、琅琊王融，以气类相推毂。汝南周颙善识声韵。约等文皆用宫商，以平、上、去、入为四声。以此制韵……不可增减，世呼为永明体。"这是最早提到"四声"的文献，但这并不是说，在此之前，汉语还没有四声。关于上古汉语的声调，过去有过争论。有人说，古无四声；有人说，古有平、上、入而无去；有人说，古无上、去，唯有平、入；也有人说，古代实有四声。现在最后一种说法已为较多的人所接受，上古汉语应该是四声已经具备的了。

自从沈约等提出四声的名称以后，一般文人在制作韵文时都注意到声调（当时叫作声律）的运用，随着近体诗的发展，声调的运用越来越引起作家们的重视。在后来的绝句、律诗以及骈文的对偶中，一般把四声大别为两类：平声为一类，上、去、入为一类；前者仍叫平声，后者则总称之为仄声。因此在写作格律诗和骈文时所谈到的声调大都是讲平仄而已。后来在填词、制曲时，不但注意四声，而且还注意到调的阴阳，那对人们创作的束缚就更大了。

二、古代汉语声调的调值

我们研究某一语言的声调，主要是研究这种语音的调类和调值。前面谈的平、上、去、入是调的类别，每一类声调是怎样念法，那就是调值问题了。古代还没有记音的机器，古代学者研究的方法也未尽合科学，所以我们现在要研究古代声调的调值，还没有足够的材料来作为依据。虽然古代学者也作过一些描写，但大多含糊而笼统。请看下面的几种说法：

唐代处忠和尚在《元和韵谱》中说："平声哀而安，上声厉而举，去声清而远，入声急而促。"

明代真空和尚在《玉钥匙歌诀》中说："平声平道莫低昂，上声高呼猛烈强，去声分明哀远道，入声短促急收藏。"

清代张成孙在《说文谐声谱》中说："平声长言，上声短言，去声重言，入声急言。"

除了上面的三种说法以外，还有很多说法，不是流于空泛，就是近乎玄妙。不过其中有一点值得我们注意，那就是对入声的描写是近于实际的。根据现在的方言材料，入声一般是比较短促的，所以我们认为古代入声也应当是一种发音比较急促的声调。正是这个原因，有些音韵学家才把入声称为"促声"，相对地把平、上、去三声称为"舒声"。

古人描写声调还有一些错误的看法。其一是把声调看作静止的，不会变化的东西；其二是以自己所操方言的声调去要求和衡量别的方言的声调。如陆法言的《切韵》序中说："吴楚则时伤轻浅，燕赵则多涉重浊。秦陇则去声为入，梁益则平声似去。"前两句是对方言的调值加以描写，后两句是以自己所操方言的调值来衡量别的方言。我们认为声调的调值也是伴随着语音而有所变化的，每个方言的调值自有其体系，不应以此量彼。古代汉语也有很多方言，各方言的调值一定不尽相同，加上没有足够的材料供我们研究，但把四个声调分为舒促两声还是较合实际的。

古代汉语的平、上、去三声究竟怎样念法，我们已无法考查，只有入声一类，我们还可以推知其一些特点。根据现代汉语的方言材料和入声字在韵书、韵图中的排列，我们可以推知古代汉语的入声字也同现代汉语一些方言的入声一样，每个音节的收尾都有一个塞声辅音韵尾。按照入声和其他舒声的配合情况，中古汉语入声所附的塞声辅音韵尾有–b、–d、–g 三种。这种塞声辅音韵尾在发音过程中有势无音，只作阻碍，并不发音。一个音节的最后被阻塞住，当然比能自由延长的舒声显得急促一些。这样明显的特征，不论有无语音常识，人们总是能够感觉得到的。

三、中古声调的分化

中古汉语的声调就是平、上、去、入四种，到元代的时候，声调就开始分化了，其中最显著的是阴阳调的出现和入声的消失。元代周德清的《中原音韵》首先把平声分为阴平和阳平两种，明代范善溱的《中州全韵》则把平、去两声都各分为阴阳两调，周昂的《增订中州全韵》则将上声也分为阴阳两调。这种阴阳调的出现，主要是根据声母的清浊而分化出来的。例如清声母的平声字就是阴平调，浊声母的平声字就是阳平调。以此类推，清声母的上声、去声、入声就成为阴上、阴去、阴入，浊声母的上声、去声、入声就成为阳上、阳去、阳入。现代普通话里没有入声，平声有阴平、阳平两种；有些方言的平、上、去、入都有阴阳两调。

自从《中原音韵》开始，入声就分别进入了平、上、去三个声调里去。最初凡全浊声母的入声字都进入阳平调，次浊声母的都进入阴平调，清声母的都进入上声；后来不送气的清声母的入声字大都进入阳平，送气的清声母字则大都进入去声，在现代普通话里，全浊、次浊声母的入声字绝大部分仍然分在阳平和去声里面，清声母的则阴、阳、上、去四个调类中都有。

四、中古汉语声调与现代普通话声调的对应关系

现代普通活的声调跟声母、韵母一样，都是继承自《中原音韵》以来的北方话系统而发展形成的，它跟中古汉语的对应关系，大体上也就是《中原音韵》所反映的语音与中古汉语的对应关系。

中古汉语有平、上、去、入四个声调，其中的入声已经分别进入现代普

通话的平、上、去之中，上文已经谈过。中古的平声按照声母的清浊分化成阴平和阳平——中古清声母的平声字即现代普通话中阴平调的字，中古浊声母的平声字即现代普通话中的阳平调字。中古汉语的上声字也按照声母的清浊分别进入现代普通话的上声和去声——中古清声母和次浊声母的上声字就是现代普通话的上声字，中古全浊声母的上声字则进入现代普通话的去声字。中古的全浊声母上声字如"近""柱""市""坐""断""倍""蟹""社""似""妇"等，在现代普通话中都念去声。但在有些方言中，这些字仍有念上声的，如甘肃的陇西方言就是其中之一。

在入声字方面，现代普通话同中古汉语的对应规律已不如《中原音韵》那样严整了。在现代普通话中，阴平、阳平上声、去声四种声调中都有原来的入声字，大致情况如下：

（一）中古全浊声母的入声字，现多转为阳平。如：拔、白、薄、别、达、敌、迭、毒、乏、伏、合、貉（hé）、斛、滑、活、及、捷、嚼、局、绝、十、舌、芍、熟、习、狭、协、学、直、宅、铡、轴、逐、浊、杂、贼、凿、俗等等。

（二）中古次浊声母的入声字，现多转为去声。如：麦、密、灭、末、木、辣、落、力、六、纳、逆、诺、虐、入、日、热、弱等等。

（三）中古清声母的入声字，在现代普通话的阴平、阳平、上声、去声都有。如：

八、拨、逼、吃、督、割、郭、黑、喝、积、哭、摸、七、杀、失、塞、踢、秃、吸、汁等等，都念阴平；

博、驳、嫡、咄、弗、福、格、国、吉、厥、咳、则、足等等，都念阳平；

百、北、笔、笃、尺、骨、郝、甲、曲、乞、蜀、索、塔、铁等等，都念上声

必、不、斥、策、腹、各、鲫、克、酷、括、霍、辟、迫、戚、恰、切、雀、楬、忒、惕、帖、泄、蓄、仄、浙、质、作等等，都念去声

（四）中古影、喻、疑、微等母的入声字大多转为今去声。如：恶、厄、抑、绎、轧、页、药、勿、袜、握、育、悦、月、岳等等。

　　把上述中古汉语同现代普通话在声调方面的分合关系总起来，可以得出下列的三点：1. 平声分阴阳；2. 入声派入三声（平、上、去）；3. 全浊上声变去声。它们的大致对应关系，如下表所示：

中古声调	演变条件	现代普通话声调
平声	清声母	阴平
	浊声母	阳平
上声	清声母、次浊声母	上声
	全浊声母	去声
去声	全部	去声
入声	清声母	阴平
	全浊声母及一部分不送气塞音	阳平
	清声母	上声
	清声母、次浊声母	去声

上古汉语的韵母

　　研究上古汉语韵母的主要材料是当时一些诗歌韵文的韵脚和《说文解字》中形声字的声符。根据清代学者和近代学者的研究，上古汉语的韵母比中古汉语少得多。因为对上古声调的区别还不太清楚，所以对于上古韵母的分类就不能像中古汉那样以四声为纲。我们研究上古汉语韵母时，一般沿用《广韵》原来的韵部名称，但上古的一个韵部往往包括《广韵》的几个韵部，有时《广韵》的一个韵部又分在上古的几个韵部里面，这些分合情况，到现在还有不同的意见。这里只介绍一下黄季刚先生的说法。黄先生认为上古韵部共有二十八个，其中阴声八部、阳声十部、入声十部。所谓阴声就是我们现在说的开尾韵母——元音尾韵母，所谓阳声就是有鼻音尾的韵母，所谓入声韵就是有塞音韵尾的韵母。这里所说的阴阳与声调的阴阳不是一回事情，切不可混为一谈。兹将黄氏所分的二十八部按阴、阳、入三类列表如下：

阴声韵			入声韵			阳声韵		
			屑	开合	细	先	开合	细
灰	合	洪	没	合	洪	魂痕	合开	洪
歌戈	开合	洪	曷末	开合	洪	寒桓	开合	洪
齐	开合	细	锡	开合	细	青	开合	细

续表

阴声韵			入声韵			阳声韵		
模	合	洪	铎	开合	洪	唐	开合	洪
侯	开	洪	屋	合	洪	东	合	洪
萧	开	细						
豪	开	洪	沃	合	洪	冬	合	洪
咍	开	洪	德	开合	洪	登	开合	洪
			合		洪	覃		洪
			怗		细	添		细

　　表中的阴、阳、入三部分是互相配合的，在语音发展过程中，阴声字有时可以转为阳声字，阳声字有时也可以转为阴声字。这种现象叫作"阴阳对转"。这样对转的字必须属于相配合的韵部，因为凡相配合的韵部，它们的主要元音相同。以前的学者认为阴阳对转大多要经过入声的中介，因为一般把入声也当作阴声，所以对转只提阴声而不提入声。例如"亡"和"无"通用，因为"亡"在唐部，"无"在模部：模铎唐阴阳对转。再如"寺、特、等"三字均从寺声，"寺"在咍部，"特"在德部，"等"在登部：咍德登阴阳对转。阴阳对转以外，有时某一阴声韵字可以转为另一阴声韵字，某一阳声韵字可以转为另一阳声韵字；这种转法叫作"旁转"。引起"旁转"的原因，是一个字的主要元音发生了前后、高低的变化。例如古时"扬"同"腾"可以通用。《礼记·乡饮酒义》："盥洗扬觯（zhì），所以致洁也。"（盥手、洗爵、举觯，这些都是用以表示做到清洁了。）郑康成注："扬，举也，今《礼》扬皆作腾。""扬"在古音唐部，"腾"在古音登部，两字同属阳声韵，由于主要元音发生变化而旁转。

　　〔附〕对转和旁转的应用实例

　　对转和旁转在较早的文献中是经常见到的现象，下面分别再举一些例子。

一、对转实例

（一）"能"与"耐"通用

　　夫胡貉之地……其人密理，鸟兽毳毛，其性能寒。杨粤之地少阴多阳，其人疏理，鸟兽希毛，其性能暑。（《汉书·晁错传》）

——北方少数民族居住的地方……那里人的肌理紧密，鸟兽的毛都很细，生性耐寒。南方杨、粤等地阴气少，阳气盛，那里的人肌理不紧密，鸟兽的毛都稀疏，生性耐热。（颜师古注："能读曰耐。"）

"能"在古音登部，"耐"在古音咍部，咍登对转。

"能"与"乃"也可以通用

　　今韩信兵号数万，其实不过数千，能千里而袭我，亦已罢（pí）极。（《史记·淮阴侯列传》）

——现在韩信所率领的军队号称几万人，其实不过几千人，竟然跋涉千里来袭击我们，也已经疲乏极了。（王引之《经传释词》："案此'能'字非才能之'能'，'能'犹'乃'也。""乃"也在古音咍部，与"能"为咍登对转。）

（二）"殷"与"衣"通用

　　一戎衣，天下大定。（《尚书·武成》）

——讨伐、歼灭了殷王朝，天下都平定了。

　　大乃大命文王，殪戎殷。（《尚书·康诰》）

——上天就命令文王，讨伐、歼灭殷王朝。

　　壹戎衣而有天下。（《礼记·中庸》）

——讨伐、歼灭了殷王朝而有了天下。（郑康成注："齐人言殷声如衣。"）

　　上面的"一戎衣""壹戎衣"即"殪戎殷"（用郭沫若说）。"衣"在古音灰部，"殷"在古音痕部，灰痕对转。

（三）"问"与"遗"通用

　　杂佩以问之。（《诗经·郑风·女曰鸡鸣》）

——用一对佩玉赠送他。（毛传："问，遗也。"）

凡以弓剑苞苴箪（diàn）笥问人者。（《礼记·曲礼上》）

——凡是用弓、剑、盛肉的蒲包、盛饭食的筐篮送人的。（郑康成注："问，遗也。"）

"遗"在古音灰部，"问"在古音魂部，灰魂对转。

（四）"敦"与"捶"通用

王事敦我。（《诗经·邶风·北门》）

——国王的事情都推给我。（郑康成笺："敦犹投掷也。"《经典释文》："敦，郑都回切。"）

及捶提仁义，绝灭礼学，吾无取焉耳。（《法言·问道》）

——至于《老子》的抨击仁义，断绝礼学，我就不采取。（《音义》："捶，都回切，旧本皆从手，掷也。"）

从上两例的"敦"和"捶"的读音，可见"王事敦我"就是"王事捶我"。"捶"在古音灰部，"敦"在古音魂部，灰魂对转。

（五）"斡（wò）"与"管"通用

斡维焉系？（《楚辞·天问》）

——天不停地旋转，它的中轴维系在哪儿？（颜师古《匡谬正俗》卷七引作"管维焉系"，并云："斡……《声类》及《字林》并音管。"）

"斡"在古音末部，"管"在古音桓部，末桓对转。

（六）"蒙"与"冒"通用

蒙荆棘。（《左传·襄公十四年》）

——冒着多刺的荆棘。（杜预注："蒙，冒也。"）

蒙矢石。（《汉书·晁错传》）

——冒着射来的箭和投来的石头。（颜师古注："蒙，冒也。"）

冒白刃。（《汉书·李陵传》）

——冒着明晃晃的刀锋。

冒流矢。（《汉书·司马相如传》）

——冒着乱箭。

"冒"在古音侯部，"蒙"在古音东部，侯东对转。

（七）"讯"与"誶"通用

　　歌以讯之。（《诗经·陈风·墓门》）

——通过歌唱来劝告他。（《经典释文》："讯，本又作誶。"韩《诗》："讯，谏也。"）

　　謇（jiǎn）朝誶而夕替。（《离骚》）

——早晨劝谏了他，晚上我就遭到贬斥。（王逸注："誶，谏也。"）

　　莫肯用讯。（《诗经·小雅·雨无正》）

——没有一个肯劝谏的。（"讯"在本章中同"遂""瘁""退"叶韵，读音当亦同"誶"。）

"誶"在古音灰部，"讯"在古音魂部，灰魂对转。

（八）"孟浪"与"莫络"通用

　　若吾子之所传，孟浪之遗言。（左思《吴都赋》）

——像您说的那些，都是空泛无当的话。（注："孟浪，犹莫络也；不委细之意，梗概粗言也。"）

"孟浪"两字都在古音唐部，"莫络"都在古音铎部，铎唐对转。

二、旁转实例

（一）"党"与"懂"通用

　　党、晓、哲，知也。楚谓之党。（《方言》卷一）

——党、晓、哲，都表示"知"的意思。楚地人称"知"为党。

"懂"原来写作"懂"，义为"心乱"，后来才用以表示知晓。"懂"在古音东部，"党"在古音唐部，同属阳声而旁转。

（二）"款（窾）"与"空"通用

　　今休，款启寡闻之民也。（《庄子·达生》）

——孙休是个见识小、闻道少的人啊。（注："款，空也。"）

　　导大窾。（《庄子·养生主》）

——把刀子引向骨节间的空隙。（注："窾，空也。"）

"款""窾"都在古音桓部，"空"在古音东部，同属阳声而旁转。

（三）"折"与"知"通用

哲，知也。（《方言》卷一）

——哲表示知的意思。（按："哲"从折声。）

锲而舍之，朽木不折。（《荀子·劝学》）

——刻一阵子就停下刀来，虽是烂木头也不能把它刻断。（《大戴礼记》作"朽木不知"。）

"折"在古音屑部，"知"在古音齐部，同属阴声而旁转。

（四）"折"与"制"通用

片言可以折狱者，其由也与！（《论语·颜渊》）

——根据一方面的话就可以判决案件的，大概只有仲由吧！

不中于制狱。（《大戴礼记·保傅》）

——不合于判决案件。（王念孙认为"制狱"就是"折狱"。）

"折"在古音屑部，"制"在古音灰部，同属阴声而旁转。

（五）"揄"与"舀"通用

或舂或揄。（《诗经·大雅·生民》）

——有的用杵在臼中捣米，有的从臼中把舂好的米舀取出来。（《说文解字》引作"或舂或舀"。）

"揄"在古音侯部，"舀"在古音萧部，同属阴声而旁转。

（六）"胥"与"斯"通用

民胥效矣。（《诗经·小雅·角弓》）

——百姓都仿效了。（《潜夫论·班禄篇》引作"民斯效矣"。）

"胥"在古音模部，"斯"在古音齐部，同属阴声而旁转。

（七）"葽"与"幽"通用

四月秀葽。（《诗经·豳风·七月》）

——四月里远志结子了。（《大戴礼记·夏小正》作"秀幽"。）

"葽"在古音豪部，"幽"在古音萧部，同属阴声而旁转。

（八）"阎""焰"与"庸"通用

纳阎职之妻，而使职骖乘。（《左传·文公十八年》）

——齐懿公把阎职的妻子霸占了去，但他还让阎职当骖乘。（《史记·齐太公世家》作"庸职"）

无若火始焰焰。（《尚书·洛诰》）

——不要像火那样，才燃烧时并不炽烈。（《汉书·梅福传》引作"无若火始庸庸"。颜师古注："庸庸，微小貌也。言火始微小，不早扑灭则至炽盛。）

"阎""焰"都在古音添部，"庸"在古音东部，同属阳声而旁转。

从上列两组举例来看，相互对转和旁转的两字，声母必须相同，对转必须是相配合的韵部，旁转必须是相邻近的韵部，绝不能任意通转（上面旁转举例时，所说同属阴声或阳声而旁转是概而言之）。

文字通假

——上古语音知识的运用

所谓"通假"是指有些字的声音相同或相近，因而有时互相借用，这在较早的文献里是经常遇到的问题。这种借用大致有下列几种方式，即同音通假、双声通假、同声类通假、叠韵通假或声韵连转，下面分开来谈。

一、同音通假

这种通假是指在当时互相借用的两个字的读音，其中有些直到现在还是同音字，有些字的现代读音已经发生了变化。

（一）古今都同音的通假

1. "由"与"犹"通假

以齐王，由反手也。（《孟子·公孙丑上》）

——以齐国来统一天下，就像翻手那么容易。（由，如同。）

2. "以"与"已"通假

此固以失霸王之道一矣。（《韩非子·初见秦》）

——这本来已经错过一次称霸称王的机会了。（以，已经。）

3. "童"与"同"通假

状与我童者近而爱之，状与我异者疏而畏之。（《列子·黄帝》）

——状貌与我相似的就跟他接近而且喜欢他，状貌与我不相似的就跟他疏远而且害怕他。（童，相同。）

4. "毋"与"无"通假

无友不如己者。（《论语·学而》）

——不要去结交不及自己的朋友。（无，不要。）

于其无好（hào）德。（《尚书·洪范》）

——对于那些不好德的人。（《史记》引作"于其毋好德"。这里的"毋"即借作"无"。）

5. "熙"与"嬉"通假

圣人非所与熙也。（《晏子春秋·内篇杂下》）

——圣人不是可以跟他闹着玩的。（熙，嬉戏。）

6. "音"与"荫"通假

鹿死不择音。（《左传·文公十七年》）

——鹿死的时候来不及选择荫庇的地方。（杜预注："荫，所茠荫之处。"）

鸟不择木，兽不择音。（左思《吴都赋》）

——鸟来不及选择树木，兽来不及选择庇荫。

以上的两个"音"都借作"荫"。

7. "南"与"男"通假

郑，伯男也。（《左传·昭公十三年》）

——郑国是伯、男那样的爵位啊。（杜预注："言郑国在甸服外，爵列伯子男，不应出公侯之贡。"《孔子家语·正论》引作"郑伯南也"。）

8. "诸"与"猪"通假

被孟猪。（《尚书·禹贡》）

——延长到孟猪。（孟猪，古代泽薮名。）

宋有孟诸。（《尔雅·释地》）

——宋地有个孟诸。

9. "崇"与"充"通假

氾崇兰些。（《楚辞·招魂》）

——到处充满了兰草。（王逸注："崇，充也。"）

崇，充也。（《释雅·释诂》）

——崇表示充的意思。

10. "仍"与"扔"通假

扔，捆也。（《说文解字·手部》）

——扔表示捆的意思。

仍执丑虏。（《诗经·大雅·常武》）

——捆绑捉到的俘虏。（仍，借作"扔"，捆绑。）

11. "拳"与"弮"通假

然陵一呼劳军，士无不……张空弮，冒白刃，北向争死敌者。（司马迁《报任安书》）

——然而只要李陵高呼一声鼓动军士，士兵们无不……张着空弩，冒着敌人闪亮的刀锋，向着北方争先恐后地同敌人拼死作战。（弮：弩弓。）

士张空拳，冒白刃。（《汉书·李陵传》）

——士兵们张着空弩，冒着敌人闪亮的刀锋。

12. "事"与"士"通假

勿士行枚。（《诗经·豳风·东山》）

——不要从事行军那样的苦役。（毛传：士，事也。）

虽执鞭之士，吾亦为之。（《论语·述而》）

——虽是拿着鞭子维持市场秩序的事情，我也干。

（二）古同音今不同音的通假

1. "信"与"伸"通假

今有无名之指，屈而不信。（《孟子·告子上》）

——现在有个人，他的无名指弯曲着不能伸直。

孤不度德量力，欲信大义于天下。（《三国志·蜀志·诸葛亮传》）

——我不度量自己的德行和力量，要在天下伸张大义。

2. "革"与"亟"通假

夫子之病革矣，不可易也。（《礼记·檀弓上》）

——先生的病危险啦，不可以换席子啊。（革，借作"亟"，危急。）

3. "害"与"曷"通假

时日曷丧？（《尚书·汤誓》）

——这个太阳什么时候消灭？（《孟子·梁惠王上》引作"时日害丧"。时，这。害，借作"曷"，何。）

4. "义"与"俄"通假

乃惟以尔多方之义民，不永于多享。（《尚书·多方》）

——因为用了各方的倾邪之人，所以夏桀不能长久享有他的尊位。（义借作"俄"，《广雅·释诂》："俄，邪也。"义民，即"俄民"，倾邪之民。）

5. "明"与"盟"通假

此邦之人，不可与明。（《诗经·小雅·黄鸟》）

——这个地方的人，不可以跟他们结盟。（郑康成笺："明，信也。"明，借作"盟"。）

6. "敏"与"拇"通假

履帝武敏。（《诗经·大雅·生民》）

——踩了天帝脚印的拇指部分。（敏，借作"拇"，《尔雅·释训》："敏，拇也。"）

7. "封"与"邦"通假

郑几不封。（《国语·楚语》）

——郑几乎不成为国了。（韦昭注："封，国也。"封，借作"邦"；不封，即"不邦"。）

8. "盟"与"孟"通假

又东至于孟津。（《尚书·禹贡》）

——又向东直到孟津。（《史记》引作"盟津"。）

9. "详"与"佯"通假

公子光详为足疾。（《史记·吴世家》）

——公子光假装脚部有病。（《索隐》："详，伪也。"）

于是信、张耳详弃旗鼓，走水上军。（《史记·淮阴侯列传》）

——于是韩信、张耳假装扔掉指挥军队的旗鼓，逃向背水为阵的汉军。

10. "圭" 与 "蠲" （今读 juān） 通假

哀子某圭为而哀荐之飨。（《仪礼·士虞礼》）

——哀子某某做得干干净净的祭品并悲哀地进献它。（郑康成注："圭，洁也。《诗》曰'吉圭为馆'。"）

吉蠲为饎（chì）。（《诗经·小雅·天保》）

——选择吉日干干净净地备办酒食。

凡国之大祭祀，令州里除不蠲……（《周礼·秋官》）

——凡遇国家的重大祭祀，命令乡里除去不洁之物……（郑康成注："蠲，读如'吉圭为饎'之圭。"）

二、双声通假

"双声"是指两个字的声母相同，古时有些字由于声母相同，因而可以通假。例如：

（一） "敦" 与 "彫" 通假

敦弓既坚。（《诗经·大雅·行苇》）

——画弓已经很硬了。（毛传："敦弓，画弓也，天子敦弓；音彫。"）

天子彫弓。（《荀子·大略》）

——天子使用画弓。

（二） "仍" 与 "仁" 通假

仍旧贯。（《论语·先进》）

——依照旧的习惯。（鲁《论》作"仁旧贯"。）

（三） "风" 与 "放" 通假

唯是风马牛不相及也。（《左传·僖公四年》）

——这是马牛发情追逐也不会碰到一起的呀。（服注："风，放也。"）

（四） "允" 与 "以" 通假

百兽贞虫，允及飞鸟，莫不比方。（《墨子·明鬼》）

——各种野兽、昆虫以及飞鸟，无不遵循此道。（允及，以及。）

（五）"蒙"与"门"通假

逢蒙学射于羿。（《孟子·离娄下》）

——逢蒙向羿学习射箭。（《荀子·王霸》引作"逢门"。）

（六）"由"与"融"通假

吴子使其弟蹶由犒师。《左传·昭公五年》）

——吴王夷末派他的弟弟蹶由来犒劳楚军。（《韩非子·说林》作"吴使沮卫、蹶融犒于荆师"。）

余闻古之治病，惟其移精变气，可祝由而已。（《素问·移精变气》）

——我听说古代治病，只要调节精神血气，用祝祷的方法就可治好。（注："全之起曰：'祝由，南方神。'"《礼记·月令》："孟夏之月……其日丙丁，其神祝融。"）

"由"与"融"中古同属喻母，故为双声通假。

（七）"林"与"陵"通假

诸侯城缘陵。（《左传·僖公十四年》）

——诸侯在缘陵筑城。（《穀梁传》经文作"缘林"。）

"陵"在古音登部，"林"在古音覃部，两字同属来母，故为双声通假。

（八）"形"与"行"通假

太形、王屋二山，方七百里，高万仞。（《列子·汤问》）

——太行和王屋两座山，有七百里见方，高达万仞。

"行"在古音唐部，"形"在古音青部，两字同属匣母，故为双声通假。

（九）"农"与"努"通假

农用八政。（《尚书·洪范》）

——努力施行八项政治措施。

耕者用力不农，有罪无赦。（《管子·大匡》）

——耕种的人不尽力劳动，要治罪，不能赦免。（《广雅·释诂》："薄、怒、文、农，勉也。"王念孙认为"努与怒通"，农有勉义，故农与努通假。）

（十）"谋"与"敏"通假

人道敏政，地道敏树。（《礼记·中庸》）

——人道以治理政事为当务之急，地道以种植为当务之急。（郑康成注："敏或为谋。"）

三、同声类（即旁纽双声）通假

"同声类"指有关字的声母发音部位相同，因此又叫作旁纽双声。古时由于两字的声母发音部位相同，因而可以通假。例如：

（一）"且"与"徂"通假

士曰既且。（《诗经·郑风·溱洧》）

——男子说已经去过了。（《经典释文》："且，往也。"）

徂，往也。（《尔雅·释诂》）

——徂表示往的意思。

（二）"唯（惟）"与"虽"通假

惟信亦以为大王不如也。（《史记·淮阴侯列传》）

——虽我韩信也知道大王不如他啊。（王念孙《读书杂志》："'虽'字古多借作'唯'，又借作'惟'。"）

（三）"时"与"待"通假

迟归有时。（《周易·归妹》）

——迟迟地出嫁是因为有所等待。（《象传》作"有待"。）

（四）"哉"与"才"通假

厥四月，哉生明，王来自商。（《尚书·武成》）

——那年的四月初三，周武王从商回来。（哉生明，指阴历初三日，月亮才生光明。）

陈锡哉周。（《诗经·大雅·文王》）

——布施、赏赐给初建的周王朝。（郑康成笺和《尔雅·释诂》均作"哉，始也"。）

（五）"耆"与"嗜"通假

耆秦人之炙，无以异于耆己炙。

——爱吃秦国人的烧肉，同爱吃自己的烧肉没有什么不同的。

少耆欲。（《汉书·扬雄传》）

——很少嗜好和欲望。（颜师古注："耆读曰嗜。"）

（六）"能"与"台"通假

魁下六星，两两相比者，名曰三能。（《史记·天官书》）

——魁星下的六个星，两个一排地排列着，名叫做三台。（苏林注："能音台。"）

三台摛朗，四岳增峻。（《文选·卢谌〈赠刘琨〉》）

——三台星放射出光芒，泰山、衡山、华山、恒山都增加了高度。

（七）"亶"与"但"通假

亶费精神于此。（《汉书·扬雄传》）

——徒然耗费精神于这方面。（颜师古注："亶读曰但。"）

（八）"陪"与"背"通假

兵法"右陪山陵，前左水泽"。（《史记·淮阴侯列传》）

——兵法上说，布阵要右面、后面靠山，前面、左面靠水。（《汉书·韩信传》作"兵法有右背山陵，前左水泽"。）

四、叠韵通假

"叠韵"是指两字的韵母的主要元音及韵尾相同。古时由于两字叠韵，因而通假。例如

（一）"嚭"与"喜"通假

《左传》里的"伯嚭"（吴国人名）《论衡·逢遇》里写作"帛喜"。"嚭"和"喜"同在古音哈部。

（二）"五"与"武"通假

启有五观。（《国语·楚语上》）

——夏启有不好的儿子太康等五人。（《竹书纪年》作"武观"。）

"五"中古属疑母，"武"中古属微母，两字同在古音模部。

（三）"曾"与"层"通假

曾台累榭，临高山些。（《楚辞·招魂》）

——两层的高台，重叠的敞屋，都面对着高山。

"曾"中古属精母，"层"中古属从母，两字同在古音登部。

（四）"时"与"司"通假

见卵而求时夜。（《庄子·齐物论》）

——见到蛋才去寻找鸡。（《经典释文》："崔云：'时夜，司夜，谓鸡也。'"）

"时"和"司"同在古音哈部。

（五）"自"与"鼻"通假

皇，大也，从自王。自，始也。……自读若鼻；今俗以始生子为鼻子是。（《说文解字·王部》）

——皇，意思是大啊，由自、王两字会意。自，意思是始啊。……自的读音同鼻的读音相同；现在一般把头一胎生的孩子叫鼻子就是这个道理。（《方言》卷十六："鼻，始也；兽之初生谓之鼻，人之初生谓之首。梁益之间谓鼻为初，或谓之祖。"戴震疏证："鼻、祖皆始之别名也。"）

"自"和"鼻"同在古音没部。

（六）"登"与"成"通假

登是南邦。（《诗经·大雅·崧高》）

——建成这南方的国家。（毛传："登，成也。"《尔雅·释诂》："登，成也。"）

"登"和"成"同在古音登部。

（七）"方"和"横"通假

君有此士也三万，以方行于天下。（《国语·齐语》）

——君要是有这样的士三万人，就可以横行于天下。（《管子·小匡》作"横行于天下"。）

"方"和"横"同在古音唐部。

（八）"选"与"算"通假

斗筲之人，何足算也。（《论语·子路》）

——像斗、饭筐那样度量狭小的人算得什么。（《汉书·公孙贺传赞》作

"斗筲之徒，何足选也"。)

"选"和"算"同在古音寒部。

（九）"吕"与"甫"通假

《尚书》的《吕刑》篇，《尚书大传》作《甫刑》。《史记·周本纪》的"吕侯"，《汉书·古今人表》作"甫侯"。"吕"和"甫"同在古音模部。

（十）"僖"与"釐"通假

《左传》里的"鲁僖公"，《史记》作"鲁釐公"。"僖"和"釐"同在古音哈部。

五、声韵连转

"声韵连转"是指三个字互相通转，有时先双声转后又叠韵转，有时先叠韵转后又双声转。这样互转的三个字，有的本来是一个字，因用法不同而读音各异、形体微殊；有的本非一字，因声音近似而临时借用、辗转相通。如"享""亨""烹"本来是一个字，"亨"与"享"通转是双声（两字都属晓母），"享"与"烹"通转是叠韵（两字古音都在唐部）。在古代文献中这样的例子也不少，略举如下：

（一）"和""桓""宣"连转

　　正月之吉，始和布治于邦国都鄙。（《周礼·太宰职》）

——正月初一，就向天下各地宣布天子要实行的政治措施。（王引之《经义述闻》八："和当读为宣。"古代文献中，"和"还可同"桓"通用，如《尚书·禹贡》的"和夷"，郑注读"和"为"桓"；《汉书·酷吏传》的"桓表"，又称为"和表"。）

　　曹桓公卒于会。（《礼记·檀弓》）

——曹桓公在诸侯会见时死了。（郑康成认为应是曹宣公，"言桓，声之误也"。）

以上两例中，第一例说明"和"可与"宣"通假，还可与"桓"通假；第二例说明"桓"可与"宣"通假（这样的例子还有一些，如《战国策·魏策》的"魏桓子"，《韩非子·说林》作"魏宣子"）。

"和""桓"都属匣母，是双声通假；"桓""宣"都在古音寒部，是叠韵通假。

（二）"流""游""淫"连转

昔者瓠巴鼓瑟而流鱼出听。（《荀子·劝学》）

——从前瓠巴弹瑟，游鱼都出水来听。（《淮南子·说山训》作"淫鱼出听"。）

归来归来，不可久淫兮！（《楚辞·招魂》）

——回来吧，回来吧，那里不可久留呀！（王逸注："淫，游也。"）

龙旗九流。（《礼记·乐记》）

——龙旗上有九道下垂的饰物。（这里的"流"应该是"游"，即旌旗的下垂饰物。（《说文解字》："游，旌旗之流也。"）

以上三例中，第一例说明"流"可与"淫"通假；第二例说明"淫"可与"游"通假；第三例说明"游"可与"流"通假。

"淫"和"游"中古都属喻母，是双声通假；"游"和"流"同在古音侯部，是叠韵通假。

（三）"陈""田""天"连转

追天宝。（《汉书·扬雄传》）

——追逐鸡头人身的天宝。（应劭注："天宝，陈宝也。"晋灼注："天宝，鸡头人身。"

陈田二字声相近。（《史记·田敬仲世家》司马贞《索隐》）

——陈、田两个字的声音相近。

"陈"和"田"古音双声，"田"和"天"为叠韵，因此连转。

（四）"冯""扶""吴"连转

大夫扶同曰。（《吴越春秋·越王勾践入臣外传》）

——大夫扶同说。（《越绝书》作"冯同"。）

天子西征，鹜行，至于阳纡之山，河伯无夷之所都焉。（《穆天子传》卷一）

——天子出征西方，一路驰行，到达了阳纡山，那里是河伯无夷居住的地方。（郭璞注："无夷，冯夷也。"《广雅·释天》："河伯谓之冯夷。"）

以上两例中，第一例说明"扶"可与"冯"通假；第二例说明"冯"可与"无"通假。

"冯"和"扶"中古都属奉母，是双声通假；"扶"和"无"古音同在模部，是叠韵通假。

古代汉语的单纯词

单纯词是由一个词素构成的词，它在古代汉语中大多是单音词；多音节的单纯词也有，但为数不如单音词多。

一、单音词

在现在能看到的最古文献中，我们发现当时汉语的词汇已经非常丰富，其中同义词（包括近义词）和反义词（包括对义词）已经很多，这些正反映了那时我国的文化已经发展到相当高的阶段。在这些同义词和反义词中，有些相互之间在语音上有一定的联系，因此本文只就这一点谈一些同义、反义和同词义反的问题。

（一）双声同义词　这可分同组双声和旁组双声两种。

1. 同组双声同义词　同组双声指声母完全相同，这样的同义词如：

（1）"谤"和"诽"

诽，谤也。（《说文解字·言部》）

——诽的意思就是谤啊。

"诽"中古属敷母，上古属帮母；"谤"中古、上古都属帮母。

（2）"颠"和"顶"

颠，顶也。（《尔雅·释言》）

——颠的意思就是顶啊。

颠、顶，上也。（《方言》卷六）

——颠、顶的意思都是上啊。

有马白颠。（《诗经·秦风·车邻》）

——有匹马是白额头。（毛传："白颠，白颡也。"孔疏："额有白毛。"《周易·说卦》："为的颡。"孔疏："白额为的颡。"可见"白颠"就是"白额"，也就是"白顶"。）

鸡鸣桑树颠。（陶渊明《归园田居》）

——鸡在桑树顶上叫唤。

"颠"和"顶"两字古音同属端母。

（3）"氓"和"民"

氓之蚩蚩。（《诗经·卫风·氓》）

——这个外乡人外貌敦厚老实。（毛传："氓，民也。"《方言》卷三："氓，民也。"）

"氓"和"民"古音同属明母。

（4）"俚"和"聊"

俚，聊也。（《方言》卷三）

——俚的意思就是聊啊。

其画，无俚之至耳。（《汉书·季布栾布田叔传赞》）

——他们那种自杀的计划，是由于无所聊赖到极点啦。（"无俚之至"即"无聊之至"。）

"俚"和"聊"古音同属来母。

（5）"胹（ér）"和"饪"

胹、饪，熟也。（《方言》卷七）

——胹、饪的意思都是熟啊。

宰夫胹熊蹯不孰。（《左传·宣公二年》）

——厨子烧熊掌，没有烧熟。（孰，即"熟"。）

失饪不食。（《论语·乡党》）

——烹调坏了，不吃。（孔安国曰："失饪，失生熟之节也。"）

"胹"和"饪"中古同属日母，上古同属泥母。

(6) "逆"和"迎"

逢、逆，迎也。自关而东曰逆，自关而西或曰迎，或曰逢。

(《方言》卷一)

——逢、逆的意思都是迎。从函谷关向东一带叫逆，向西一带有的地方叫迎，有的地方叫逢。（《说文解字》："逆，迎也。"）

逆子钊于南门之外。（《尚书·顾命》）

——在路寝门外迎接太子钊。

"逆"和"迎"古音同属疑母。

(7) "丁"和"当"

丁，当也。（《尔雅·释诂》）

——丁的意思就是当啊。

宁丁我躬？（《诗经·大雅·云汉》）

——为何落到我身上？（毛传："丁，当也。"）

"丁"和"当"古音同属端母。

(8) "香"和"馨"

香，芬也。从黍从甘。《春秋传》曰："黍稷馨香。"（《说文解字》）

——香的意思是就是芳啊，从黍和甘两个字会意。《春秋传》上说："黍稷都有香气。"

馨，香之远闻也。（《说文解字》）

——馨，指传到远处的香气。

"馨"和"香"古音同属晓母。

(9) "怿""悦""愉"

怿（yì）、悦、愉，乐也。（《尔雅·释诂》）

——怿、悦、愉的意思都是乐啊。

说（悦）怿女美。（《诗经·邶风·静女》）

——喜爱你的美丽。

"怿""悦""愉"，中古同属喻母。

（10）"卬""吾""我"

卬、吾，我也。（《尔雅·释诂》）

——卬、吾的意思都是我啊。

人涉卬否，卬须我友。（《诗经·邶风·匏有苦叶》）

——人家过了河，我没有过河；我在等待我的朋友。（毛传："卬，我也。"）

"卬""吾""我"古音同属疑母。

2. 旁纽双声同义词 旁纽双声指声母的发音部位相同，这样的同义词如：

（1）"舟"和"船"

舟自关而西谓之船，自关而东或谓之舟，或谓之航。（《方言》卷九）

——舟，函谷关以西叫它做船，函谷关以东有的地方叫它做舟，有的地方叫它做航。

"舟"中古属照母，上古属端母；"船"中古属神母，上古属定母，两字旁纽双声。

（2）"敦"和"大"

敦，大也。（《方言》卷一）

——敦的意思就是大啊。（戴震疏证："敦、大，语之转。"）

"敦"古音属端母，"大"古音属定母。两字旁纽双声。

（3）"姊"和"嫛"

嫛，女字也，从女须。《楚辞》曰："女嫛之婵媛。"贾侍中说："楚人谓姊为嫛。"（《说文解字》）

——嫛，女子用来作字的字，从女和须两字会意。《楚辞》中说："女嫛气喘吁吁地。"贾侍中说："楚地人称呼姊妹为嫛。"

"姊"古音属精母，"嫛"古音属心母，两字旁纽双声。

（4）"抚"和"摸"

摸，抚也。（《方言》卷十）

——摸的意思就是抚啊。

"抚"中古属敷母，上古属滂母；"摸"中古、上古都属明母。滂、明旁纽双声。

(5) "厥"和"其"

厥，其也。（《尔雅·释言》）

——厥的意思就是其啊。

"厥"古音属见母，"其"古音属群母，两字旁纽双声。

(6) "菲"和"薄"

菲饮食而致孝乎鬼神。（《论语·泰伯》）

——禹自己吃得很坏，却把对鬼神的祭品办得很好。（马融注："菲，薄也。"）

不宜妄自菲薄。（诸葛亮《出师表》）

——不应该随便看轻自己。

"菲"中古属敷母，上古属滂母；"薄"中古、上古都属并母。滂、并旁纽双声。

（二）叠韵同义词　叠韵指韵母完全相同或韵母部分的主要元音及韵尾相同（在古音中属同一韵部），这样的同义词如：

1. "妹"和"娟"

娟，楚人谓女弟曰娟，从女胃声。（《说文解字》）

——娟，楚地人称呼妹妹叫娟，从女的意思，读胃的声音。

"妹"和"娟"古音都在灰部。

2. "姣"和"好"

秦晋之间凡好而轻者谓之娥，自关而东河济之间谓之媌，或谓之姣。（《方言》卷一）

——秦晋之间对凡是好而轻的都叫作娥，函谷关以东、黄河济水之间叫作媌，有的地方叫作姣。

姣，好也。（《说文解字》）

——姣的意思就是好啊。（段玉裁认为"姣"音当依《广韵》"古巧切"，古音在侯部。）

"姣"和"好"古音都在侯部。

3. "廓"和"摸"

　　廓，大也。（《尔雅·释诂》）

——廓的意思就是大啊。

　　张小使大谓之廓，陈楚之间谓之摸。（《方言》卷一）

——把小的扩张大了叫作廓，陈楚之间叫作摸。

"廓"和"摸"古音都在铎部。

4. "眇"和"小"

　　眇，小也。（《方言》卷十三）

——眇的意思就是小啊。

　　向子歆（xīn）究其微眇，作《三统历》以说《春秋》。

（《汉书·律历志》）

——刘向的儿子刘歆研究其中的精微，作了一部《三统历》来解说《春秋》。（颜师古注："眇，细小。"）

"眇"和"小"古音都在豪部。

5. "冰"和"凌"

　　三之日纳于凌阴。（《诗经·豳风·七月》）

——正月里把冰放进冰窖。（毛传："凌阴，冰室也。"）

　　凌人，掌冰。（《周礼·天官·凌人》）

——凌人是掌管冰的官。

"冰"和"凌"古音都在登部。

6. "明"和"朗"

　　明，朗也。（《尔雅·释言》）

——明的意思就是朗啊。

　　高朗令终。（《诗经·大雅·既醉》）

——长期享有高明的声誉并一直保持到生命结束。（毛传：朗，明也。）

"明"和"朗"古音都在唐部。

7. "痴"和"騃"

　　痴，騃也。（《方言》卷十）

——痴的意思就是騃啊。（《众经音义》卷六引《仓颉篇》："騃，无知也。"）

　　左将军公孙禄、司隶鲍宣皆外有直项之名，而内实騃不晓政事。（《汉书·息夫躬传》）

——左将军公孙禄、司隶鲍宣都是表面上有鲠直之名，实际上却愚蠢得不懂政事。（颜师古注："騃，愚也。"）

　　"騃"和"痴"古音都在哈部。

8. "欺"和"诒"

　　诒，相欺诒也。（《说文解字》）

——诒的意思就是相欺骗啊。

　　既而狎侮欺诒，搅拟挨扰，亡所不为。（《列子·黄帝》）

——后来就对商丘开戏弄欺侮，推推打打，没有不干的。

　　"欺"和"诒"古音都在哈部。

9. "遇"和"遘"

　　遘，遇也。（《尔雅·释诂》）

——遘的意思就是遇啊。

　　"遇"和"遘"古音都在侯部。

10. "甲"和"狎"

　　甲，狎也。（《尔雅·释言》）

——甲的意思就是狎啊。

　　因甲于内乱。（《尚书·多方》）

——因而不以内乱为意。

　　能不我甲。（《诗经·卫风·芄兰》）

——他却不亲近我。（毛传："甲，狎也。"《经典释文》："甲……韩诗作狎。"）

　　"甲"和"狎"古音都在盍部。

（三）双声反义词　也可分同纽双声和旁纽双声两种。

1.同纽双声反义词　即声母完全相同的反义词，例如：

（1）"明"和"昧"

兼弱攻昧。（《尚书·仲虺之诰》）

——兼并弱而不振的国家，攻取政治昏昧的国家。（伪孔传："弱则兼之，闇则攻之。"）

路幽昧以险隘。（《离骚》）

——道路昏暗而危险狭窄。（王逸注："幽昧，不明也。"）

"明"和"昧"古音同属明母。

（2）"锐"和"钝"

锐，芒也。（《说文解字》）

——锐的意思就是芒啊。

锐，利也。（《广韵》）

——锐的意思就是利啊。

钝，不利也。（《广韵》）

——钝的意思就是不利啊。

"锐"中古属喻母，上古读音同"兑"，属定母；"钝"中古上古都属定母。

（3）"疏"和"数"（今读 shuò）

疏缓节兮安歌。（《楚辞·东皇太一》）

——徐徐地击节，缓慢地歌唱。（王逸注："疏，稀也。"）

无日不数于六卿之门。（《左传·文公十六年》）

——没有一天不频繁出入于六卿的家门。（杜预注："数，不疏。"）

"疏"和"数"，中古都属疏母，上古都属心母。

（4）"消"和"息"

消，尽也，又灭也。（《说文解字》）

——消的意思就是尽啊，又是灭啊。

以保息六养万民。（《周礼·地官·大司徒》）

——用六项保护、繁殖的措施来长养万民。（郑康成注："保息，谓安之使蕃息也。")

　　死者不可生，刑者不可息。（《汉书·宣帝纪》）

——死了的不能再活，受刑而损伤的肢体，器官不能再长出来。（颜师古注："息谓生长也。"）

"消"和"息"古音都属心母。

　　（5）"褒"和"贬"

　　　　因其可褒而褒之。（《公羊传·隐公元年》）

——依据他可以赞扬就赞扬。（何休注："可假以见褒赏之法。"）

　　　　何以不氏？贬。（《公羊传·隐公二年》）

——为什么不称他的氏？为了贬低对他的评价。（何休注："贬，犹损也。"）

"褒"和"贬"古音都属帮母。

　　2. 旁纽双声反义词　　即声母的发音部位相同的反义词，例如：

　　（1）"张"和"弛"

　　　　张，施弓弦也。（《说文解字》）

——张的意思是拉紧弓弦啊。

　　　　弛，弓解也。（《说文解字》）

——弛的意思就是放松弓弦。

　　　　一张一弛，文武之道也。（《礼记·杂记下》）

——张开一阵再松弛一阵，这是周文王、武王的治国之道。

"张"中古属知母，上母属端母；"弛"中古属审母，上古属透母。端、透旁纽双声。

　　（2）"甘"和"苦"

　　　　甘，美也。（《说文解字》）

——甘的意思是美啊。

　　　　谁谓荼苦，其甘如荠。（《诗经·邶风·谷风》）

——谁说荼苦呀，它甜得像荠菜一样。

"甘"古音属见母，"苦"古音属溪母。见、溪旁纽双声。

(3)"疾"和"徐"

疾，病也，一曰急也。（《说文解字》）

——疾的意思是病啊，另一种意思是急啊。

旻（mín）天疾威。（《诗经·大雅·召旻》）

——哀闵上天施加的猛烈威力。（郑笺："疾，犹急也。"）

不徐不疾，得之于手而应于心。（《庄子·天道》）

——不慢不快，手已经很熟练而心里也相应地掌握了规律。

"疾"中古、上古都属从母；"徐"中古属邪母，上古属心母。从、心旁纽双声。

(4)"起"和"迄"

迄，至也。（《说文解字》）

——迄的意思就是至啊。

肇禋迄用有成。（《诗经·周颂·维清》）

——从祭祀开始，到现在已经完成。（毛传："迄，至也。"）

"起"古音属溪母，"迄"古音属晓母。溪、晓旁纽双声。

(5)"精"和"粗"

"精"古音属精母，"粗"古音属清母。精、清旁纽双声。

(6)"供"和"求"

"供"古音属见母，"求"古音属溪母。见、溪旁纽双声。

（四）叠韵反义词　即韵母属同一韵部的反义词。例如：

1."聪"和"聋"

视曰明，听曰聪。（《尚书·洪范》）

——看事情要明白，听意见要聪明。

尚寐无聪。（《诗经·王风·兔爰》）

但愿睡着了听不见这些事情。（毛传："聪，闻也。""聪"和"聋"古音都在东部。）

2."旦"和"晚"

旦，明也。（《说文解字》）

——旦的意思是明啊。

旦，早也。（《尔雅·释诂》）

——旦的意思是早啊。

其言于东方何？见于旦也。（《公羊传·哀公十三年》）

——为什么说"于东方"？因为它出现于太阳出来的时候。（何休注："旦者，日方出时。"）

"旦"和"晚"古音都在寒部。

3．"穷"和"通"

穷，极也。（《说文解字》）

——穷的意思是极啊。

穷，竟也。（《小尔雅·广诂》）

——穷的意思是竟啊。

儒有博学而不穷。（《礼记·儒行》）

——儒者广泛地学习而从不停顿。（郑康成注："不穷，不止也。"）

上通而不困。（《礼记·儒行》）

——得到君主的赏识而一切顺利。（郑康成注："上通谓仕道达于君也。"）

"穷"和"通"古音都在东部。

4．"晨"和"昏"

晨，早也。（《尔雅·释诂》）

——晨的意思是早啊。

夜何如其？夜乡（向）晨。（《诗经·小雅·庭燎》）

——夜色怎么样了？已经接近天明了。（郑笺："晨，明也。"）

日入三刻为昏。（《周礼·秋官·司寤氏》）

——日落以后的三刻时分算是昏。

"晨"和"昏"古音都在魂部。

5．"好"和"丑"

亦孔之丑。（《诗经·小雅·十月之交》）

——也是很丑恶的。（毛传："丑，恶也。"）

"好"和"丑"古音都在侯部。

6. "祥"和"殃"

祥，善也。（《尔雅·释诂》）

——祥的意思是善啊。

弃德不祥。（《左传·僖公三年》）

——背弃人家的恩惠是不好的。

殃，咎也。（《说文解字》）

——殃的意思是咎啊。

积不善之家，必有余殃。（《周易·坤》）

——一直干坏事之家，一定还有灾祸。

"祥"和"殃"古音都在唐部。

（五）同词义反

即有些词具有相反的两个意义。例如：

1. "故"有"古"和"今"两义

古，故也。（《尔雅·释诂》）

——古的意思就是故啊。

故，今也。（《尔雅·释诂》）

——故的意思就是今啊。

2. "申"有"伸"和"束"两义

申，伸也。（《广韵》）

——申的意思就是伸啊。

书曰："绅之束之。"（《韩非子·外储说左上》）

——书策上说："伸张它，约束它。"（《说文解字》段注引作"申之束之。"）

约车申猿。（《淮南子·道应训》）

——捆束好车，驾好猿。（高诱注："申，束也。"）

3. "敛"有"取"和"与"两义

敛，取也。（《广雅·释诂》）

——敛的意思就是取啊。

　　敛，与也。（《广雅·释诂》）

——敛的意思就是与啊。

4. "仇"有"嘉耦"和"怨耦"两义

　　嘉耦曰妃，怨耦曰仇。（《左传·桓公二年》）

——互敬互爱、和睦相处的夫妇叫作"妃"，不和睦的夫妇叫作"仇"。（《说文解字》："仇，雠也。"段玉裁注："仇为怨匹，亦为嘉耦，如乱之为治，苦之为快也。"）

5. "乱"有"治"和"乱"两义

　　乱，治也。（《尔雅·释诂》）

——乱的意思就是治啊。

　　殷其弗或乱正四方。（《尚书·微子》）

——殷将要不能治理天下了。（伪孔传："或，有也。言殷其不有治正四方之事，将必亡。"）

　　乱而敬。（《尚书·皋陶谟》）

——有治世之才而严肃不苟。

　　眇眇予末小子，其能而乱四方，以敬忌天威？（《尚书·顾命》）

——我这样渺小微末的小子，能够像祖先那样不敢触犯天威而治理天下吗？

　　予有乱臣十人，同心同德。（《尚书·泰誓》）

——我有治世之臣十个人，他们齐心协力，步调一致。

6. "苦"有"苦"和"快"两义

　　逞、苦、了，快也。自山而东或曰逞，楚曰苦，秦曰了。（《方言》卷二）

——逞、苦、了的意思都是快啊。崤山（或华山）以东有的地方说逞，楚地说苦，秦地说了。

　　逞、晓、恔、苦，快也。（《方言》卷三）

——逞、晓、恔、苦的意思都是快啊。

7. "屑"有"敬"和"轻"两义

屑，敬也，顾也，劳也。（《广韵》）

——屑的意思是敬、是顾、是劳啊。

而心不屑与之俱。（《庄子·则阳》）

——心里不屑同他在一起。

蹴尔而与之，乞人不屑也。（《孟子·告子上》）

——脚踏过了再给他，就是乞丐也不屑于要。

予不屑之教诲也。（《孟子·告子下》）

——我不屑于教诲他。

以上三例的"屑"都有"敬"或"顾"的意思。

屑，轻也。（《增韵》）

——屑的意思就是轻啊。

尔乃屑播天命。（《尚书·多方》）

——你竟然随便背弃上天的旨意。

8. "爽"有"伤"和"快"两义

爽，伤也。（《逸周书·谥法解》）

——爽的意思就是伤啊。

五色令人目盲，五音令人耳聋，五味令人口爽。（《老子》十二章）

——各种颜色弄得人眼睛看不见，各种声音弄得人耳朵听不着，各种味道弄得人倒胃口。

五味浊口，使口厉爽。（《庄子·天地》）

——各种味道把嘴弄脏了，使胃口受到伤害。

五味乱口，使口爽伤。（《淮南子·精神训》）

各种味道搞乱了胃口，使味觉受到损伤。

以上三例的"爽"都有"伤"的意思。

爽，快也。（《增韵》）

——爽的意思就是快啊。

9. "慊"有"满"和"不满"两义

今取猿狙而衣以周公之服，彼必龁齧挽裂，尽去而后慊。（《庄子·天运》）

——现在如果捉个猴子来，给它穿上周公的衣服，它一定又咬又撕，直到把这套衣服全部去掉才满意。

此之谓自谦。（《礼记·大学》）

——这就叫作自我满足。（郑康成注："谦读为慊；慊之言厌也。"）

上两例的"慊（谦）"均为满足之意。

慊，意不满也。（《集韵》）

——慊的意思是心里不满足啊。

彼以其爵，我以吾义，吾何慊乎哉？（《孟子·公孙丑下》）

——他有他的爵位，我有我的义，我为什么觉得比他少了什么呢？（赵岐注："慊，少也。"）

10. "学"有"教"和"学"两义

学，教也。（《广雅·释诂》）

——学的意思就是教啊。

斆学半。（《尚书·说命》）

——教和学各居一半。（伪孔传："斆，教也。"《礼记·学礼》引作"学学半"。）

11. "享"有"献"和"受"两义

兹予大享于先王。（《尚书·盘庚上》）

——我现在对先王举行盛大的祭献之礼。

是用孝享。（《诗经·小雅·天保》）

——用这个来作为孝进。

以上两例的"享"均为"进献"之意。

肆中宗之享国七十有五年。（《尚书·无逸》）

——所以殷中宗太戊享有政权达七十五年。

大臣享其禄。（《国语·周语上》）

——大臣享受他们的俸禄。

12. "离"有"离别"和"附丽"两义

時离祉。（《周易·离》）

——一开始就托上天的福。（九家注："离，附也。"）

鱼网之设，鸿则离之。（《诗经·邶风·新台》）

——张下渔网本来是想捕鱼，谁想癞蛤蟆却巴在上头了。

雉离于罿。（《诗经·王风·兔爰》）

——野鸡絓在网上。

以上三例的"离"均为"附丽"之意。

离骚者，犹离忧也。（《史记·屈原列传》）

——离骚的意思就是遭受忧患啊。（应劭曰："离，遭也。"）

13. "义"有"善"和"邪"两义

宣昭义问。（《诗经·大雅·文王》）

——广泛地宣传他的美名。（毛传："义，善。"）

鸱义奸宄。（《尚书·吕刑》）

——干贪赃奸邪犯上作乱等坏事。（马融注："义者，倾邪反侧也。"）

不为利回，不为义疚。（《左传·昭公三十一年》）

——不为私利而干奸邪的事，不为私利而干亏心的事。

（王念孙认为"义亦邪也，‘不为义疚’犹言不为利疚"。按"义"与"俄"通，《广雅·释诂》："俄，邪也。"）

14. "丐"有"乞求"和"施与"两义

丐，乞也。（《玉篇》）

——丐的意思就是乞啊。

不强丐。（《左传·昭公六年》）

——不强行乞取。（《经典释文》："音盖，乞也。"）

我丐若马。（《汉书·西域传》）

——我施与你们马。

15. "禀"有"给与"和"承受"两义

禀，赐谷也。（《说文解字》）

——禀的意思是赐予粮食啊。

禀，予也。（《广雅·释诂》）

——禀的意思就是给予啊。

今闻吏禀当受鬻（zhōu）者，或以陈粟，岂称养老之意哉！（《汉书·文帝纪》）

——现在听说官吏给应当领养老粮的人，有的竟给陈粮，这哪里符合养老的意思呀！（颜师古注："禀，给也。"给，供给。）

先王所禀于天地。（《左传·昭公二十六年》）

——先王从天地所接受的。（杜预注："禀，受也。"）

16. "繇"有"忧"和"喜"两义

繇，忧也。（《广雅·释诂》）

——繇的意思就是忧啊。

繇，喜也。（《广雅·释诂》）

——繇的意思就是喜啊。

17. "徂"有"往"和"存在"两义

徂，往也。（《尔雅·释诂》）

——徂的意思就是往啊。

嫁、逝、徂，往也。（《方言》卷一）

——嫁、逝、徂的意思都是往啊。

徂、在，存也。（《广雅·释诂》）

——徂、在的意思都是存啊。

18. "诞"有"诈"和"信"两义

诞，诈也。（《广雅·释诂》）

——诞的意思就是诈啊。

亶（誕），信也。（《尔雅·释诂》）

——亶的意思就是信啊。（"诞"也写作"誕"，"誕"与"亶"通假。）

19. "戾"有"暴"和"善"两义

戾，暴也。（《广雅·释诂》）

——戾的意思就是暴啊。

戾，善也（《广雅·释诂》）

——戾的意思就是善啊。

20. "伐"有"伐人"和"见伐"两义

《春秋》伐者为客，伐者为主。（《公羊传·庄公二十八年》）

——按《春秋》的意思，攻伐别国的算是客，被攻伐的算是主。（何休注："伐人者为客，读'伐'长言之，齐人语也。"又："见伐者为主，读'伐'短言之，齐人语也。"）

二、多音词

（一）联绵词　这是一种双音节词素构成的单纯词，这种词的读音和书写形式有时很不固定。根据语音的特点，大致可分为下列四种。

1. 双声联绵词　即两个音节的声母相同的联绵词，例如：

（1）"踟蹰"也作"踌躇""彳亍""踯躅"等

搔首踟蹰。（《诗经·邶风·静女》）

——抓耳挠腮地徘徊不定。

寨淹留而踌躇。（《楚辞·九辩》）

——长期滞留而犹豫不决。

彳亍中辍。（潘岳《射雉赋》）

——犹豫不决地小步走着又中途停止下来。

始踯躅于燥吻，终流离于濡翰。（陆机《文赋》）

——开始时文辞在干燥的唇边沉吟斟酌，最后就淋漓尽致地到达笔端。

"踟蹰""踌躇""踯躅"中古都属澄母，上古都属定母；"彳亍"中古都属彻母；上古都属透母。

（2）"首鼠"也作"首施"

与长孺共一老秃翁，何为首鼠两端！（《史记·魏其武安侯列传》）

——跟韩长孺共同对付一个秃老头子，为什么这样畏首畏尾、进退失据！

先是小月氏胡……每与羌战，常以少制多，虽首施两端，汉亦

时收其用。（《后汉书·邓训传》）

——在这以前，小月氏胡……每次同羌人作战，常常以少量兵力制胜较多的羌人，虽然进退不定，汉王朝也时常取得好处。（李贤注："首施，犹首鼠也。"）

"首鼠""首施"中古都属审母，上古都属透母。

（3）"磊落"（错杂貌）也作"磊硌""礧硌"等

连衡者六印磊落。（《后汉书·蔡邕传》）

——搞连横的人，他那六颗大印错杂地佩在身上。

石榴蒲陶之珍，磊落蔓衍乎其侧。（潘岳《闲居赋》）

——石榴、葡萄等珍果，累累地布满我的屋旁。

又北百二十里曰上申之山，上无草木而多硌石。（郭璞注：硌，磊硌，大石貌。）（《山海经·西山经》）

——再向北一百二十里有个山叫上申山，山上没有草木而有很多大石头。（郭璞注：硌的意思就是磊硌，形容大石头的状态。）

碪（zhēn）踔磥硌，美声将兴。（嵇康《琴赋》）

——变化错杂的音响展示美妙的乐章即将出现。

"磊落"等字古音都属来母。

（4）"斯须"也作"须臾"

礼乐不可斯须去身。（《礼记·祭义》）

——礼和乐一刻也不可离身。（郑康成注："斯须，犹须臾也。"）

"斯须"古音都属心母，为双声联绵词。"须臾"古音都在模部，为叠韵联绵词。

（5）"旁礴"也作"旁魄""滂沛""蓬勃"等

之人也，之德也，将旁礴万物以为一世蕲（qí）乎乱。（《庄子·逍遥游》）

——这个人呀，这种德呀，将包括万物而为人世求得天下太平。（乱，治。）

杂能旁魄而无用。（《荀子·性恶》）

——闲杂的技能很多，可是没有用处。

函绵邈于尺素，吐滂沛乎寸心。（陆机《文赋》）

——在一尺长的白绢上概括了无穷的事物，从一寸见方的心中倾吐出气势旁礴的内容。

遥望白云之蓬勃兮。（贾谊《旱云赋》）

——远看白云蓬勃地兴起。

"旁礴""蓬勃"古音都属并母；"滂沛"都属滂母；"魄"古音属滂母；"旁魄"是旁纽双声。

(6) "犹豫"也作"犹预""犹与"等

心犹豫而狐疑兮，欲自适而不可。（《离骚》）

——心里犹豫不决，想自己往简狄那儿去，又觉得于礼不合。

平原君犹预未有所决。（《史记·鲁仲连邹阳列传》）

——平原君正在犹豫着还没有决定怎么办。

卜筮者，所以使民决嫌疑，定犹与也。（《礼记·曲礼上》）

——卜筮是用以使人们决断疑惑难明的事理，判定犹豫不决的事情的啊。

"犹豫"与"预""与"等字中古都属喻母。

(7) "坎坷"也作"埳轲""坎轲"等

濊（wèi）南巢之坎坷兮，易豳岐之夷平。（《汉书·扬雄传上》）

——厌恶南巢的道路不平，喜欢豳岐的平坦。

年既已过太半兮，然埳坷而留滞。（《楚辞·七谏·怨世》）

——年岁已经过去了一大半，经历的生活道路是坎坷不平而且长期停滞不前。

虽坎轲而不惜身。（江淹《待罪江南思北归赋》）

——虽然道路不平也不怜惜自己。

"坎坷"和"埳""轲"等字古音都属溪母。

(8) "淋离"（长而美好貌）也作"陆离"

冠崔嵬而切云兮，剑淋离而从（纵）横。（《楚辞·哀时命》）

——帽子高高的几乎可以碰到天，漂亮的长剑可以随意挥动。

高余冠之岌岌兮，长余佩之陆离。（《离骚》）

——把我的帽子做得高高的，把我佩带的饰物拖得长长的。

"淋离""陆离"古音都属来母。

(9) "参差"

参差荇菜。（《诗经·周南·关雎》）

——长短不齐的荇菜。

"参差"中古都属初母，上古都属清母。

(10) "踊跃"

击鼓其镗，踊跃用兵。（《诗经·邶风·击鼓》）

——鼓敲得咚咚响，坐着操练使用武器。

（朱熹集注："踊跃，坐作击刺之状也。"）

"踊跃"中古都属喻母，上古都属定母。

2. 叠韵联绵词　即两个音节的韵母属于同一韵部的联绵词。例如：

(1) "徘徊"也作"彷徨"等

（吕产）入未央宫欲为乱，殿门弗内（纳），徘徊往来。（《汉书·高后纪》）

——吕产进未央宫想要夺取帝位，殿门紧闭着，他进不去，只好在外面来回走动。

展转不能寐，披衣起彷徨。（曹丕《杂诗》）

——翻来覆去地睡不着，披上衣裳起来徘徊。

旦徘徊于长夜兮，夕彷徨而独处。（《楚辞·九叹·思古》

——到天亮时已徘徊了一整夜，到晚上心神不定地一个人睡眠。

"徘徊"古音都在灰部，"彷徨"古音都在唐部。

(2) "逍遥"也作"相羊"等

逍遥于天地之间而心意自得。（《庄子·让王》）

——在天地之间优游自在而心满意足。

折若木以拂日兮，聊逍遥以相羊。（《离骚》）

——折一枝若木来把太阳挡住，暂且自由自在地蹓跶。

"逍遥"古音都在萧部，"相羊"古音都在唐部。

(3) "鸿濛"（元气未分貌）也作"澒濛""空濛"等

以鸿濛为景柱而浮扬乎无畛崖之际。（《淮南子·俶真训》）

——把鸿濛作为柱子而邀游于无边的空间。

古未有天地之时，澒濛鸿洞，莫知其门。（《淮南子·精神训》）

——最早没有天地分别的时候，混沌一片，没有人能辨识其间的门户。

山色空濛雨亦奇。（苏轼《饮湖上初晴后雨》）

——雨中的模糊山色也显得奇妙。

"鸿濛""澒"和"空"古音都在东部。

(4) "指示"也作"指视"等

上指示慎夫人新丰道曰："此走邯郸道也。"（《史记·张释之列传》）

——皇上指着新丰道对慎夫人说："这是通向邯郸的路啊。"（《汉书·张释之传》作"指视"。颜师古注："视读曰示。"）

"示"和"视"古音都在灰部。

(5) "绸缪"也作"缠绵"

绸缪牖户。（《诗经·豳风·鸱鸮》）

——把窗子和门捆绑好。（郑笺："绸缪，犹缠绵也。"）

"绸缪"古音都在侯部，"缠绵"古音都在寒部。

(6) "婵娟"（情意缠绵貌）也作"婵媛"

情婵娟而未罢。（江淹《去故乡赋》）

——情意缠绵不能排遣。

心婵媛而伤怀兮。（《楚辞·九章·哀郢》）

——心里老是放不下而感到难受。

"婵娟"和"媛"古音都在寒部。

(7) "荒唐"

以谬悠之说，荒唐之言，无端崖之辞，时恣纵而不傥。（《庄子·天下》）

——用荒诞无稽的说法，空阔无边的话语，漫无边际的言辞，随时放任而不偏向任何一方。

"荒唐"古音都在唐部。

(8)"婆娑"也作"媻珊"

　　　子仲之子，婆娑其下。（《诗经·陈风·东门之枌》）

——子仲家的女儿，在白榆树下婆娑起舞。

　　　于是乃相与獠于惠圃，媻珊勃窣上金堤。（《史记·司马相如列传》）

——于是一同在蕙圃打猎，匍匐爬上了金堤。

"婆娑"古音都在歌部，"媻珊"古音都在寒部。

(9)"阿那"（柔美貌）也作"婀娜"

　　　阿那蓊茸，风靡云披。（张衡《南都赋》）

——那些竹子轻盈柔美，随风摇摆，像云似地散开。

　　　四角龙子幡，婀娜随风转。（《古诗为焦仲卿妻作》）

——船舱的四角挂着龙子幡，轻盈地随风摆动。

"阿那"古音都在歌部。

(10)"强梁"（凶暴、强横）

　　　强梁者不得其死。（《老子》四十二章）

——凶暴的人不得好死。

"强梁"古音都在唐部。

3. 双声叠韵联绵词　这类联绵词的声母相同，韵母属同一韵部，但上下两字韵母的开合有所不同。例如：

(1)"辗转"也作"展转"

　　　悠哉悠哉，辗转反侧。（《诗经·周南·关雎》）

——漫漫的长夜呀，翻来覆去睡不着。

　　　忧心展转，愁怫郁兮。（《楚辞·九叹·惜贤》）

——忧烦的心情缠着我，愁闷得很不舒畅。

"辗转"和"展"的声母，中古都属知母，上古都属端母；韵母，中古都在仙韵，上古都在寒部。

(2) "间关"

　　间关车之辖兮。（《诗经·小雅·车辖》）

——吱吱嘎嘎的车辖声呀。（辖，车轴头的铁键。）

　　间关莺语花底滑。（白居易《琵琶行》）

——宛转的莺声在花底下回盪。

"间关"的声母，中古、上古都属见母；韵母，上古都在寒部。

(3) "睍（xiàn）睆（wǎn）"（美丽，好看）

　　睍睆黄鸟，载好其音。（《诗经·邶风·凯风》）

——那美丽的黄鸟，它的鸣声是那么好听。

"睍睆"的声母，中古、上古都属匣母；韵母，上古都在寒部。

(4) "燕婉"（举止安闲和顺）

　　燕婉之求，得此戚施。（《诗经·邶风·新台》）

——本想找个温柔和顺的配偶，谁知却遇上这驼背的丑家伙。

"燕婉"的声母，中古、上古都属影母；韵母，上古都在寒部。

(5) "缱绻"（形容固结不解）

　　无纵诡随，以谨缱绻。（《诗经·大雅·民劳》）

——不要放纵坏人，谨防被他们缠住。

"缱绻"的声母，中古、上古都属溪母；韵母，上古都在寒部。

(6) "绵蛮"（鸟鸣声）

　　绵蛮黄鸟，止于丘阿。（《诗经·小雅·绵蛮》）

——正在叫唤着的黄鸟，就停歇在那小山湾里。

"绵蛮"的声母，中古、上古都属明母；韵母，上古都在寒部。

4. 非双声叠韵联绵词　即两个音节的声母既不相同、韵母又不属同一韵部的联绵词。例如：

(1) "浩荡"（糊涂）

　　怨灵脩之浩荡兮，终不察夫民心。（《离骚》）

——责怪楚王糊涂啊，他最终也不了解人家的心意。

(2) "浩瀚"（水盛大貌）也作"浩汗""浩汧"

经典沈深，载籍浩瀚。（《文心雕龙·事类》）

——经典的内容很深，各种文献的范围极广。

三江五湖，浩汗无涯。（《晋书·孙楚传》）

——三江五湖都广阔得没有边际。

观百川之浩汧。（张缵《南征赋》）

——观看所有河流的盛大水势。

(3) "铿锵"也作"铿鎗"

优人管弦铿锵，极乐，昏夜乃罢。（《汉书·张禹传》）

——优人们演奏乐器，演奏得响亮和谐，直到夜晚尽兴才止。

观听者但闻铿鎗，不晓其意。（《汉书·礼乐志》）

——在一旁观看聆听的只听到响亮和谐的音响，不懂得其中的意义。

(4) "陵迟"（斜平、迤逦渐平，引申为衰颓）也作"陵夷"

三尺之岸，而虚车不能登也；百仞之山，任负车登焉。何则？陵迟故也。……今夫世之陵迟亦久矣，而能使民勿逾乎？（《荀子·宥坐》）

——三尺高的岸，空车子也上不去；百仞高的山，满载的车子却上去了。为什么呢？因为是个斜坡，由低渐高啊。……现在世道已经衰颓久了，哪能叫人不违法呢？

帝王之道，日以陵夷。（《汉书·成帝纪》）

——帝王的治国之道，日渐衰颓。

(5) "纷挐"（混乱貌）

嗟嗟兮悲夫，殽乱兮纷挐！（《楚辞·九思·悼乱》）

——哎呀可悲啊，世道纷扰混乱呀！

(6) "荧惑"（迷惑）也作"营惑"

苏秦荧惑诸侯，以是为非。（《史记·张仪列传》）

——苏秦迷惑诸侯，把是当作非。

营惑百姓。（《汉书·淮南王安传》）

——欺骗迷惑百姓。

（7）"低回"（流连、盘桓）也作"低徊"

低回夷犹，宿北姑兮。（《楚辞·九章·抽思》）

——徘徊迟疑，要在北姑住宿啊。

低徊，徘徊也。（《玉篇》）

（8）"包荒"（宽容）

包荒，用冯河，不遐遗。（《周易·泰》）

——对荒秽之物度量宽宏，对徒步涉水的人不疏远不遗弃。

（9）"淡泊"（恬淡寡欲）也作"澹薄"

非淡泊无以明德。（《文子·上仁》）

——不是恬淡寡欲就无以表明德行。（《淮南子·主术训》作"非澹薄无以明德"。诸葛亮《诫子书》作"非淡泊无以明志"。）

（10）"跋扈"原作"畔援"或"叛换"

帝少而聪慧，知冀骄横，尝朝群臣，目冀曰："此跋扈将军也。"（《后汉书·梁冀传》）

——汉质帝年青而聪明，知道梁冀骄横，一次接受群臣朝见，远远望着梁冀对群臣说："这是跋扈将军啊。"

帝谓文王，无然畔援。（《诗经·大雅·皇矣》）

——天帝对文王说，不要这样跋扈。（《汉书·叙传下》颜师古注引作"无然畔换"。）

张天锡承祖父之资，藉百年之业，擅命河右，叛换偏隅。（《资治通鉴·晋孝武帝太元元年》）

——张天锡继承了他祖父、父亲的地位，凭藉百年来先人的功业，专权于河西，跋扈于边远地区。

在这类联绵词中，有些可以合为一个音节。如"扶摇"的合音为"飚"（《尔雅，释天》："扶遥谓之飚"），"不律"的合音为"笔"（《尔雅·释器》："不律谓之笔"），"丁宁"的合音为"钲"（《左传·宣公四年》："著于丁宁。"杜预注："丁宁，钲也"），"芜蔚"的合音为"萑"（《诗经·王风·中谷有蓷》的"蓷",《经典释文》注为："吐雷反。韩《诗》云：'茺蔚也'"），"活东"的合音为"鸿"（用闻一多与郭沫若说），"终葵"的合音为"椎"（《方言》：椎，齐谓之"终葵"），"不肯"的合音为"伽"（《广韵》："伽，不肯也"），"不知"的合音为"粃"（《方言》："粃，不知也"）等。根据这一原则，后来有些单音词也可以扩而为双音节的联绵词，如"毂"成为"辁辘"，"巷"成为"胡同"，"壶"成为"葫芦"，"孔"成为"窟窿"，"角"成为"角落"等。

三、重叠词

这些词都是采用两两重叠的形式出现，重叠以后，有的与原单音节词的意义有所不同，有的语法作用不一样。

（一）双音节重叠　例如：

1. "行行"（刚健貌）

子路行行如也。（《论语·先进》）

——子路站在孔子身旁很刚强的样子。

2. "赳赳"（雄壮武勇貌）

赳赳武夫，公侯干城。（《诗经·周南·兔罝》）

——威武雄壮的勇士，是公侯的捍卫者。

3. "施施"（徐行貌）

彼留子嗟，将其来施施。（《诗经·王风·丘中有麻》）

——留在那里的子嗟呀，希望他悄悄地来吧。（郑笺："施施，舒行，伺间独来见己之貌。"）

而良人未之知也，施施从外来。（《孟子·离娄下》）

——她丈夫还不知道这件事，高高兴兴地从外面进来。

4. "丁丁"

伐木丁丁。（《诗经·小雅·伐木》）

——砍树砍得叮叮咚咚。（毛传："丁丁，伐木声。"）

5. "侃侃"（和乐貌）

　　朝，与下大夫言，侃侃如也。（《论语·乡党》）

——上朝的时候，同下大夫说话，温和而快乐的样子。

6. "夭夭"（茂盛艳丽貌）

　　桃之夭夭，灼灼其华。（《诗经·周南·桃夭》）

——桃树长得那么茂盛，它的花也开得那么鲜明艳丽。

7. "殷殷"（忧伤貌）

　　出自北门，忧心殷殷。（《诗经·邶风·北门》）

——从北门出来，我满怀的忧伤。

8. "颢颢"（形容白色）

　　天白颢颢。（《楚辞·大招》）

——天空白白的。

9. "拳拳"（牢握不舍）

　　得一善，则拳拳服膺而弗失之矣。（《礼记·中庸》）

——得到一个好思想，就牢牢记住它，再也不把它丢掉。

10. "匈匈"（扰攘不安）

　　项王谓汉王曰："天下匈匈数岁者，徒以吾两人耳。"（《史记·项羽本纪》）

——项王对汉王说："天下扰攘不安了好几年，只是因为我们两个人。"

（二）四音节对称重叠　例如：

1. "浩浩荡荡"

　　汤汤洪水方割，荡荡怀山襄陵，浩浩滔天。（《尚书·尧典》）

——奔腾的洪水普遍为害，泛滥得淹没山脚，上了山陵，大得成为弥天之势。

2. "战战兢兢"

　　战战兢兢，如临深渊，如履薄冰。（《诗经·小雅·小旻（mín）》）

——畏惧慎重得好像站在深渊的边上，好像踩在水面的薄冰上面。

3. "兢兢业业"

兢兢业业，如霆如雷。（《诗经·大雅·云汉》）

——小心谨慎得就像听到雷霆一样。

无教逸欲有邦，兢兢业业，一日二日万几。（《尚书·皋陶谟》）

——不要拿安逸来教国人，要小心谨慎，一天两天就要考虑上万件处于萌芽状态的小事。

4. "委委佗佗"（雍容自得貌）

委委佗佗，如山如河。（《诗经·鄘风·君子偕老》）

——表现得从容自得，像山那样庄重，像河那样宽广。

5. "栖栖遑遑"（忙碌、奔忙貌）

圣哲之治，栖栖遑遑。（班固《答宾戏》）

——道德智能极高的圣人和才能识见超群的哲人，他们治理国家大事是非常忙碌的。

6. "郁郁葱葱"

望气者……至南阳……，喟曰："气佳哉，郁郁葱葱然！"（《后汉书·光武纪》）

——望云气、风水的人……到了南阳……感叹道："气势好呀，郁郁葱葱的旺盛气象！"

古代汉语的合成词

一、联合式合成词

（一）双音节的联合式，可分为两种：

1. 等立的（即两个词素的意义相同或相近的） 例如：

道路、邦国、旌旗、君王、土地、疾病、辅佐、治理、美丽、崇高、丑恶（è）、憎恶（wù）、欢娱、鄙陋、饥饿、充斥、满盈、空虚、身躯、根本、恐惧、兴起、坚固、迅速、迁徙、毁坏、杀戮、求索、柔弱、刚强、干戈、舟车、风雨、爪牙、唇齿、饮食、高深、宽裕、温柔、浅近等。

2. 对立的（即两个词素意义相反或相对的） 例如：

妍媸、休戚、尊卑、强弱、祸福、古今、起居、朝夕、晨昏、取舍、毁誉、荣辱、行藏、父子、夫妇等。

（二）双音节联合式的一些特殊情况，大致可分三种：

1. 词素可以颠倒 例如：

（1）"家室"可作"室家"

之子于归，宜其室家。（《诗经·周南·桃夭》）

——这个女子出嫁了，她可以使全家和顺。（又："之子于归，宜其家室"）

斗者……室家立残，亲戚不免于刑戮。（《荀子·荣辱》）

——好斗的人……可以使全家立遭残害，父母也不免于受刑或被杀。

（2）"整齐"可作"齐整"

吾欲整齐风俗，四者不除，吾以为羞。（曹操《整齐风俗令》）

——我要整顿风俗，上述的四种情况不除掉，我认为是我的羞耻。

今五国各官骑百人称妮前行（李贤注："称妮，犹齐整也。"）。（《后汉书·中山简王传》）

——现在五个诸侯国各出骑兵一百人马齐整地在前面开道。

（3）"介绍"可作"绍介"

介绍而传命。（《礼记·聘义》）

——通过介绍来传达宾主之间的言辞。（介、绍，古代聘问行礼时在宾主之间的传话人。）

平原君遂见辛垣衍曰："东国有鲁连先生，其人在此，胜请为绍介而见之于将军。"（《战国策·赵策》）

——平原君就去见辛垣衍说："齐国有位鲁仲连先生，这个人现在这里，我赵胜要求做个介绍让他能见到将军。"

（4）"仪表"可作"表仪"

法度者，万民之仪表也。（《管子·形势解》）

——法度是民众行动的法式啊。

引之表仪，予之法制。（《左传·文公六年》）

——用行事进退的模范来引导他们，把法令制度交给他们。

（5）"离别"可作"别离"

悲莫悲兮生别离。（《楚辞·九歌·少司命》）

——悲哀的事情中没有比活着离别更悲哀的了。

（6）"妍媸"可作"媸妍"

混妍媸而成体，累良质而为瑕。（陆机《文赋》）

——将美的丑的混成一体，就连累了优美的那部分因而成为缺陷。

孰知辨其媸妍。（《后汉书·赵壹传》）

——谁懂得分辨他们的丑或美。

（7）"多少"可作"少多"

夫古者不料民而知其少多。（《国语·周语上》）

——古代没有去统计就知道百姓有多少。

(8) "雌雄"可作"雄雌"

　　具曰予圣,谁知乌之雄雌。(《诗经·小雅·正月》)

——都说"我是圣人",谁能辨别那些乌鸦是雄的还是雌的。

(9) "大小"可作"小大"

　　柔远能迩,安劝小大庶邦。(《尚书·顾命》)

——怀柔远方的人,就能稳住近处的人,从而安定、劝勉大小诸侯国。

(10) "纵横"可作"横纵"

　　艺麻如之何?衡(横)从(纵)其亩。(《诗经·齐风·南山》)

——种麻怎么种?先要纵横地整治田亩。

(11) "衣裳"可作"裳衣"

　　东方未晞,颠倒裳衣。(《诗经·齐风·东方未明》)

——东方还没有发亮,把衣裳都穿颠倒了。

(12) "吉凶"可作"凶吉"

　　能无卜筮(shì)而知凶吉乎?(《庄子·庚桑楚》)

——能够不占卜就知道是凶还是吉吗?

(13) "会计"可作"计会"

　　会计当而已矣。(《孟子·万章下》)

——计算账目准确就行了。

　　谁习计会,能为文收责于薛者乎?(《战国策·齐策》)

——谁熟悉计算账目,有能替我田文到薛去收债的吗?

(14) "璠玙"可作"玙璠"

　　璠玙,鲁之宝玉也。(《太平御览》卷八〇四引《逸论语》)

——璠玙是鲁国的宝玉啊。

　　季平子行东野,还,未至,丙午,卒于房。阳虎将以玙璠敛。
(《左传·定公五年》)

——季平子到他的封邑东野去,回国都时还没到达,丙申日在房地死了。
阳虎要用玙璠给季平子含在口内。(玙璠:美玉。)

(15) "玲珑"可作"珑玲"

　　和鸾玲珑。(班固《东都赋》)

——车上的铃声清脆悦耳。

　　前殿崔巍兮，和氏珑玲。(《汉书·扬雄传》)

——前殿那么高大，和氏宝玉的声音那么清脆。

2. 有些合成词的两个词素都失去或改变了原义　例如：

(1) "方寸"指代"心"

　　本欲与将军共图王霸之业者，以此方寸之地也。今已失老母，
方寸乱矣。(《三国志·蜀志·诸葛亮传》)

——原来要同将军一起实现王霸的事业，那全凭这一寸见方的心啊。现
在失去了老母，我的心乱了。

(2) "行李"原指出使的外交官

　　若舍郑以为东道主，行李之往来，共其乏困，君亦无所害。
(《左传·僖公三十年》)

——如果把郑国留下让它作为东方道路上的主人，贵国使臣来往时我们
可以供应他们生活上的短缺，这对您也没有坏处。

(3) "消息" "消"原指"消失"，"息"原指"生长"，后转指音讯

　　迎问其消息，辄复非乡里。(蔡琰《悲愤诗》)

——迎着问他们的消息，已经不是那些邻人了。

　　江南瘴疬地，逐客无消息。(杜甫《梦李白》)

——在那江南疫病多的地方，被放逐的那个人没有音信。

(4) "伉俪"原指"妻"，后转指"夫妇"

　　妇人怒曰：己不能庇其伉俪而亡之，又不能字人之孤而杀之，
将何以终？(《左传·成公十一年》)

——妇人生气地说：过去你不能庇护妻子而听凭别人抢去，现在你又不
能慈爱别人的孤儿而把他弄死，你将怎样终局啊？

　　哀伉俪之生离。(祢衡《鹦鹉赋》)

——为夫妻的活活分离而悲哀。

(5) "垄断"原指土丘

有贱丈夫焉，必求龙断而登之，以左右望而罔市利。（《孟子·公孙丑下》）

——有个卑鄙的汉子，他总要找一块高地登上去，在上面东张西望，想一网打尽所有买卖的好处。

自此，冀之南，汉之阴，无陇断焉。（《列子·汤问》）

——从此，冀州南部，汉水之南，就没有一个土丘了。

(6) "牺牲"原指祭祀时所用的牛羊等，现转指代贡献自己的生命

凡祭祀，共其牺牲。（《周礼·地官·牧人》）

——所有祭祀，他负责供应牛羊。

(7) "郑重"原指频繁、重复

非皇天所以郑重降符命之意。（《汉书·王莽传》）

——不是上天一再降下符命的原意。（颜师古注："郑重，犹言频繁也。"）

(8) "登降"原指升降，后又转指增减

夫德，俭而有度，登降有数。（《左传·桓公二年》）

——那个德啊，节俭而有限度，增减的数量都有规定。（王引之《经义述闻》卷十七："登降以数言之，非以位言之也。登谓增其数，降谓减其数也。"）

(9) "社稷" "社"原指"土地神"，"稷"原指"五谷之神"，后"社稷"转指"国家"

能执干戈以卫社稷。（《礼记·檀弓下》）

——能够拿着武器保卫国家。

郑之从楚，社稷之故也。（《左传·宣公十二年》）

——郑国的服从楚国，是考虑到国家的缘故啊。

(10) "亲戚"原指"父母"，后转指内外亲属

亲戚为戮，不可以莫之报也。（《左传·昭公二十年》））

——父母被杀害，不可以不报这个仇啊。

其有亲戚者必遗之酒四石，肉四鼎；其无亲戚者，必遗其妻子酒三石，肉三鼎。（《管子·轻重乙》）

——对有父母的，一定给他的父母送去四石酒，四鼎肉；对那些没有父母的，一定给他的老婆、孩子送去三石酒，三鼎肉。

3. 有些对立的合成词意义有所偏重　例如：

（1）"缓急"偏指"急"

即有缓急，周亚夫真可任将兵。（《史记·绛侯周勃世家》）

——如果有紧急情况，周亚夫确实可以担任统帅。

（2）"成败"偏指"败"

先帝尝与太后不快，几至成败。（《后汉后·何进传》）

——先帝曾经同太后不和，关系几乎破裂。

（3）"老幼"偏指"幼"

养老幼于东序。（《礼记·文王世子》）

——在大学里教养青年人。

（4）"存亡"偏指"亡"

先帝创业未半，而中道崩殂，今天下三分，益州疲敝，此诚危急存亡之秋也。（诸葛亮《出师表》）

先帝开创的事业没有达到目的的一半，中途上逝世了，现在天下分成三份，益州已经疲乏凋敝，这实在是危险、紧急，接近灭亡的时候啊。

（5）"短长"偏指"长"

四者无一遂，苟合取容，无所短长之效，于此可见矣。（司马迁《报任安书》）

——上述的四种没有一种实现了，只凭言行苟且来取得皇帝的收容，没有好的效果，由此就可以看得很清楚了。

（6）"死生"偏指"生"

所向无空阔，真堪托死生。（杜甫《房兵曹胡马行》）

——它所奔向的地方没有算得上广阔的，真可以把生命托付给它。

（7）"善恶"偏指"善"

世幽昧以眩曜兮，孰云察余之善恶。（《离骚》）

——世道昏暗而惑乱，谁又能体察到我的善良。

（8）"妖祥"偏指"妖"

先生老悖乎？将以为楚国妖祥乎？（《战国策·楚策》）

——先生是又老又糊涂吗？认为这是楚国的不祥之兆吗？

（9）"穷通"偏指"穷"

不为穷通变节。（《魏书·崔浩传》）

——不因为穷困而改变自己的气节。

（10）"出内（纳）"偏指"出"

出纳之吝，谓之有司。（《论语·尧曰》）

——出手吝啬，这可说是有关官吏的习气。

（三）三音节（实即三个词素）的联合式

这种联合式都是把三个意义相同或相近的词素联合在一起表示一个概念。例如：

1．"览相观"

览相观于四极兮，周流乎天余乃下。（《离骚》）

——观看四方极远之处，在天上周游了以后我才下来。

"览""相""观"均作"看"解。

2．"忽超远"

出不入兮往不反，平原忽兮路超远（一本作"平原路兮忽超远"）。（《离骚》）

——出去了就不准备进来，去了就不准备再回来，平原上的大道伸向茫茫的远方。

"忽"同"㥿"。《方言》卷六："㥿、邈，离也。楚谓之越，或谓之远。"因此，这里的"忽""超""远"均作"远"解。

3．"缮完葺"

缮完葺墙以待宾客。（《左传·襄公三十一年》）

——修缮好围墙来接待宾客。

"缮""完""葺"均作"修缮"解。

4. "孤特独"

今将军内不能直谏，外为亡国将，孤特独立，而欲常存，岂不哀哉！（《史记·项羽本纪》）

——现在将军在朝内不能直言谏劝，在外成为亡国之将，孤独地占住一块地方而想长久存在，难道不可悲吗！

"孤""特""独"均作"孤单"解。

5. "境壤界"

且夫韩魏之所以重畏秦者，为与秦接境壤界也。（《史记·苏秦列传》）

——那韩国、魏国所以特别畏惧秦国，是因为同秦国边界相连啊。"境""壤""界"均作"边境"解。

6. "踊腾跃"

物踊腾跃。（《史记·平准书》）

——物价陡然上涨。

"踊""腾""跃"均作"跳跃"解。

7. "藉第令"

藉第令毋斩，而戍死者固十六七。（《史记·陈涉世家》）

——即使不被杀头，而在那里戍守而死的本来就占总人数的十分之六七。

"藉""第""令"均作"假设"解。

8. "给足富"

民人以给足富。（《史记·滑稽列传》）

——人民因而富足。

"给""足""富"均作"富足"解。

9. "忳郁邑"

忳郁邑余侘傺兮，吾独穷困乎此时也。（《离骚》）

——我因不得志而忧愁苦闷，目前只有我的处境穷困。

"忳""郁""邑（悒）"均有"忧愁""苦闷"之意。

10. "陈修为"

惟其陈修为厥疆畎。（《尚书·梓材》）

——应该整治那些田界和水渠。

王引之《经义述闻》曰："陈修，皆治也。"《国语·晋语》："疾不可为也。"韦昭注："为，治也。"因此，这里的"陈""修""为"均作"治"解。

（四）四个词素联合使用

这种联合结构过去大多看成一个句子，但也有明显是作为句子成分用的。下面分别举例。

1. 用于句中的

例如：

（1）"袒裼（xī）裸裎（chéng）"

虽袒裼裸裎于我侧，尔焉能浼我哉！（《孟子·公孙丑上》）

——你纵然在我身旁赤身露体，又怎能沾污我呢！

"袒""裼""裸""裎"均指把身体露在外面。

（2）"彰明较著"

此其尤大彰明较著者也。（《史记·伯夷列传》）

——这是特别明显的啊。

"彰""明""较""著"均为"明显"之意。

（3）"喑呜叱咤"

项王喑呜叱咤，千人皆废。（《史记·淮阴侯列传》）

——项王发怒一声呵斥，上千人都吓得倒退。

"喑""呜""叱""咤"都是发怒的声音。

（4）"惨怆怛（dá）悼"

仆窃不自料其卑贱，见主上惨怆怛悼，诚欲效其款款之愚。

（司马迁《报任安书》）

——我私下不自量我的卑贱地位，见皇上那么难受，真心想进献我的忠实的愚忱。

"惨""怆""怛""悼"均为悲伤之意。

(5) "呢訾慄斯喔咿嚅唲"

将呢訾、慄斯、喔咿、嚅唲以事妇人乎？（《楚辞·卜居》）

——还是强颜献媚来事奉宫中的妇人呢？（王逸注："强颜以奉宫闱。"）

"呢訾""慄斯""喔咿""嚅唲"都形容强颜献媚的丑态。

2. 自成句读的　这类例子多得不可胜数，下面略举几个。

(1) "訇隐匈磕"　都形容响声很大，例见枚乘《七发》。

(2) "襞积褰绉"

襞积褰绉，纡徐委曲。（《史记·司马相如列传》）

——美女们穿着的衣裙重重折叠，微微地曲折起伏。

(3) "谑浪笑敖"

谑浪笑敖，中心是悼。（《诗经·邶风·终风》）

——对我的种种戏弄，使我心中伤悲。（《尔雅·释诂》："谑浪笑敖，戏谑也。"）

(4) "鸱义奸宄"

鸱义奸宄，夺攘矫虔。（《尚书·吕刑》）

——贪赃奸邪犯上作乱，明目张胆地抢夺，假托上面的命令掠取民财。

"鸱""义""奸""宄"均有"邪恶"之意。

二、偏正式合成词

（一）名词与名词组成的　例如：

"牛刀""铅刀""金戈""锦衣""鲁缟""齐纨""金马门""和氏璧""隋侯珠"等等。

（二）形容词与名词组成的　例如：

"公事""良心""苦口""高山""大川""黄发""古道""红颜"等等。

（三）动词与名词组成的　例如：

"游女""飞鸟""走兽""流水""责言"等等。

三、动宾式合成词

这类合成词一般由两个词素组成，前一词素是动词，后一词素是动词的目的或对象。例如：

（一）"从事"（治事）

　　昔者吾友，尝从事于斯矣。（《论语·泰伯》）

——从前我的一位朋友曾经这样做了。

（二）"推毂"（推动车轴，引申为推荐或推重）

　　吴兴沈约、陈郡谢朓、琅琊王融，以气类相推毂。（《南齐书·陆厥传》）

——吴兴的沈约、陈郡的谢朓、琅琊的王融，由于气味相投而互相推重。

（三）"把酒"

　　把酒临风。（范仲淹《岳阳楼记》）

——端着一杯酒，面对着清风。

　　明月几时有？把酒问青天。（苏轼《水调歌头·丙辰中秋兼怀子由》）

——什么时候有明月？端着一杯酒问青天。

（四）"责成"（督责他人完成任务）

　　人主者，守法责成以立功者也。（《韩非子·外储说右下》）

——做人主的是掌握法令、督责官吏完成任务以建立功业的啊。

　　委任责成，优劣已分。（《后汉书·蔡邕传》）

——交给任务并规定其完成的要求时，就已经分出优劣来了。

（五）"表情"（表达情意）

　　人所以相拜者何？所以表情见意，屈节卑体，尊事人者也。（《白虎通义·姓名》）

——人们相互拜是为什么？是用以表达情意，委屈自己弯下身体，尊敬地侍奉人的啊。

（六）"奏凯（恺）"（得胜后奏庆功之乐）

　　王师大献，则令奏恺乐。（《周礼·春官·大司乐》）

——王师献俘时就命令奏恺乐。

（七）"劳民"（加害于民）

今民求官爵，皆不以农战，而以巧言虚道，此谓劳民。劳民者其国必无力，无力者其国必削。（《商君书·农战》）

——现在一般人谋求官爵，都不凭耕种和作战立功，而凭好听的假话、虚伪的理论，这就是害民。凡这样害民的，他的国家一定没有实力；没有实力的，他的国家一定要被别国侵削。

（八）"累卵"

故曹小国也，而迫于晋楚之间，其君之危，犹累卵也。（《韩非子·十过》）

——所以曹本是小国啊，它夹在晋、楚两大国之间，它的国君处境的危险就像堆着的禽蛋一样。

（九）"销魂"（形容悲伤、愁苦）

黯然销魂者，唯别而已矣。（江淹《别赋》）

——叫人心神沮丧、愁苦得失魂落魄的事情，只有离别而已。

（十）"矫情"（原指克制情感、故作镇静，后转指违反常情）

（谢）玄等既破坚，有驿书至，安方对客围棋，看书既竟，便摄放床上，了无喜色，棋如故。客问之，徐答云："小儿辈遂已破贼。"既罢，还内，过户限，心喜甚，不觉屐（jī）齿之折。其矫情镇物如此。（《晋书·谢安传》）

——谢玄等打败苻坚以后，有驿马传递的捷报送到，谢安正同客人下围棋，他看了捷报后，就又放入信封搁在床上，一点没有高兴的表情，照样下棋。客人问他有什么事情，他缓慢地答道："孩子们已经把贼寇打败了。"下完棋，他回内室去，过门槛时由于心里太高兴了，以致木屐的底齿折断他都没有发觉。他克制感情、镇定情绪竟达到如此的程度。

四、简称和节缩

（一）简称　有下面几种情况

1. 人名的简称　例如：

（1）晋文公名重耳，简称为"晋重"。（《左传·定公四年》）："王若曰：晋重、鲁申、卫武、蔡甲午、郑捷、齐潘、宋王臣、莒期。"

（2）鲁大夫仲孙何忌简称为"仲孙忌"。《左传·定公六年》经文："季孙斯、仲孙忌帅师围郓。"

（3）鲁仲连简称"鲁连"。《战国策·赵策》）："辛垣衍曰：'吾闻鲁连先生，齐国之高士也。'"

（4）司马相如字长卿，简称为"马卿"。《史通·载文》）："若马卿之《子虚》《上林》。"

（5）司马迁简称"马迁"。（《史通·六家》："马迁撰《史记》，终于今上。"

（6）杨得意简称为"杨意"。钟子期简称为"钟期"。王勃《滕王阁序》："杨意不逢，抚《凌云》而自惜；钟期既遇，奏流水以何惭。"

2. 地名的简称

如河北省简称为"冀"或"燕"，山西省简称为"晋"，山东省简称为"鲁"，江苏省简称为"苏"，浙江省简称为"浙"，安徽省简称为"皖"，江西省简称为"赣"，河南省简称为"豫"，湖北省简称为"鄂"，湖南省简称为"湘"，广东省简称为"粤"，云南省简称为"滇"，贵州省简称为"黔"，陕西省简称为"陕"或"秦"，甘肃省简称为"甘"或"陇"等等。有时两个地名并提时，也可以简称。如《史记·货殖列传》）："夫燕亦勃碣之间一都会也。""勃碣"指"勃海"与"碣石"。

（二）节缩　这是把两个音节拼合成为一个音节，如现代普通话把"不用"说成"甭"，把"不要"说成"别"，古时也有这种现象，这在前面谈联绵词时已经举过一些例，这里再举几个：

1. "叵" "不可"的节缩

大耳儿最叵信！（《后汉书·吕布传》）

——大耳朵的小子最不可信任！

2. "盍" "何不"的节缩

盍各言尔志。（《论语·公冶长》）

——何不各自谈谈你们的志向。

3. "诸" "之于"的节缩

子张书诸绅。（《论语·卫灵公》）

——子张把孔子这些话写在大带子上。

4. "诸" "之乎"的节缩

汤放桀，武王伐纣，有诸？（《孟子·梁惠王下》）

——汤放逐桀，周武王讨伐商纣，有这些事吗？

5. "旃（zhān）" "之焉"的节缩

初，虞叔有玉，虞公求旃。弗献，既而悔之。（《左传·桓公十年》）

——起初，虞叔有块玉，虞公向他索取，虞叔没有给他，后来又为此而后悔。

6. "耳" "而已"的节缩

口耳之间，则四寸耳。（《荀子·劝学》）

——口与耳朵之间的距离只有四寸而已。

古代有些人名有时也可以节缩，例如《左传·僖公二十五年》的"寺人勃鞮"就是《左传·僖公二十四年》的"寺人披"；《列子》的"杨朱"（"杨朱南之沛"）就是《庄子》的"杨子居"（"杨子居南之沛"）；《左传·襄公十九年》的"吴寿梦"就是"吴王乘"（"贿荀偃束帛加璧乘马，先吴寿梦之鼎"杜注：寿梦，吴子乘也）。

古代汉语的动词

一、动词的语法功能

（一）能受副词的修饰、限制　例如：

王命众悉至于庭。（《尚书·盘庚上》）

——王命令群臣都到朝廷来。

尔乃尚有尔土，尔乃尚宁干止。（《尚书·多士》）

——你们就还能保有你们的土地，你们就还能安心干你们的事情。（有，保有。宁，安心。干，做事情。止，动词词尾。）

晋师悉起，将至矣。（《左传·宣公十五年》）

——晋国军队全部出发，将要来到了。

今越亦节矣，请报之！（《国语·越语上》）

——现在越国的一切都上了轨道，请求报吴国欺凌之仇！（节，有节度，指一切上了轨道。）

明日，徐公来，熟视之，自以为不如。（《战国策·齐策》）

——第二天，徐公来了，仔细地看看他，邹忌自认为不如徐公漂亮。

太后之色少解。（《战国策·赵策》）

——太后脸上的怒色略微减了一些。

（二）单音节动词重叠表示动作的重复　例如：

行行重行行。（《古诗十九首》）

——走啊走啊，还要走啊。

去去从此辞。（苏武《古诗四首》）

——去吧去吧，从此辞别了。

生人作死别，恨恨那可论。（《古诗为焦仲卿妻作》）

——活着的人作死前的告别，无尽的愤恨没法说。

信宿渔人还泛泛，清秋燕子故飞飞。（杜甫《秋兴》）

——连续两夜打鱼的渔船还在那里不停地活动，爽朗秋季的燕子依旧飞来飞去。

翠华摇摇行复止。（白居易《长恨歌》）

——皇帝仪仗中翠羽装饰的旗子不停摆动着，前进了一段路又停止下来了。

寻寻觅觅，冷冷清清，凄凄惨惨戚戚。（李清照《声声慢》）

——寻找了又寻找，到处冷冷清清，感到凄凉、忧郁和恐慌。

二、动词的变化

（一）上古汉语动词的词头有"曰""爰""言"等。

1. "曰"字（也作"聿"或"遹"）　例如：

我送舅氏，曰至渭阳。（《诗经·秦风·渭阳》）

——我送舅父，到了渭水的北面。

我东曰归，我心西悲。（《诗经·豳风·东山》）

——我回到东方，我的心则西向而悲。

曰归曰归，岁亦莫止。（《诗经·小雅·采薇》）

——回去吧，回去吧，快要到年终了。

曰止曰时，筑室于兹。（《诗经·大雅·绵》）

——停留下来，在这儿构筑居处。（时，意同"止"。）

这样用的"曰"字有时可以改作"聿"字。例如：

曰丧厥国。（《诗经·大雅·抑》，《经典释文》引韩诗作"聿丧"。）

——丧失了他的国家。

曰求厥章。（《诗经·周颂·载见》，《墨子·尚贤》引作"聿求厥章"。）

——问明有关的法度。

曰嫔（pín）于京。（《诗经·大雅·大明》，《尔雅·释亲》注引作"聿嫔于京"。）

——嫁到周的京都来。

曰为改岁。（《诗经·豳风·七月》，《汉书·食货志》引作"聿为改岁"。）

——将要过年了。

这种用法的"聿"字有时还可以同"遹"字通用。如"遹追来孝"（《诗经·大雅·文王有声》），《礼记》引作"聿追来孝"（追念先人的遗志来表示孝心）。

2. "爰"字 例如：

爰始爰谋，爰契我龟。（《诗经·大雅·绵》）

——研究定了，商量好了，在龟甲上刻好字来卜问吉凶。

爰居爰处，爰笑爰语。（《诗经·小雅·斯干》）

——居住进去，又笑又说。

爰有寒泉，在浚之下。（《诗经·邶风·凯风》）

——有个寒泉，在浚地的下面。

树之榛栗，椅桐梓漆，爰伐琴瑟。（《诗经·鄘风·定之方中》）

——种上榛、栗、椅、桐、梓、漆等树木，伐取可作琴瑟的材料。

3. "言"字 例如：

言告师氏，言告言归。（《诗经·周南·葛覃》）

——告诉女师，告诉了才回娘家去看望父母。

陟彼南山，言采其蕨。（《诗经·召南·草虫》）

——登上那南山啊，采那里的蕨菜。

言旋言归，复我邦族。（《诗经·小雅·黄鸟》）

——回去吧，回到我原来的邦族那儿去。

既盟之后，言归于好。（《左传·僖公九年》）

——盟誓以后，恢复友好。

（二）上古汉语动词的词尾有"止""思"等。

1. "止"字 例如：

亦既见止，亦既遘止，我心则降。（《诗经·召南·草虫》）

——已经看见了，已经遇到了，我的心也就放下了。（遘，遇见。降，落，放下。）

既曰归止，曷又怀止？（《诗经·齐风·南山》）

——已经把她嫁出去了，为何又让她回来呢？（怀，来。）

齐子归止，其从如云。（《诗经·齐风·敝笱》）

——齐国的这个姑娘出嫁了，她的随从多得像云一样。

高山仰止，景行行止。（《诗经·小雅·车辖》）

——品德像大山那样崇高的人，就会有人敬仰他；行为光明正大的人，就会有人效法他。（景行，大道，比喻行为光明正大。"行止"的行，遵循。）

2. "思"字 例如：

南有乔木，不可休思。汉有游女，不可求思。汉之广矣，不可泳思。江之永矣，不可方思。（《诗经·周南·汉广》）

——南方有些高大的树木，却不能在那里休息。汉水边上有些游玩的女子，却没法追求。汉水可算广阔了，却不能游泳。长江可算漫长了，却不能流放筏子。

今我来思，雨雪霏霏。（《诗经·小雅·采薇》）

——现在我回来了，雪下得这么大。

三、联系动词

联系动词过去也称作断词或系词，现在也称作判断词。这类动词现代汉语只有一个"是"。在上古汉语里，"是"本是指示代词。如"不见是而无闷"（《周易·乾》）"是乃仁术也"（《孟子·梁惠王上》）这两句中的"是"，一个作宾语，一个作主语，都当"这"或"这个"讲。但在先秦时期，"是"已有联系动词的用法。那时，还有"为"和"惟"都可作联系动词用。现在表示否定的判断时一般是用"不是"，而在古代则用"非"或"匪"。下面分别略举一些例子。

（一）"是"字　例如：

四牡孔阜，六辔在手。骐駵是中，騧（guā）骊（lí）是骖。
（《诗经·秦风·小戎》）

——四匹公马都很肥壮，六根缰绳拿在御者的手中。骐駵是中间的服马，騧骊是两旁的骖马。（骐，青色并有棋盘格子纹的马。駵，赤身黑鬣的马。騧，黑嘴的黄马。骊，纯黑色的马。）

长沮曰："夫执舆者为谁？"子路对曰："为孔丘。"曰："是
鲁孔丘与？"对曰："是也。"（《论语·微子》）

——长沮问："那位驾车子的是谁？"子路回答说："是孔丘。"又问："是鲁国的孔丘吗？"子路说："是的。"

杀是是杀余也。（《左传·昭公二十五年》）

——杀他就是杀我啊。

陈侯憙猎，淫猎于蔡，与蔡人争禽。蔡人不知其是陈君也，而
杀之。（《穀梁传·桓公六年》）

陈侯喜爱打猎，无节制地在蔡国境内打猎，同蔡国人争夺猎获物。蔡国人不知道他是陈国国君，把他杀死了。

公都子曰："钧是人也，或从其大体，或从其小体，何也？"
（《孟子·告子上》）

——公都子说："同样是人，有人要求满足重要器官的需要，有人要求满足次要器官的欲望，这是什么缘故？"（钧，同"均"。大体，指心。小体，指耳目。）

十有四世，乃有天乙是成汤。（《荀子·成相》）

——第十四代，有个天乙就是成汤。

万物云云，各复其根。各复其根而不知，浑浑沌沌，终身不离。
若彼知之，乃是离人。（《庄子·在宥》）

——一切事物都要各自回到他的根本。各自回到他的根本而不知不觉，模模糊糊，就能终身不离其本。如果他清醒地知道了，他就是个离开根本的人。

此非泰山之神，是宋之先汤与伊尹也。（《晏子春秋·谏上》）

——这不是泰山的神，是宋的祖先汤和伊尹啊。

以上是先秦用"是"作联系动词的部分例子（最后一例中的"非"是表示否定的联系动词），下而再举几个两汉时期的用例：

始陈平曰："我多阴谋，是道家之所禁。"（《史记·陈丞相世家》）

——当初陈平说："我常搞诡秘的计谋，是道家所不允许的。"

朱家心知是季布。（《史记·游侠列传》）

——朱家心里知道他是季布。

夜梦老父曰："余是所嫁妇人之父也。"（《论衡·死伪》）

——夜里梦见那老翁对他说："我是你没有让她殉葬而将她改嫁的那个妇人的父亲啊。"

如以鬼是死人，则其薄葬非也。（《论衡·薄葬》）

——如果认为鬼是死了的人，那么薄葬就是不对的。

海外西南有珠树焉，察之是珠，然非鱼中之珠也。（《论衡·说日》）

——海外西南方有一种珠树，看起来是珠子，但不是鱼肚子里的珠子。

（二）"为"字 例如：

夫执舆者为谁？（《论语·微子》）

——那位驾车的是谁？

孰为夫子？（《论语·微子》）

——谁是夫子？

尔为尔，我为我，虽袒裼裸裎于我侧，尔焉能浼我哉？（《孟子·公孙丑上》）

——你是你，我是我，你即使在我身旁赤身露体，怎么能沾污我呢？

民为贵，社稷次之，君为轻。（《孟子·尽心下》）

——百姓是重要的，土神谷神其次，国君比起来是轻的。

师直为壮，曲为老。（《左传·僖公二十八年》）

——出师的理由正当就是强壮，理亏的就是衰老。

以为晋文公之行事为已偾（diān）矣。（《穀梁传·僖公二十八年》）

——《春秋》的作者认为晋文公这一行动是颠倒了君臣、上下的关系。（偾，同"颠"。行事，指晋文公召周襄王到河阳。）

孔子问于守庙者曰："此为何器?"守庙者曰："此盖为宥坐之器。"(《荀子·宥坐》)

——孔子问看守宗庙的人说："这是什么器具?"看守宗庙的人说："这是放在座右的器具。"

(三)"惟"字 例如:

淮海惟扬州。(《尚书·禹贡》)

——淮海一带是扬州。

万邦黎献,共惟帝臣。(《尚书·皋陶谟》)

——各国的众贤人,都是帝尧的臣子。

非予自荒兹德,惟汝含德,不惕予一人。(《尚书·盘庚上》)

——不是我自己荒废了这种仁德,是你们把我对百姓的仁德不向百姓宣布,对我毫不畏惧。(含,藏。惕,畏惧。)

民惟邦本,本固邦宁。(《尚书·五子之歌》)

——百姓是国家的根本,根本稳固了国家就安宁了。

非我有周秉德不康宁,乃惟尔自速辜。(《尚书·多方》)

——不是我们周王朝施行德政不稳定,乃是你们自己召来罪过。

(四)"非"(匪)字用作否定的联系动词 例如:

王司敬民,罔非天胤。(《尚书·高宗肜日》)

——王的职责只是严肃认真地处理百姓的事情,至于祖宗,他们没有一个不是天帝的后代。

我非生而知之者,好古,敏以求之者也。(《论语·述而》)

——我不是生来就有知识的人,而是喜欢古代文化,勤奋敏捷地学习的人啊。

是非君子之言也。(《礼记·檀弓上》)

——这不是君子说的话啊。

子非三闾大夫欤?何故而至此?(《史记·屈原贾生列传》)

——您不是三闾大夫吗?因为什么来到这儿?

子非鱼,安知鱼之乐?(《庄子·秋水》)

——您不是鱼，哪能知道鱼的快乐？

我心匪石，不可转也。我心匪席，不可卷也。（《诗经·邶风·柏舟》）

——我的心不是石头，不能随意转动，我的心不是席子，不能随意卷起。

莫赤匪狐，莫黑匪乌。（《诗经·邶风·北风》）

——没有一种红的不是狐狸，没有一种黑的不是乌鸦。

出其东门，有女如云，虽则如云，匪我思存。（《诗经·郑风·出其东门》）

——出了东门，女子多得像云集一样；虽然多得像云集一样，但都不是我所想念的。

匪鸡则鸣，苍蝇之声。（《诗经·齐风·鸡鸣》）

——不是鸡在叫唤，乃是苍蝇的嗡嗡声。

"非"作否定的联系动词有同"是""惟"等前后对照，前面已有这样的例子，下面再略举几个：

是闻也，非达也。（《论语·颜渊》）

——你说的是闻啊，不是达啊。（闻，指名望。达，指事事行得通。）

为长者折枝，语人曰"我不能"，是不为也，非不能也。故王之不王，非挟太山以超北海之类也；王之不王，是折枝之类也。（《孟子·梁惠王上》）

——替老年人折取树枝，告诉人说"这个我办不到"，这是不肯干，不是不能干。王的不行仁政，不是属于挟着泰山去跳过北海的那一类，王的不行仁政，是属于替老年人折取树枝的那一类。

夫负羁絷，执鈇锧，从君东西南北，则是臣仆庶孽之事也；若夫约言为信，则非臣仆庶孽之所敢与也。（《公羊传·襄公二十七年》）

——那种牵着马络头、缰绳，拿着鈇锧等刑具，跟随您东南西北奔走，是我这样奴仆、低贱人的事情；至于订立盟约就不是我这样奴仆、低贱人所能参与的。（庶孽，众贱子，旧指妾媵之子。）

黍稷非馨，明德惟馨。（《尚书·君陈》）

——黍稷并不是馨香，光明的德行才是馨香。

古代汉语的形容词

一、形容词的语法功能

（一）能受副词修饰、限制　例如：

彼何人斯？其心孔艰。（《诗经·小雅·何人斯》）

——那是个什么人？他的心很险恶。

嘉我未老，鲜我方将。（《诗经·小雅·北山》）

——好的是我还没有老，难得的是我正健壮。（鲜，少，难得。将，壮。）

犯五不韪，而以伐人，其丧师也，不亦宜乎？（《左传·隐公十一年》）

——做了五件错事，就这样来攻打别人，他被打得大败，不也是合理的吗？

此数者愈善，而离楚愈远矣。（《战国策·魏策》）

——这几方面越好，那就离楚国越远了。

公子行数里，心不快。（《史记·魏公子列传》）

——公子无忌走了几里路，心里一直不高兴。

其称文小而其指极大。（《史记·屈原贾生列传》）

——《离骚》所引用的一些词汇虽不免烦琐、细碎，但其用意却极深远。

（二）重叠以描摹情态　例如：

宾于四门，四门穆穆。（《尚书·尧典》）

——以宾客之礼相待把诸侯安排在四面的城门附近住下，那四座门是那样的庄严、华美。

番（bō）番良士，膂力既愆，我尚有之；仡（yì）仡勇夫，射御不违，我尚不欲。（《尚书·秦誓》）

——那些外貌勇武而道德才能都好的良士，力气已经不大了，我尚且亲近他们；那些健壮的勇士，射箭、御车都没有差错，我还不想用他们。

桃之夭夭，灼（zhuó）灼其华。（《诗经·周南·桃夭》）

——桃树长得那样茂盛，它的花开得鲜明艳丽。

赳赳武夫，公侯干城。（《诗经·周南·兔罝》）

——雄壮的武夫，是公侯的捍卫者。（干，即盾。古时用于防卫的武器。干城，干和城，比喻坚强的捍卫者。）

彼黍离离，彼稷之苗。行迈靡靡，中心摇摇。（《诗经·王风·黍离》）

——那些糜子长得多么繁盛，那些谷子的苗啊。我迟缓地走着，心里惶惶不安。

绿叶兮素华，芳菲菲兮袭予。（《楚辞·九歌·少司命》）

——绿叶子啊白花，香气浓郁啊一阵阵地袭击我。

二、形容词的变化

古代汉语的形容词有无词头，现在还不能确定，而有些字是形容词词尾则是比较明显的，如"若""如""然""尔""而"等，下面分别举例。

（一）"若"字　例如

君子终日乾乾，夕惕若，厉，无咎。（《周易·乾》）

——君子白天勤奋不倦，晚上也不敢松懈，虽处危境，也可以没有灾祸。

出涕沱若。（《周易·离》）

——涕泪流得像下雨一样。

桑之未落，其叶沃若。（《诗经·卫风·氓》）

——桑树没有落叶的时候，它的叶子是那么润泽。

美哉璠与！远而望之，奂若也；近而视之，瑟若也。（《说文解字·玉部》"璠"篆）

——那璠与宝玉多么美好呀！远远地看它，是那么鲜明；近前来看它，是那么洁净。（璠与，即璠玙，鲁国的宝玉。）

（二）"如"字　例如：

屯如邅如，乘马班如。（《周易·屯》）

——那样地艰难，那样地多阻碍，驾车的马在盘旋着。（班如，盘旋的样子。）

有美一人，婉如清扬。（《诗经·郑风·野有蔓草》）

——有一个美人，她的眉眼是那么美丽。（婉如，美。清扬，眉眼美丽。）

朝与下大夫言，侃侃如也；与上大夫言，誾（yín）誾如也。（《论语·乡党》）。

——上朝的时候同下大夫说话，温和而快乐的样子；同上大夫说话，正直而恭敬的样子。

善如尔之问也。（《礼记·祭义》）

——你的提问很好呀。

天下晏如也。（《史记·司马相如列传》）

——天下很太平。

荣如辱如，有机有枢。（《汉书·叙传下》）

——一会儿荣，一会儿辱，有它的关键在。

（三）"然"字　例如：

君子有三变：望之俨然，即之也温，听其言也厉。（《论语·子张》）

——君子有三变：远远看他，很庄严的样子；向他靠拢，温和可亲；听他所说的话，都严厉不苟。

凄然似秋，暖然似春。（《庄子·大宗师》）

——冷得像秋天，暖得像春天。

土地平旷，屋舍俨然。（陶潜《桃花源记》）

——土地平坦而宽阔，房屋很整齐。

望之蔚然而深秀者琅琊也。（欧阳修《醉翁亭记》）

——看起来树木那样茂盛而幽深秀丽的是琅琊山啊。

临川之城东，有地隐然而高，以临于溪，曰新城。（曾巩《墨池记》）

——临川城的东面，有一片土地高高凸起，下面是一道溪水，它名叫新城。

由山以上五六里，有穴窈（yǎo）然。（王安石《游褒禅山记》）

——顺着山往上走五六里，有个洞很幽暗深邃。

（四）"尔"字　例如：

既竭吾才，如有所立，卓尔。虽欲从之，末由也已。（《论语·子罕》）

——我已经用尽我的才力，似乎有所体会而能独立了，很不错了。可是要由此再向前迈进一步，又不知怎样着手了。

其在宗庙朝廷，便便言，唯谨尔。（《论语·乡党》）

——他在宗庙里、朝廷上，有话就明白而流畅地说出，只是说得很少。

鼓瑟希，铿尔。（《论语·先进》）

——曾点弹瑟正接近尾声，铿的一声。

居处言语饮食衎（kàn）衎尔。（《礼记·檀弓》）

——在家里的行动、说话、饮食都很和乐。

（五）"而"字　例如：

猗嗟昌兮，颀（qí）而长兮。（《诗经·齐风·猗嗟》）

——啊呀多美呀，身材长长的。

铤而走险，急何能择？（《左传·文公十七年》）

——匆匆忙忙地跑向险地，在紧急情况下哪里顾得上选择？

古代汉语的副词

一、副词的语法功能

古代汉语副词的语法功能大体上与现代汉语相同，但有些副词在不用联系动词的判断句中有帮助判断的作用，如"乃""诚""皆""亦""必"等。下面略举几个例子。

是乃仁术也。（《孟子·梁惠王上》）

——王这种不忍之心正是仁爱啊。

臣窃矫君命，以责赐诸民，因烧其券，民称万岁，乃臣所以为

君市义也。（《战国策·齐策》）

——我私自假托您的命令，把债款赏赐给众百姓，就烧了那些债券，百姓都喊万岁，这就是我给您买的义。

若乃梁，则吾乃梁人也。（《战国策·赵策》）

——至于说到魏，那么我就是魏国人啊。（梁国，即魏国。）

嬴乃夷门抱关者也。（《史记·魏公子列传》）

——我侯嬴是个夷门的看门人啊。

王笑曰："是诚何心哉？"（《孟子·梁惠王上》）

——齐宣王笑着说："这个真是什么心理呀！"

子诚齐人也，知管仲晏子而已矣。（《孟子·公孙丑上》）

——您真是个齐国人啊，就只知道管仲、晏婴罢了。

天下皆尧也，可乎？（《庄子·徐无鬼》）

——天下的人都是尧，可以吗？

在于王所者，长幼卑尊皆薛居州也，王谁与为不善？在王所者，长幼卑尊皆非薛居州也，王谁与为善？（《孟子·滕文公下》）

——如果在王宫中的人，不论年龄大的小的，地位低的高的，都是像薛居州那样的好人，那王同谁一起去做坏事？在王宫中的人，不论年龄大的小的，地位低的高的，都不是像薛居州那样的好人，那王同谁一起去做好事？

公曰："唯据与我和夫？"晏子对曰："据亦同也，焉得为和？"（《左传·昭公二十年》）

——齐景公说："只有梁丘据跟我协调吧？"晏婴回答说："梁丘据也是苟同啊，哪能算是协调！"（和，协调。同，苟同，盲从。）

直不百步耳，是亦走也。（《孟子·梁惠王上》）

——只不过他没有跑到一百步罢了，但这也是逃跑呀。

夺项王天下者，必沛公也。（《史记·项羽本纪》）

——夺取项王天下的人，一定是沛公啊。

二、副词的变化

古代汉语的副词有一部分是由形容词转化来的，这类副词大多还具有形容词的一些语法特点，有的还可以附着与形容词相同的词尾。例如：

晋郤（xì）缺帅师革车八百乘以纳接菑（zī）于邾娄，力沛若有余而纳之。（《公羊传·文公十四年》）

——晋国的郤缺率领诸侯之师八百辆张着皮革的战车要邾娄人接纳接菑，军事力量充足有余，终于把接菑送进了邾娄。（接菑，邾文公的儿子。）

国有道，则突若入焉；国无道，则突若出焉。（《大戴礼记·曾子制言》）

——这个国家政治清明，就迅速地进入；这个国家政治混乱，就迅速离去。

天油然作云，沛然下雨，则苗浡然兴之矣。（《孟子·梁惠王上》）

——天上一阵阵地出现了乌云，哗啦哗啦地落起大雨来，禾苗便又茂盛地生长起来了。

曾子艴然不悦。（《孟子·公孙丑上》）

——曾子怒形于色地很不高兴。

子路率尔而对。（《论语·先进》）

——子路不加思索地回答。

渔父莞尔而笑，鼓枻而去。（《楚辞·渔父》）

——渔父微微地笑着，掉转船舵离开了。

三、程度副词"最""至"的特殊用法

"最""至"是两个表示最高级的程度副词，在古代汉语中为了强调，可以离开它所修饰、限制的中心词而挪得更前一些。例如：

汤武者，至天下之善禁令者也。（《荀子·正论》，一般用法应为"汤武者，天下之至善禁令者也"。）

——商汤和周武王是天下最能够教人服从（一命令就行、一禁止就停）的人啊。

身与士卒平分粮食，最比其羸弱者。（《史记·司马穰苴列传》）（应为"比其最羸弱者"。）

——自己同士兵们一样地分口粮，分得的标准与最弱的士兵相同。

叔文最所谓贤重者李景俭，最所谓奇才者吕温。（韩愈《顺宗实录》）（应为"所谓最贤重"和"所谓最奇才"。）

——王叔文认为最好的最值得尊重的是李景俭，认为最有才能的是吕温。

汉之时，司马迁、相如、杨雄最其善鸣者也。（韩愈《送孟东野序》，应为"其最善鸣者"。）

——汉朝的时候，司马迁、司马相如、杨雄是其中最善于表达感情的人。

形容词"大"用为状语以表示程度时也有这样挪前的用法。例如：

去病大为中孺买田宅奴婢而去。（《汉书·霍光传》，应为"大买田宅奴婢而去"。）

——霍去病给霍中孺大量地购买了土地、住房和奴婢，他才离去。

长公主大以是怨光。（《汉书·霍光传》）

（应是"长公主以是大怨光"。）

——长公主因此极为怨恨霍光。

四、副词的关联作用

古代汉语的副词除了修饰、限制动词、形容词之外，还可以配合成对起关联作用，有的至今还在沿用。下面略举几种常见的格式。

（一）"既"和"又（复）" 例如：

既庶矣，又何加焉？（《论语·子路》）

——人口已经众多了，进一步又该怎么做呢？

既东封郑，又欲肆其西封。（《左传·僖公三十年》）

——在东面把郑国作为它的边境以后，又要扩大它西面的边境了。

既不能令，又不受命，是绝物也。（《孟子·离娄上》）

——既不能命令别人，又不肯接受别人的命令，只是绝路一条。

我若受秦，秦则宾也；不受，寇也。既不受矣，而复缓师，秦将生心。（《左传·文公七年》）

——我们如果接受秦国护送的公子雍，那么秦国就是客人；如果不接受，秦国就是入侵者。既然不接受了，却又缓慢地出兵，秦国将要起疑心了。

（二）"既"和"且" 例如：

丧乱既平，既安且宁。（《诗经·小雅·常棣》）

——死亡的祸乱平息以后，既安稳又康宁。

君子之马，既闲且驰。（《诗经·大雅·卷阿》）

——君子的马啊，既熟练又能奔驰。

（三）"亦"和"亦" 例如：

象忧亦忧，象喜亦喜。（《孟子·万章上》）

——象忧舜也忧，象喜舜也喜。（象，舜的异母弟）。

夫子步亦步，夫子趋亦趋。（《庄子·田子方》）

——先生慢慢走我也慢慢走，先生快走我也快走。

（四）"不（弗）"和"不（弗）" 例如：

不愤不启，不悱（fěi）不发。（《论语·述而》）

——不到他思考而未得结果的时候，不去开导他；不到他想说而不知如何说的时候，不去启发他。

不塞不流，不止不行。（韩愈《原道》）

——不有所堵塞就不能保证流通；不有所停止就不能前进。

至于黯见，上不冠不见也。（《史记·汲黯列传》）

——等到汲黯进见皇上的时候，皇上不戴好帽子不接见汲黯。

以为不一劳者不久佚，不暂废者不永宁。（《汉书·匈奴传》）

——认为不吃一番辛苦就不能长久安逸，不暂时废止就不能长期安宁。

有弗学，学之弗能，弗措也。（《礼记·中庸》）

——除非不学，如要学的话，不把它学会就不罢休。

（五）"非"和"不" 例如：

夫鹓（yuān）雏（chú）……非梧桐不止，非练实不食，非醴泉不饮。（《庄子·秋水》）

——那个鹓雏……不是梧桐树它就不在上面停歇，不是练实它就不吃，不是甜美的泉水它就不喝。

项氏世世将家，有名于楚，今欲举大事，将非其人不可。（《史记·项羽本纪》）

——项家代代都是当大将的，在楚国很有名望；现在要想发动夺取天下的大事，不是他家的人不能成功。

古代汉语的介词 "于" 和 "以"

介词是用来介绍名词、代词给谓语（一般是动词或形容词），表示时间、处所、趋向、原因、方式等等的一种词类，它一般不单独使用，总是和它的宾语构成介词结构用作状语或补语。这类词的大多数是由动词转来或由动词兼任的，只有 "于" 和 "以" 是比较单纯的介词（"以" 也有动词用法，但用例不多）。"于" 和 "以" 的含义和用法都比较灵活，因此，本文重点论述这两个介词的一些主要用法。

一、于

（一）表示动作的所归——用于动词之后，表示动作的归向，也说明动作结果的情况。这种用法的 "于"，大致同现代汉语的介词 "到" "给" 等相当。例如：

投其璧于河。（《左传·僖公二十四年》）

——把那块璧投到黄河里去。

壬寅，公子入于晋师。丙午，入于曲沃。（《左传·僖公二十四年》）

——壬寅这一天，公子重耳来到晋国军队中。丙午这一天，他进入曲沃。

吾王之好鼓乐，夫何使我至于此极也？（《孟子·梁惠王下》）

——我们国王这样爱好音乐，为什么使我苦到这般地步呢？

昔者有馈生鱼于郑子产，子产使校人畜之池。（《孟子·万章上》）

——从前有一个人把一条活鱼送给郑国的子产，子产就让主管池塘的人把它养在池塘里。

吾与汝毕力平险，指通豫南，达于汉阴，可乎？（《列子·汤问》）

——我同你们一起尽力平掉挡在门前的大山，一直通到豫州南部，直达汉水的南面，好吗？

箕畚运于渤海之尾。（《列子·汤问》）

——用箕畚把土石运到渤海边上。

（二）表示动作的所向——用于动词之后，说明动作的方向。这种用法的"于"大致同现代汉语的介词"向""对"等相当。例如：

叶公问孔子于子路。（《论语·述而》）

——叶公向子路问孔子的为人怎么样。

季康子问政于孔子。（《论语·颜渊》）

——季康子向孔子请教政治措施。

有复于王者曰。（《孟子·梁惠王上》）

——有个人向王报告说。

而不及今令有功于国。（《战国策·赵策》）

——不趁现在让他对赵国作出贡献。

顾吾念之，强秦之所以不敢加兵于赵者，徒以吾两人在也。（《史记·廉颇蔺相如列传》）

——但是我想到，强大的秦国所以不敢把军队指向赵国，只是因为我们两个人在啊。

余将告于莅事者。（柳宗元《捕蛇者说》）

——我将向主管的官请求。

（三）表示动作的所自——用于动词之后，说明动作从哪里开始。这种用法的"于"大致同现代汉语的介词"从"相当。例如：

出于五鹿，乞食于野人。（《左传·僖公二十三年》）

——从五鹿出来，向田野的劳动者乞讨食物。

言出于吾口，入于尔耳，谁告建也？（《左传·昭公二十年》）

——话从我嘴里说出来，进入你的耳朵，是谁告诉建的呀？（建，楚平王的太子名。）

吾闻出于幽谷而迁于乔木者，未闻下乔木而入于幽谷者。（《孟子·滕文公上》）

——我只听说过有从幽暗的山谷出来迁移到高大的树木上去的，还没听说过从高大的树木上下来进入幽暗山谷的。

夫鹓雏，发于南海，而飞于北海。（《庄子·秋水》）

——那个鹓雏，从南海出发，一直飞到北海。

以上四例都是两个"于"字对用，前一个表示动作的所自，后一个表示动作的归向。这种表示"从"的"于"也可以单用。例如：

逢蒙学射于羿。（《孟子·离娄下》）

——逢蒙从羿学习射箭。

太史公学天官于唐都，受《易》于扬何，习道论于黄子。（《史记·太史公自序》）

——太史公从唐都学习历法，从扬何学习《易经》，从黄子学习道论。

圣人之所以为圣，愚人之所以为愚，其皆出于此乎？（韩愈《师说》）

——圣人所以成为圣人，愚人所以成为愚人，大概都是由此产生的吧？（此，指"耻学于师"。）

李氏子蟠……学于余。（韩愈《师说》）

——李家的孩子名叫李蟠……跟我学习。

月出于东山之上，徘徊于斗牛之间。（苏轼《前赤壁赋》）

——月亮从东山之上出来，在斗、牛两个星座之间徘徊。

（四）表示动作所在——一般用于动词之后，有时也用于动词之前，说明动作发生的处所。这种用法的"于"，大致同现代汉语的介词"在"相当。例如：

将行，谋于桑下。（《左传·僖公二十三年》）

——将要出发了，在桑树下面商量如何走法。

此所谓战胜于朝廷。（《战国策·齐策》）

——这就是说身在朝廷之上，不须用兵就战胜了敌国。

今王鼓乐于此。（《孟子·梁惠王下》）

——现在王就在这儿奏乐。

秦王斋五日后，乃设九宾礼于廷，引赵使者蔺相如。（《史记·廉颇蔺相如列传》）

——秦王斋戒五天以后，就在大殿上安排了有九个傧相的大礼，请赵国使者蔺相如来行礼。

齐宣王问曰："文王之囿方七十里，有诸？"孟子对曰："于传有之。"（《孟子·梁惠王下》）

——齐宣王问道："听说周文王的狩猎场有七十里见方，真有这事吗？"孟子回答说："在史籍上有这样的记载。"

岛初赴举京师，一日于驴上得句。（胡仔《苕溪渔隐丛话前集》）卷十九引《刘公嘉话》）

——贾岛初到京城应考，一天在驴背上想出了一句诗。

（五）表示动作的范围——用于动词之前，说明动作针对的某点或某一部分。这种用法的"于"同现代汉语的介词"对""对于"或"对……来说""在……里头"相当。例如：

且矫魏王命，夺晋鄙兵以救赵，于赵则有功矣，于魏则未为忠臣也。（《史记·魏公子列传》）

——况且假造魏王的命令，夺取晋鄙的兵权来救赵国，对于赵国是有功了，但对于魏国就不能算是忠臣了。

吾何快于是？（《孟子·梁惠王上》）

——我为什么对于这么做感到痛快呢？

吾于《武成》，取二三策而已矣。（《孟子·尽心下》）

——我对《武成》这一篇，所取的不过两三片竹简罢了。（《武成》，《尚书》中的一篇。策，竹简。）

燕于姬姓独后亡。（《史记·燕世家》）

——燕国在姬姓诸侯国中独独亡得最晚。

（六）表示动作的对象——既可用于动词之前，也可用于动词之后，引进动作的对象。例如：

  故天降丧于殷，罔爱于殷。（《尚书·酒诰》）

——所以天就降下亡国的灾祸给殷王朝，不爱殷王朝了。

  古人有言曰："人无于水监，当于民监。"今惟殷坠厥命，我其可不大监抚于时。（《尚书·酒诰》）

——古人有句话说："人不要拿水当镜子照，应当拿百姓当镜子照。"现在殷王朝坠失了天命，我们怎能不拿这当镜子照。

上引第一例的"于殷"用在动词之后，"殷"是"爱"的对象，从意义上看是"爱"的宾语。第二例的前两个"于"引进的"水"和"民"也都是"监"的对象；"监抚于时"结构与"爱于殷"相同。

（七）引出动作的时间——有时用于动词之后，有时用于动词之前。例如：

  民到于今受其赐。（《论语·宪问》）

——百姓到现在还受到他的好处。

  男女同姓，其生不蕃；晋公子姬出也，而至于今。（《左传·僖公二十三年》）

——男女同姓，结婚以后他们的子孙一定不蕃盛；晋公子重耳是戎族的狐姬生的，他母亲与晋君是同姓，可是重耳却一直活到今天。

  子于是日哭，则不歌。（《论语·述而》）

——孔子在这一天哭泣过，这天他就不唱歌了。

  自吾氏三世居是乡，积于今六十岁矣。（柳宗元《捕蛇者说》）

——自从我们家三代前居住到这儿时起，到现在已经六十年了。

（八）表示动作的原因——用于动词之后。这种用法的"于"有"由于"的意思。例如：

  然后知生于忧患而死于安乐也。（《孟子·告子下》）

——这样就可以知道生存是由于忧患而死亡是由于安乐啊。

  业精于勤，荒于嬉；行成于思，毁于随。（韩愈《进学解》）

——学业的精专是由于勤奋，学业的荒废是由于嬉戏；德行的成就是由于思考，德行的败坏是由于因循。（随，因循，不刻苦。）

（九）表示两方的关系——用于甲、乙两名词之间，有"对于……来说"的意思。例如：

> 麒麟之于走兽，凤凰之于飞鸟，泰山之于丘垤（dié），河海之于
> 行潦，类也。（《孟子·公孙丑上》）

——麒麟对于走兽，凤凰对于飞鸟，泰山对于土堆，河海对于小溪，是同类啊。

> 且今时赵之于秦，犹郡县也。（《史记·张仪列传》）

——现在赵国对于秦国来说，犹如是秦的郡县啊。

（十）"于"用于形容词之后，一般是表示比较。例如：

> 苛政猛于虎也。（《礼记·檀弓下》）

——苛暴的政治比老虎还厉害啊。

> 青，取之于蓝，而青于蓝；冰，水为之，而寒于水。（《荀子·劝学》）

——青颜色是从蓝草中提取出来的，却比蓝草还要青；冰是水变成的，却比水还要冷。

> 毛遂以三寸之舌，强于百万之师。（《史记·平原君列传》）

——毛遂凭三寸长的舌头，却比百万军队还要强大。

> 是故弟子不必不如师，师不必贤于弟子，闻道有先后，术业有
> 专攻，如是而已。（韩愈《师说》）

——所以学生不一定不如老师，老师不一定比学生高明，懂得道理的时间有先有后，在业务上各有各的专门研究，就是这样罢了。

二、以

"以"的主要用法大致可与现代汉语的介词"用""因""由""凭""将（把）""拿"等相当。下面分开来举例。

（一）表所用　例如：

> 杀人以梃与刃，有以异乎？（《孟子·梁惠王上》）

——用木棒打死人和用刀子杀死人，有什么不同吗？

方今之时，臣以神遇而不以目视。（《庄子·养生主》）

——当现在这时候，我只用精神来对待而不用眼睛看它。

愿以十五城请易璧。（《史记·廉颇蔺相如列传》）

——愿意用十五座城来请求换璧。

秦亦不以城予赵，赵亦终不予秦璧。（《史记·廉颇蔺相如列传》）

——秦国也不将城给赵国，赵国也终于不给秦国璧。

今有难，无他端，而欲赴秦军，譬若以肉投馁虎，何功之有哉！

（《史记·魏公子列传》）

——现在有了困难，没有别的办法，却想用少数人去与秦军作战，这就好像把肉投给饥饿的老虎一样。能有什么功效呀！

先帝知臣谨慎，故临崩寄臣以大事也。（诸葛亮《出师表》）

——先帝知道我做事谨慎，所以在去世之前把兴复汉室的大事托付给我。

上列六例中，前二例的"以"与现代汉语的"用"相当，后四例的"以"与现代汉语的"拿""将""把"等相当。

（二）表原因　例如：

君子不以言举人，不以人废言。（《论语·卫灵公》）

——君子不因为话说得好就提拔这个人，不因人不好而鄙弃他的好话。

（秦）前与齐湣王争强为帝，已而复归帝，以齐故。（《战国策·赵策》）

——秦昭王以前同齐湣王争强都称帝号，不久又放弃了帝号，因为齐湣王先放弃帝号的缘故。

夫韩、魏灭亡，而安陵以五十里之地存者，徒以有先生也。

（《战国策·魏策》）

——那韩国、魏国都灭亡了，而安陵凭着五十里的地方却能够存在，只因为有先生你啊。

乃欲以一笑之故杀吾美人，不亦甚乎！（《史记·平原君虞卿列传》）

——竟然因为笑了一下的缘故就要杀我的美人，不也太过分了吗！

赵王岂以一璧之故欺秦邪！（《史记·廉颇蔺相如列传》）

——赵王难道会因为一块璧的缘故就欺骗秦国吗!

蚡弟田胜,皆以<u>太后弟</u>,孝景后三年封蚡为武安侯,胜为周阳侯。(《史记·魏其武安侯列传》)

——田蚡的兄弟叫田胜,他们两人都因为是太后的兄弟,所以在汉景帝后元三年封田蚡为武安侯,封田胜为周阳侯。

(三) 表所用之名义或身份   例如:

胥臣以<u>下军之佐</u>当陈、蔡。(《左传·僖公二十八年》)

——胥臣以下军副帅的身份带兵对付陈、蔡两国的军队。

以<u>人民</u>往观之者三二千人。(《史记·滑稽列传》)

——以人民的名义去观看的有三两千人。

以<u>无忌</u>从之游,尚恐其不我欲也。(《史记·魏公子列传》)

——凭我无忌的身份同他们在一起,还恐怕他们不要我呢。

乃遣武以<u>中郎将</u>使持节送匈奴使留在汉者。(《汉书·李广苏建传·苏武传》)

——就派苏武用中郎将的身份拿着旄节护送扣留在汉朝的匈奴使者回去。

(四) 表凭借、凭仗   例如:

王之所以叱遂者,以<u>楚国之众</u>也。(《史记·平原君虞卿列传》)

——王所以叱我毛遂,是凭仗着楚国士卒的众多啊。

今以<u>秦之强</u>,而先割十五都予赵,赵岂敢留璧而得罪于大王乎?(《史记·廉颇蔺相如列传》)

——现在凭着秦国的强大,就先割十五座城给赵国,赵国难道敢把璧留下来得罪你大王吗?

(五) 表率领   例如:

宫之奇以<u>其族</u>行。(《左传·僖公五年》)

——宫之奇率领他全家族离开了虞国。

公子自度终不能得之于王,计不独生而令赵亡,乃请宾客,约车骑百余乘,欲以<u>客</u>赴秦军,与客俱死。(《史记·魏公子列传》)

——公子无忌自己估量不能从魏王那儿得到军队,他觉得不能让自己一个人活着而让赵国灭亡，于是约集门下的宾客，套好一百多辆马车，想率领门客去同秦军作战，同门客们一起拼死以解救赵国。

（六）表共同（与"与"相当）　例如：

滔滔者天下皆是也，而谁以易之？（《论语·微子》）

——像洪水一样的坏东西到处都是啊，你们同谁去改变它呢？

陛下起布衣，以此属取天下。（《史记·留侯世家》）

——陛下从平民中起来，同这些人一起夺取天下。

（七）表从由　例如：

今以长沙、豫章往，水道多，绝难行。（《汉书·西南夷传》）

——现在从长沙、豫章前去，水路多，极其难走。

今以蒋氏观之，犹信。（柳宗元《捕蛇者说》）

——现在由蒋氏的情况来看，"苛政猛于虎"这句话还是可信的。

（八）表连及　例如：

富以其邻。（《周易·小畜》）

——把富推及他的邻舍（即让邻舍也享有财富）。

拔茅茹以其汇。（《周易·泰》）

——拔茅草就连及到其同类。（汇，类。）

"以"和"于"虽然同属介词，但"以"的词汇意义较实，"于"的词汇意义较虚，它们所构成的介词结构的语法作用也不相同："于……" 多用作补语，"以……"多用作状语。"以……"用作状语时，一般用在中心词之前，有时也可用在中心词之后，试比较下面的句子：

醒，以戈逐子犯。（《左传·僖公二十三年》）

——公子重耳醒了以后，发觉已离开齐国，就拿起戈来追着要刺子犯。

子皙怒。既而橐（gāo）甲以见子南，欲杀之而取其妻。子南知之，执戈逐之。及冲，击之以戈。（《左传·昭公元年》）

——子皙生气了。不久就把铠甲穿在里面去见子南，想杀了他把他的妻子夺取过来。子南知道了他的来意，拿起戈来追赶子皙，追到交通要道，用戈刺中了他。

何可废也？以羊易之。（《孟子·梁惠王上》）

——怎么可以废除呢？用羊代替它。

王笑曰："是诚何心哉！我非爱其财而易之以羊也。"（《孟子·梁惠王上》）

——齐宣王笑着说："这个真是什么心理啊，我不是吝惜钱财才用羊来代替它。"

"以……"的位置不同反映了侧重点的不同：它的位置在动词之前，重点在动词（上例一、三两例的"击"和"易"）上；它的位置在动词之后，重点在介词"以"的宾语（上例二、四两例的"戈"和"羊"）上。试再体会下面的例句（不要以白话译文为准）：

郑人击简子中肩，毙于车中，获其蜂旗。太子救之以戈。（《左传·哀公二年》）

——郑国人击中赵简子的肩头，赵简子倒在车子里面，郑国人夺得了赵的蜂旗。卫国的太子拿着戈来救赵简子。

召虞人以旌，不至。（《孟子·滕文公下》）

——用有羽毛装饰的旌旗召唤管狩猎的人，他不来。

是固尝矫驾吾车又尝啖我以余桃。（《韩非子·说难》）

——这个人原来就曾经假托我的命令驾我的车，又曾经把吃剩下的桃子给我吃。

是后魏王畏公子之贤能，不敢任公子以国政。（《史记·魏公子列传》）

——这以后魏王畏忌公子的才德，不敢把国家的行政大权交给公子。

投我以木瓜，报之以琼琚。（《诗经·卫风·木瓜》）

——他把木瓜投给我，我用玉佩回赠他。

汉王遇我甚厚，载我以其车，衣我以其衣，食我以其食。（《史记·淮阴侯列传》）

——汉王待我的情谊很重，把他的车子给我乘，把他的衣裳给我穿，把他吃的食物给我吃。

"以……"用在中心词之后有时以排比的句式出现。例如：

夫子循循然善诱人，博我以<u>文</u>，约我以<u>礼</u>。（《论语·子罕》）

——老师善于有步骤地诱导我们，用各种文献来丰富我的知识，又用一定的规矩制度来约束我的行为。

昔者，夫子失鲁司寇，将之荆，盖先之以<u>子夏</u>，又申之以<u>冉有</u>，以斯知不欲速贫也。（《礼记·檀弓上》）

——从前，老师丢了鲁国司寇的官位后，将要到楚国去，就曾先打发子夏去表明老师的意思，接着又打发冉有去重申这个意思，由此我知道老师并不主张丢了官要赶快贫穷啊。

昔先王议事以制，不为刑辟，惧民之有争心也，犹不可禁御。是故闲之以<u>义</u>，纠之以<u>政</u>，行之以<u>礼</u>，守之以<u>信</u>，奉之以<u>仁</u>，制为禄位以劝其从，严断刑罚以威其淫。惧其未也，故诲之以<u>忠</u>，耸之以<u>行</u>，教之以<u>务</u>，使之以<u>和</u>，临之以<u>敬</u>，涖之以<u>强</u>，断之以<u>刚</u>。（《左传·昭公六年》）

——从前先王根据发生的事情，随时制定刑法，不预先订好法律，是怕人们了解了法律就会据以彼此争讼；就是这样还禁止不了人们的犯罪。所以就用义来教育大家，预防出现犯罪的行动，用政治措施来纠治他们，用礼来让他们遵照执行，用信来让他们遵守，用仁来教养他们，制定俸禄和官位来鼓励他们顺从教令，严厉地用刑罚来镇压他们的放荡行为。怕这样还不能达到目的，所以又用忠来教诲他们，举示善恶的行为让他们戒惧，把当时的事务揭示在他们面前，用温和态度使用他们，用严肃的态度处理日常事务，用果断的作风处理临时发生的事情，用公正的态度来断决。

古代汉语的连词"则"

"则"是古代汉语中常见的连词，一般用于连接复句中的分句，其常见用法有下列几种。

一、连接承接的分句　例如：

郑穆公使视客馆，则束载厉兵秣马矣。（《左传·僖公三十三年》）

——郑穆公派人到宾馆去看看秦国的杞子等人，见他们已经在套牲口驾车、磨武器、喂马了。

公使阳处父追之，及诸河，则在舟中矣。（《左传·僖公三十三年》）

——晋襄公派阳处父去追孟明等三帅，追到黄河才赶上他们，可他们已经在船里了。

使子路反见之，至则行矣。（《论语·微子》）

——孔子让子路回去再看看那荷蓧丈人，子路到了那儿，人家都已经离开了。

其子趋而往视之，苗则槁矣。（《孟子·公孙丑上》）

——他的儿子跑了去一看，禾苗已经枯萎了。

问之，则曰："吾祖死于是，吾父死于是，今吾嗣为之十二年，几死者数矣。"

——问他，他就说："我的祖父死在这件事上，我的父亲死在这件事上，现在我接着干了十二年，差点儿死去的已经好多次了。"

二、连接并列的分句 这种用法多用以表示对待的关系。例如：

子女玉帛，则君有之；羽毛齿革，则君地生焉。（《左传·僖公二十三年》）

——子女玉帛，您已经有了，鸟羽、兽毛、象牙、牛皮等则是您的土地上出产的。

其自为谋也，则过矣；其为吾先君谋也，则忠。（《左传·成公二年》）

——他如果是为自己打算的，那就是错误了；如果是为我们先君打算的，那就是忠的表现。

非其道，则一箪食不可受于人；如其道，则舜受尧之天下不以为泰。（《孟子·滕文公下》）

——如果不合理，就一篮饭也不可以接受别人的；如果合理，舜接受了尧的天下也不算过分。

居庙堂之高则忧其民，处江湖之远则忧其君。（范仲淹《岳阳楼记》）

——处在朝廷的高位时就为百姓操心，身在江湖等荒远之地，就为君王担忧。

三、连接因果关系的分句　例如：

水懦弱，民狎而玩之，则多死焉。（《左传·昭公二十年》）
——水看来柔弱，人们不以为意地在水里耍弄，就很容易死在里面。
是故财聚则民散，财散则民聚。（《礼记·大学》）
——所以如果把大家的财物都积聚到你这儿，人民就会逃散；如果把财物分散给大家，人民都聚拢在你身边。
思则得之，不思则不得也。（《孟子·告子上》）
——思考就会得出结果，不思考就得不出结果。

君不如肉袒伏斧质请罪，则幸得脱矣。（《史记·廉颇蔺相如列传》）

——您不如裸露出身体趴在刑具上请求治罪，那就侥幸可以免罪了。

四、连接转折的分句　例如：

寡人愿事君朝夕不倦，将奉质币以无失时，则国家多难，是以
不获。（《左传·昭公三年》）

——我愿意早晚侍奉您一刻也不松懈，将要按时给您送上贡品，但是国家不断发生困难，因此未能实现。

竭力以事大国，则不得免焉。（《孟子·梁惠王下》）

——尽心竭力地服事大国，还是不能免于祸患。

爱其子，择师而教之；于其身也，则耻师焉。（韩愈《师说》）

——爱他自己的孩子，知道要选择老师来教他；对于他自己呢，却以向人学习为可耻。

君将哀而生之乎？则吾斯役之不幸，未若复吾赋不幸之甚也。
（柳宗元《捕蛇者说》）

——您将要可怜我而让我活下去吗？那我这个差使的不幸，还没有恢复我的赋税那样不幸得厉害啊。

五、连接假设的分句　例如：

女则有大疑，谋及乃心，谋及卿士，谋及庶人，谋及卜筮。
（《尚书·洪范》）

——你如果有大疑难事不能决断，在你的心里考虑研究，同卿士商量，同众百姓商量，用占卜来帮助决断。

心则不竞，何惮于病。（《左传·僖公七年》）

——心如果不要强，那就何必责怪病呢。

今闻章邯降项羽，项羽乃号为雍王，王关中。今则来，沛公恐
不得有此。（《史记·高祖本纪》）

——现在听说章邯投降了项羽，项羽封他为雍王，把关中画给他统治。

现在他如果来争夺，沛公恐怕就不能占有这儿了。

项王乃谓海春侯大司马曹咎等曰："谨守成皋，则汉欲挑战，慎勿与战。"（《史记·项羽本纪》）

——项王就对海春侯大司马曹咎等说："好好地守住成皋，如果汉方来挑战，务必不要同他们作战。"

古代汉语的助词

古代汉语助词的语法特点同现代汉语差不多，所不同的就是古代汉语只有语气助词和结构助词两种；现代汉语的"了""着""过"原来都是动词，后来逐渐虚化，才发展成为时态助词。

一、语气助词

古代汉语的语气助词有时可以表示几种语气，为了叙述的方便，这里就不按语气来分类，而只把一些常用的语气助词列出来，说明它们有哪些主要的用途。

（一）"也"

它是古代汉语中最常用的语气助词，在现代汉语中没有一个语气助词能同它完全相当，有些地方像"啊"，有些地方像"呢"，有些地方似乎可以不用。"也"在句子里的位置有时用在句中，有时用在句尾，下面分开来谈。

1. 用在句尾

这种用法的"也"字，陈述、疑问、感叹、祈使的语气都能表示，但最主要是表示陈述语气。

（1）在陈述句中表示判断（肯定、否定）　例如：

其或继周者，虽百世可知也。（《论语·为政》）

——假定有继承周朝而当政的人，就是以后一百代，也是可以预先知道的。

非敢后也，马不进也。（《论语·雍也》）

——不是我敢于殿后啊，是马不肯快走的缘故。

知不足，然后能自反也；知困，然后能自强也。（《礼记·学记》）

——知道还有不够的地方，这才能反回来要求自己啊；知道有困惑不通的地方，这才能鞭策自己努力不懈啊。

王不行，示赵弱且怯也。（《史记·廉颇蔺相如列传》）

——王如不去，这就表示赵国弱而且胆怯啊。

（2）在陈述句中表示解释　例如：

古者言之不出，耻躬之不逮也。（《论语·里仁》）

——古时候言语不轻易出口，就是怕自己的实践赶不上啊。

橘生淮南则为橘，生于淮北则为枳，叶徒相似，其实味不同。所以然者何？水土异也。（《晏子春秋·内篇杂下》）

——橘树生长在淮河以南就是橘树，生长在淮河以北就是枳树，它们的叶子徒然相似，它们的果实和味道都不同。为什么这样呢？水土不同啊。

赵王侍酒至暮，口不忍献五城，以公子退让也。（《史记·魏公子列传》）

——赵王陪着公子无忌饮酒一直陪到天黑，嘴里没办法说出要献五个城邑的话，因为公子无忌的态度太谦退礼让啊。

苍颜白发，颓乎其间者，太守醉也。（欧阳修《醉翁亭记》）

——苍老的面容、银白的头发，醉醺醺地坐在众人中间的，那是太守醉啦。

（3）在陈述句中表示坚决语气　例如：

故王之不王，不为也，非不能也。（《孟子·梁惠王上》）

——所以王的不行仁政来统一天下，是不肯那么干啊，不是不能那么干啊。

则吾斯役之不幸，未若复吾赋不幸之甚也。（柳宗元《捕蛇者说》）

——我这项差使的不幸，还没有恢复我的赋税的不幸那么厉害啊。

（4）用于特指疑问句　例如：

出门同人，又谁咎也？（《周易·同人·象传》）

——出门遇人都随顺，那还怪罪谁呢？

夫子何哂由也？（《论语·先进》）

——老师为什么笑仲由呢？

孟尝君怪而问之曰：此谁也？（《战国策·齐策》）

——孟尝君感到奇怪，问道：这个人是谁啊？

国君去其国，止之曰：奈何去社稷也？（《礼记·曲礼下》）

——国君离开他的国家，有人阻止他说：为什么离开社稷啊？

(5) 用于选择疑问句　例如：

敢问天道乎？抑人故也？（《国语·周语》）

——请问这是天的规律呢？还是人的缘故啊？

不识臣之力也？君之力也？（《韩非子·难二》）

——不知道是臣的力量呢？还是君的力量啊？

乃复问被曰："公以为吴兴兵，是邪？非也？"（《史记·淮南衡山列传》）

——就又问伍被说："您认为吴国起兵，是对呢？还是不对呢？"

岂吾相不当侯邪？且固命也？（《史记·李将军列传》）

——难道我的骨相注定我不该封侯么？还是本来命该如此呢？

(6) 用于反诘疑问句　例如：

今孤之不得意于天下，非皆二子之忧也？（《管子·戒篇》）

——现在我在天下还不那么顺手，不都是你们二位所忧虑的吗？（二子，指管仲和隰朋。）

然则乡之所谓知者，不乃为大盗积者也？（《庄子·胠箧》）

——那么从前认为是聪明的做法，不正好是替大盗积攒的吗？

今吾视先生之玉貌，非有求于平原君者，曷为久居此围城之中而不去也？（《战国策·赵策》）

——现在我看您的相貌，不是对平原君有什么请求的人，为什么老是住在这被围困的城中还不离开啊？

岂以仁义为不美也？（《孟子·公孙丑下》）

——难道认为仁义不好吗？

（7）用于感叹句　例如：

　　君子人与？君子人也！（《论语·泰伯》）

——是君子人吗？是君子人呀！

　　嗟乎！大丈夫当如此也！（《史记·高祖本纪》）

——哎呀！大丈夫应当这样呀！

（8）用于祈使句　例如：

　　皆奖王室，无相害也！（《左传·僖公二十八年》）

——都是协助周王朝，不要互相伤害呀！

　　寡人已知将军能用兵矣；寡人非此二姬，食不甘味，愿勿斩也！

（《史记·孙子吴起列传》）

——我已经知道将军善于带兵了；我没有这两个姬妾，吃饭也不香，希望不要杀她们吧！

　　2. 用于句中表示停顿，与现代汉语的"啊"相当，主要用法有下列几种。

（1）用于主语之后　例如：

　　女也不爽，士贰其行。（《诗经·卫风·氓》）

——女子没有差错，而男子的行为却是不对的。

　　赐也何敢望回。（《论语·公冶长》）

——我端木赐怎敢同颜回相比。

　　蔑也今而后知吾子之信可事也。（《左传·襄公三十一年》）

——我鄹（zōng）蔑从今以后知道您实在可以成事啊。

　　子产之从政也，择能而使之。（《左传·襄公三十一年》）

——子产的处理政事啊，选择有才能的人加以使用。

（2）用于时间词、副词之后　例如：

　　听讼，吾犹人也。必也使无讼乎！（《论语·颜渊》）

——审理诉讼，我同别人差不多。一定啊，要使诉讼的事件完全消灭才好。

　　于我乎每食四簋（guǐ），今也每食不饱。（《诗经·秦风·权舆》）

——对我说来，从前每顿饭总要有四簋的食物，现在啊，每顿都吃不饱。

（簋，古代盛食物的器具。）

古也墓而不坟。（《礼记·檀弓下》）

——古时候只是埋葬而不在上面堆土、种树。（古时埋葬后不堆土、种树的叫墓，在上面堆土的叫坟。）

古者冠缩缝，今也衡缝。（《礼记·檀弓上》）

——古时候帽子纵缝，现在横缝。（衡，通"横"。）

3.用于分句之后例如：

今由与求也相夫子，远人不服而不能来也，邦分崩离析而不能守也；而谋动干戈于邦内。（《论语·季氏》）

——现在仲由和冉求两个人，辅助季孙，远方的人不归服，却不能把他们招来，国家支离破碎，却不能保全；反而想在国境以内使用武力。

且而与其从辟人之士也，岂若从辟世之士哉？（《论语·微子》）

——你与其跟着孔丘那种逃避坏人的人，难道能比得上跟着我们这些逃避整个社会的人吗？（而，你。辟，同"避"。）

听其言也，可以知其所好矣。（《大戴礼记·曾子立事》）

——听他说的话啊，就可以知道他喜好的是什么了。

狗彘食人食而不知检，途有饿莩（piǎo）而不知发；人死，则曰："非我也，岁也。"是何异于刺人而杀之，曰："非我也，兵也。"（《孟子·梁惠王上》）

——富贵人家的狗和猪吃掉了百姓的粮食，却不加以检查和制止，道路上有饿死的人，却不曾想到应该打开仓廪来赈救百姓；老百姓死了，竟然说："这不是我的罪过啊，是年成不好啊。"这同用兵器把人刺死了，却说"这不是我的罪过，是兵器把他杀死的啊"有什么区别？

4.用于列举　例如：

凡为天下国家者有九经，曰：修身也，尊贤也，亲亲也，敬大臣也，体群臣也，子庶民也，来百工也，柔远人也，怀诸侯也。（《礼记·中庸》）

——凡是治理天下国家有九条原则，叫做：修养自身，尊重贤人，亲近亲族，敬重大臣，体恤众臣，爱护百姓，招来各种工匠，笼络边远地区的民族，安抚各方诸侯。

（二）"矣"

也是古代汉语中常用的语气助词，但比"也"的应用范围略窄一些，一般用在句尾，同现代汉语的语气助词"了"相当。陈述、疑问、感叹、祈使四种语气，它都能表示：

1. 用于陈述句　例如；

> 晋侯在外，十九年矣，而果得晋国。险阻艰难，备尝之矣，民之情伪，尽知之矣。（《左传·僖公二十八年》）

——晋侯在外流亡了十九年了，终于回国做了国君。各种困难的遭遇，他都经历过了，百姓的真假虚实，他都很了解了。

> 且君尝为晋君赐矣。（《左传·僖公三十年》）

——而且您已经给晋君施加过恩赐了。

> 其子趋而往视之，苗则槁矣。（《孟子·公孙丑上》）

——他的儿子跑去一看，苗已经枯萎了。

> 有蒋氏者，专其利三世矣。（柳宗元《捕蛇者说》）

——有个姓蒋的人家，专享捕蛇免税的利益已经三代人了。

2. 用于疑问句　例如：

> 无妄之往，何之矣？（《周易·无妄》）

——无妄卦的往，是往什么地方啊？

> 啜其泣矣，何嗟及矣？（《诗经·王风·中谷有蓷（tuī）》）

——哽咽地哭泣了，悔恨怎么才来得及呀？

> 侯谁在矣？张仲孝友。（《诗经·小雅·六月》）

——谁在这儿？孝友的张仲在这儿。（侯，语首助词。孝，对父母好。友，对兄弟好。）

> 危而不持，颠而不扶，则将焉用彼相矣？（《论语·季氏》）

——譬如盲人遇到危险，他的助手不去扶持；将要摔倒了，他的助手不去搀扶，那又何必用助手呢？

3. 用于感叹句 例如：

美哉禹功！明德远矣！ （《左传·昭公元年》）

——禹的功德真了不起啊！完美的德行流传得久远呀！

哙（kuài）曰：“此迫矣！” （《史记·项羽本纪》）

——樊哙说：“这可紧急啦！”

迩矣西土之人！ （《尚书·牧誓》）

——我们西方的人已经走得很远啦！

展矣君子！ （《诗经·邶风·雄雉》）

——那个君子可诚实啊！

甚矣吾衰也！ （《论语·述而》）

——我衰老得多么厉害呀！

甚矣！汝之不惠。 （《列子·汤问》）

——你的不聪明可厉害呀！

4. 用于祈使句 例如：

孟尝君不说（yuè）曰：“诺，先生休矣！” （《战国策·齐策》）

——孟尝君不高兴地说：“好了，先生算了吧！”

三窟已就，君姑高枕为乐矣！ （《战国策·齐策》）

——三个洞已经打好了，您就把枕头放高了作乐吧！

（三）“乎”

它也可用于句中和句尾，主要用于疑问句和感叹句。

1. 用于句尾

（1）用于一般疑问句 例如：

滕小国也，间于齐楚。事齐乎？事楚乎？ （《孟子·梁惠王下》）

——滕国是个小国啊，夹在齐、楚两个大国之间。是服事齐国呢，还是服事楚国呢？

汝弗知夫螳螂乎？ （《庄子·人间世》）

——你不知道那螳螂吗？

料大王士卒足以当项王乎？ （《史记·项羽本纪》）

——估量大王的士卒能够抵挡项王吗?

若毒之乎? (柳宗元《捕蛇者说》)

——你怨恨捕蛇这个差使吗?

(2) 用于反诘疑问句　例如:

此二士弗业, 一女不朝, 何以王齐国、子万民乎? (《战国策·齐策》)

——这两个士人, 不让他们做官成就功业; 一个女子, 不赏她封号; 那凭什么来治理齐国、做万民的父母呢?

谋之二十二年, 一旦而弃之, 可乎? (《史记·越王勾践世家》)

——算计了它二十二年, 一下子就放弃了, 可以这样做吗?

王侯将相宁有种乎? (《史记·陈涉世家》)

——王侯将相难道有种吗?

其妻曰: "嘻! 子毋读书游说, 安得此辱乎?" (《史记·张仪列传》)

他的妻子说: "嗨! 你不要读书和游说诸侯, 哪里会受到这种羞辱呢?"

吾岂可以乡利倍义乎? (《史记·淮阴侯列传》)

——我难道可以图私利而背弃道义吗?

(3) 用于感叹句　例如:

长铗归来乎! 食无鱼。 (《战国策·齐策》)

——长铗啊, 咱们还是回去吧! 吃饭时都没有鱼。

越十年生聚, 十年教训, 二十年之外, 吴其为沼乎! (《左传·哀公元年》)

——越国用十年时间来繁殖人口、聚积物力, 用十年时间对百姓进行教育、训练, 二十年之后, 吴国的宫室大概要成为池沼了吧!

呜呼! 孰知赋敛之毒有甚是蛇者乎! (柳宗元《捕蛇者说》)

——啊呀! 谁知道赋税的毒害却比这种毒蛇更厉害的呀!

2. 用于句中　例如:

巍巍乎, 舜禹之有天下也而不与焉! (《论语·泰伯》)

——崇高得很呀，舜和禹贵为天子、富有四海，却一点也不为自己。

恢恢乎其于游刃必有余地矣。（《庄子·养生主》）

——宽宽绰绰地对于活动刀刃一定有运转的余地。

默默乎河伯，女恶知贵贱之门，小大之家！（《庄子·秋水》）

——河伯不要说话了！你哪知道物理贵贱的关键和物量小大的种种不同呢?

惜乎！子不遇时！如令子当高帝时，万户侯岂足道哉！（《史记·李将军列传》）

——可惜啊！你没有遇到机会！如让你遇到高帝的时候，封个万户侯又算得了什么呢！

（四）“哉”

一般用以表示疑问和感叹的语气。

1. 用于特指问句　例如：

天实为之，谓之何哉？（《诗经·邶风·北门》）

——天要这么做，我能把它怎么样呢?

天何言哉？（《论语·阳货》）

——天说了什么呢?

君如彼何哉？（《孟子·梁惠王下》）

——您怎样去对付他呢?

汲黯何如人哉？（《史记·汲郑列传》）

——汲黯是什么样的人呀?

这种用法的“哉”字，有时可与谓语一起提在主语之前。例如：

何哉，尔所谓达者？（《论语·颜渊》）

——你所说的达是什么意思?

何哉，君所为轻身以先于匹夫者？（《孟子·梁惠王下》）

——您不尊重自己的身份，而先去拜访一个普通人，为的是什么呀?

2. 用于反诘问句　例如：

礼云礼云，玉帛云乎哉？乐云乐云，钟鼓云乎哉！（《论语·阳货》）

——我们经常所讲的礼，难道仅是指玉帛等等礼物而说的吗？我们经常所讲的乐，难道仅是指钟鼓等等乐器而说的吗？

　　　　今楚国虽小，绝长续短，犹以数千里，岂特百里哉？（《战国策·楚策》）

——现在楚国虽然小，截长补短，还有数千里见方的土地，难道只是百里见方吗？

　　　　岂人主之子孙则必不善哉？（《战国策·赵策》）

——难道为人君主的子孙就一定都不好吗？

　　　　岂非计久长，有子孙相继为王也哉？（《战国策·赵策》）

　——难道不是作长远打算，使子孙一代代相继不断为王的吗？

3. 用于感叹句　　可以用于句尾，也可用于句中。

（1）用于句尾　　例如：

　　　　人焉廋哉！人焉廋哉！（《论语·为政》）

——这个人怎样隐蔽得了呀！这个人怎样隐蔽得了呀！

　　　　得其所哉！得其所哉！（《孟子·万章上》）

——它得到好地方啦！它得到好地方啦！

　　　　嗟乎！燕雀安知鸿鹄之志哉！（《史记·陈涉世家》）

——哎呀！燕子、麻雀哪里了解天鹅的志向呀！

　　　　上读《子虚赋》而善之，曰：朕独不得与此人同时哉！（《史记·司马相如列传》）

—— 皇上读了《子虚赋》后认为它写得非常好，说：我就不能够跟这位作者同时呀！

（2）用于句中　　例如：

　　　　善哉民之主也！（《左传·襄公二十七年》）

　——好得很呀人民的主人啊！

　　　　大哉尧之为君也！（《论语·泰伯》）

——尧的为君真伟大啊！

　　　　美哉轮焉！美哉奂焉！（《礼记·檀弓下》）

——华美啊，多么高大呀！华美啊，多么鲜明呀！

有风飒然而至，王乃披襟而当之，曰："快哉此风！"（宋玉《风赋》）

——一阵风飒飒地吹来了，楚襄王敞开衣襟迎着吹来的清风，说："好畅快呀这阵风！"

（五）"耶（邪）"

一般用以表示疑问和感叹的语气。

1. 用于一般疑问句　例如：

岁亦无恙耶？民亦无恙耶？王亦无恙耶？（《战国策·赵策》）

——年成还好吗？百姓们还好吗？齐王还好吗？

敢问公之所读为何言邪？（《庄子·天道》）

——请问您读的那上面说的什么呀？

上召布骂曰：若与彭越反邪？（《史记·栾布传》）

——皇上把栾布召来骂他说：你同彭越一起造反吗？

君未谕前画意邪？（《汉书·霍光传》）

——你没有懂得上次给你那幅画的意思吗？

2. 用于反诘疑问句　例如：

若乃梁，则吾乃梁人也，先生恶（wū）能使梁助之耶？（《战国策·赵策》）

——至于说到梁国，我就是梁国人啊，先生哪能使梁国帮助赵国呀？

十人而从一人者，宁力不胜、智不若耶？（《战国策·赵策》）

——十个人服从一个人，难道这十个人的力量超不过这一个人，智力赶不上这一个人吗？

天下方有急，王孙宁可以让邪？（《史记·魏其武安侯列传》）

——天下正有急难，需要你出来，王孙难道可以推辞吗？（王孙，窦婴的字。）

王非若主耶？何自敢言若主！（《史记·田叔列传》）

——鲁王不是你的主人吗？为何竟敢说你主人！

3. 用于感叹句　例如：

乾坤其《易》之门邪！（《周易·系辞下》）

——乾、坤两卦大概是《易经》的门户吧！

天之苍苍，其正色邪！其远而无所至极邪！（（《庄子·逍遥游》）

——天那么深蓝，大概是它的真正的颜色啊！它深远得没有尽头啊！

于是鸱得腐鼠，鹓（yuān）雏过之，仰而视之曰："吓！"今子欲以子之梁国而吓我邪？（《庄子·秋水》）

——这时候，鸱鹰获得一个烂老鼠，鹓雏从上面飞过，鸱鹰只怕来抢它的烂老鼠，它仰起头来看着鹓雏，喊了一声"吓"。现在你把你的梁国当作宝贝像鸱鹰那样"吓"我呀！

庄生惊曰："若不去邪！"（《史记·越王勾践世家》）

——庄生大吃一惊说："你还没有走呀！"

（六）"欤（与）"

一般用以表示疑问和感叹的语气。

1. 用于一般疑问句　例如：

子禽问于子贡曰："夫子至于是邦也，必闻其政。求之与？抑与之与？"（《论语·学而》）

——子禽向子贡问道："老师一到那个国家，必然听得到那个国家的政事，是求来的呢？还是人家自动告诉他的呢?"

商君曰："子不说（yuè）吾治秦与？"（《史记·商君列传》）

——商君说："我治理秦国您不高兴吗?"

伯鱼之母死，期而犹哭。夫子问之曰："谁与哭者？"（《礼记·檀弓上》）

——伯鱼的母亲死了，一年以后伯鱼还在哭。孔子问："哭的是谁呀?"

岂得之难而失之易欤？（欧阳修《伶官传序》）

——难道是得到它困难，而丢掉它容易吗？

2. 用于反诘疑问句　例如：

一朝之忿，忘其身以及其亲，非惑与？（《论语·颜渊》）

——因为偶然的忿怒便忘记了自己，甚至忘记了父母，不是糊涂吗？

然则为天下独可耕且为与？（《孟子·滕文公上》）

——那么，难道管理国家就可以在耕种的同时干得了的吗？

子非三闾大夫欤？（《史记·屈原贾生列传》）

——您不是三闾大夫吗？

势之于人，可不慎与？（《史记·楚世家》）

——权势对于人来说，能不慎重吗？

3. 用于感叹句　例如：

臧文仲其窃位者与！（《论语·卫灵公》）

——臧文仲大概是个做官不管事的人啊！

其是吾弟与！（《史记·刺客列传》）

——大概是我的弟弟吧！

（七）"焉"

它本来是个代词，有时可代替"之"，有时可代替"于是"或"于之"。"焉"用作语气助词主要表示陈述语气，也可以表示疑问和感叹的语气。

1. 用于陈述句中　例如：

于其出焉，使公子彭生送之；于其乘焉，搚干而杀之。（《左传·庄公元年》）

——当他出去的时候，叫公子彭生送他；当他乘车的时候，折断他的肋骨，杀死他。（搚 lā，折断。）

君子病无能焉，不病人之不己知也。（《论语·卫灵公》）

——君子只怕自己没有才能，不怕人家不知道自己。

自此冀之南、汉之阴，无陇断焉。（《列子·汤问》）

——从此冀州的南部、汉水的南面，连一个土丘也没有了。

后百余年而有晏子焉。（《史记·管晏列传》）

——管仲以后的一百多年齐国又出了个晏子。

2. 用于疑问句　例如：

嗟行之人，胡不比焉？（《诗经·唐风·杕杜》）

——嗟叹那行路之人，为何不辅助我呢？

既富矣，又何加焉？（《论语·子路》）

——已经富裕了，还该怎么办呢？

王若隐其无罪而就死地，则牛羊何择焉？（《孟子·梁惠王上》）

——王如果说可怜它毫无罪过却被送进屠场，那么宰牛和宰羊又有什么不同呢？

及夏之时，有卞随、务光者，此何以称焉？（《史记·伯夷列传》）

——到了夏朝的时候，有卞随、务光那样的隐士，这些人以什么来称赞他们呢？

3.用于感叹句　例如：

君哉舜也！巍巍乎，有天下而不与焉！（《孟子·滕文公上》）

——舜是一位了不起的天子呀！多么崇高呀，有了天下，自己却不享受呀！

使其中无可欲者，虽无石椁（guǒ），又何戚焉？（《史记·张释之冯唐列传》）

——假如在棺材里没有人们所想要的东西，即使外面没有石椁，那又愁什么有人盗挖呢？

（八）"耳"

它是用在句末的语气助词，主要用以表示限止，意思与"而已"相同，在句中有时用"直""仅""但""不过"等词同它相应。例如：

二三子！偃之言是也，前言戏之耳。（《论语·阳货》）

——二三子！言偃的这话是正确的，我刚才那句话不过同他开玩笑罢了。

直不百步耳，是亦走也。（《孟子·梁惠王上》）

——只不过他没有跑到一百步罢了，但这也是逃跑呀。

口耳之间，则四寸耳。（《荀子·劝学》）

——嘴和耳朵之间的距离，只是四寸罢了。

狡兔有三窟，仅得免其死耳。（《战国策·齐策》）

——狡猾的兔子有三个洞，才能免除被逮去弄死罢了。

曩者霸上、棘门军若儿戏耳。(《史记·周勃世家》)

——从前霸上、棘门的军队像是儿戏罢了。

从此道至吾军,不过二十里耳。(《史记·项羽本纪》)

——从这条路到我军驻地,不过二十里路。

在有些句子中,"耳"的限止作用转轻,往往表示因果的关系。例如:

此子贤者,世莫能知,故隐屠间耳。(《史记·魏公子列传》)

——这个人是个德才都好的人,世上人没有了解他的,所以才藏身在肉市里。

晋鄙嚄(huò)唶(zè)宿将,往恐不听,必当杀之,是以泣耳。(《史记·魏公子列传》)

——晋鄙是个很有威名的老将,我们去了他恐怕不会听从我们,交出兵权,这就一定要打死他,因此才哭啊。

(九)"尔"

用于句末,表示限止、必然、疑问等语气。

1.用于限止,意与"而已"相同 例如:

不崇朝而遍雨乎天下者,唯泰山尔。(《公羊传·僖公三十一年》)

——能在一个早晨就让雨下遍了天下的,只有泰山而已。

非死则徙尔。(柳宗元《捕蛇者说》)

——不是死了就是搬到别处去啦。

2.用于表示必然的语气 例如:

郁陶思君尔。(《孟子·万章上》)

——我好想念您呀! (郁陶,思念貌。)

君若用臣之谋,则今日取郭明日取虞尔。(《公羊传·僖公二年》)

——您如果采纳我的计策,那么今天攻取了郭国,明天就可以取得虞国。

3.用于表示疑问 例如:

然则何言尔?(《公羊传·隐公元年》)

——那么说什么呢?

何讥尔?(《公羊传·隐公二年》)

——讥讽什么呀？

二、结构助词

古代汉语的结构助词有两个，即"者"和"之"。对于这两个词的词性，语法学界的看法很不一致。我们觉得这两个词在句中主要是起结构作用，因此把它们列为结构助词。

（一）"者"

它同形容词、动词结合就成为名词，同现代汉语的"的字结构"差不多。例如"言者无罪，闻者足戒"的"言者"和"闻者"，就是"说话的"和"听话的"。"者"同其他词结合时，虽不能与"的"完全相应，但其形式则是一个完整的结构。"者"还可用在判断句表示语音的停顿，可以列为语气助词，对于这种用法，这里就不加讨论了。

1. 与形容词结合　例如：

叶公问政。子曰："近者悦，远者来。"（《论语·子路》）

——叶公问政治。孔子说："使境内的人高兴，使境外的人都来归附。"

夫黄雀其小者也。（《战国策·楚策》）

——那黄雀还是其中比较小的啊。

贤者识其大者，不贤者识其小者，莫不有文武之道焉。（《论语·子张》）

——贤能的人便抓住大处，不贤能的人只抓些末节，无处没有文王、武王之道。

为长者折枝，语人曰："我不能。"（《孟子·梁惠王上》）

——替老年人折取树枝，对人说："这个我办不到。"

2. 与动词结合　例如：

逝者如斯夫！不舍昼夜。（《论语·子罕》）

——一去不复回的就像这样吧！白日黑夜不停地奔驰。

往者不可谏，来者犹可追。（《论语·微子》）

——过去的不能再挽回，未来的还来得及。

古之学者必有师。（韩愈《师说》）

——古代学习的人一定要有老师。

至于负者歌于途，行者休于树，前者呼，后者应，伛（yǔ）偻（lǚ）提携，往来而不绝者，滁人游也。（欧阳修《醉翁亭记》）

——至于那些背东西的人在路上唱着歌，走路的人在树下休息，走在前面的呼着，走在后面的应着，老年人弯着腰走，小孩子由大人拉着走，连续不断地来来往往的人，都是滁州人来此游玩啊。

3. 与其他词结合　例如：

古者言之不出，耻躬之不逮也。（《论语·里仁》）

——古时候言语不轻易出口，就是怕自己的实践赶不上啊。

莫春者，春服既成。（《论语·先进》）

——暮春三月的时候，春天的衣服已经穿定了。

鱼我所欲也，熊掌亦我所欲也；二者不可得兼，舍鱼而取熊掌者也。（《孟子·告子上》）

——鱼是我喜欢的，熊掌也是我喜欢的；如果两者不能同时兼有，就放弃鱼而要熊掌。

何者？严大国之威以修敬也。（《史记·廉颇蔺相如列传》）

——赵王那么做是为什么呢？是为了尊重你们大国的威望以加强我们的敬意啊。

若入前为寿，寿毕，请以剑舞，因击沛公于坐，杀之。不者，若属皆且为所虏。（《史记·项羽本纪》）

——你进去上前敬酒祝福，祝福完了，要求舞剑助兴，借机会在席间刺沛公，把他杀了。如不这么做，你们都将要被他所俘虏。

4. 与词组结合　例如：

有粮者亦食（sì），无粮者亦食。（《战国策·齐策》）

——钟离子对有粮食的人，也给他吃；对于没有粮食的人，也给他吃。

宋人有耕田者。（《韩非子·五蠹》）

——宋国有个耕地的人。

　　乃歌夫"长铗归来"者也。（《战国策·齐策》）

——就是唱那个"长铗归来"的人啊。

　　视吾家所寡有者。（《战国策·齐策》）

——看我家里少的你就给买一些。

　　求人可使报秦者。（《史记·廉颇蔺相如列传》）

——找一个能够到秦国作答复的人。

　　以啮（niè）人，无御之者。（柳宗元《捕蛇者说》）

——让这种蛇咬人，就没有能受得了的。

（二）"之"

同现代汉语的结构助词相当。例如：

　　微君之故，胡为乎中露？（《诗经·邶风·式微》）

——不是因为您啊，我为什么站在露水之中？

　　今急而求子，是寡人之过也。（《左传·僖公三十年》）

——现在情况紧急了才来求您，这是我的错误啊。

　　燕雀安知鸿鹄（hú）之志哉！（《史记·陈涉世家》）

——燕子、麻雀哪里了解天鹅的志向呀！

　　缘溪行，忘路之远近。（陶渊明《桃花源记》）

——沿着溪向前走，忘掉了走了多少路。

"之"还可以夹在主谓结构的主谓之间，使之失去独立性。例如：

　　晋公子重耳之及于难也，晋人伐诸蒲城。（《左传·僖公二十三年》）

——晋公子重耳被骊姬陷害而亡命国外的时候，晋国派人到蒲城去攻伐他。

　　魏王怒公子之盗其兵符，矫杀晋鄙，公子亦自知也。（《史记·魏公子列传》）

——魏王对公子无忌偷他的兵符，假托命令杀了晋鄙这一系列事情很生气，公子自己也知道。

　　故王之不王，非挟泰山以超北海之类也；王之不王，是折枝之类也。（《孟子·梁惠王上》）

——所以王的不行仁政，不是属于挟着泰山去跳越北海那一类啊；王的不行仁政是属于替老年人折取树枝那一类啊。

强秦之所以不敢加兵于赵者，徒以吾两人在也。（《史记·廉颇蔺相如列传》）

——强大的秦国不敢对赵国用兵的原因，只是由于我和廉颇两人还在赵国啊。

以上四例中的"之"字都用在主语和谓语之间，使得原来的主谓结构失去了独立成句的作用而只能看作一个词组。

古代汉语的词类活用

古代汉语的实词和虚词各有自己的类属，这是毫无疑问的事情，但在一定的语言环境中却有其灵活性，可以临时改变词性，如名词可以用为动词，不及物动词可以用为及物动词等等。这种临时的词性转换，是有一定的范围和条件的，不能任意变化；而且各种词类转换的范围和条件也是近于定型化了的。例如我们说名词用为动词，是说它本来是名词，这里临时当动词用一下；在转换的时候有意义上的关联（这是范围），有语法上的要求（一般要求带宾语或处于谓语位置，这是条件），没有这些，它就不能转换词类。

一、名词的活用

这里谈两个问题，即名词用为动词和名词作状语。前者是词类临时转换问题，后者是这一词类的句法功能问题。

（一）名词用为动词

这主要是说有些名词在一定的范围内和一定的条件下当动词用（不包括使动用法和以动用法）。这种词类的临时转换，有的是由于这个名词所表示的事物可以用于某种行动，因而把它临时用来表示这些动作；有的是由这个名词的意义因比喻、引申而临时表示有关的动作。这些用法在现代汉语中有时还出现。例如，在北方话地区，把"触电"叫"电"（"电了一下"），"邮寄"叫"邮"（"邮个包裹"），"喂孩子奶"叫"奶"（"奶孩子"）等。当然这在现代汉语中毕竟是少数，但在古代文献中却是经常的现象。

1. **一般名词用为动词** 有下列几种常见的用法。

(1) "风""雨"表示刮风下雨，"衣""冠"等表示"穿衣""戴帽"等有关动作，这是古代的习惯用法。例如：

癸酉卜，乙亥不风？乙亥其风？（《殷墟文字甲编》）

——癸酉日卜问，乙亥日不刮风吧？乙亥日会刮风？

辛酉卜，殼贞：翌壬戌其雨？（《殷墟文字甲编》）

——辛酉日占卜，殼问：明天壬戌日会下雨？

戊辰卜，及今夕雨？弗及今夕雨？（《卜辞通纂》）

——戊辰日卜问，到今晚会下雨吗？不到今晚会下雨吗？

雨我公田，遂及我私。（《诗经·小雅·大田》）

——雨下在公田里，也就一起下到私田里了。

一人冕执刘，立于东堂；一人冕执钺，立于西堂。（《尚书·顾命》）

——一个人头上戴着冕，手里拿着刘，站在东堂；一个人头上戴着冕，手里拿着大斧，站在西堂。（刘，古代兵器名。）

许子冠乎？（《孟子·滕文公上》）

——许子戴帽子吗？

带长铗之陆离兮，冠切云之崔嵬（wěi）。（《楚辞·涉江》）

——佩带着长长的剑，戴着高耸的切云冠。

孟尝君怪其疾也，衣冠而见之。（《战国策·齐策》）

——孟尝君对冯谖这么快地回来感到惊奇，穿好衣服、戴好帽子接见冯谖。

乃使其从者衣褐，怀其璧，从径道亡。（《史记·廉颇蔺相如列传》）

——就派遣他的随员穿上粗布衣服，怀里揣着璧，从小路逃回赵国。

老父曰："履我！"（《史记·留侯世家》）

——老人说："给我穿上鞋！"

(2) 用这个名词所指的工具或人体器官来表示动作。例如：

庄公升坛，曹子手剑而从之。（《公羊传·庄公十三年》）

——鲁庄公登上土坛，曹刿手拿着剑随在后面。

从左右，皆肘之。（《左传·成公二年》）

——綦（qí）毋张站在韩厥的左后方或右后方时，韩厥都用肘制止他。

左右欲兵之。（《史记·伯夷列传》）

——周武王的随从们拿起武器要杀伯夷和叔齐。

左右欲刃相如。（《史记·廉颇蔺相如列传》）

——秦王的随从们要用刀杀蔺相如。

驴不胜怒，蹄之。（柳宗元《黔之驴》）

——驴非常生气，用蹄子踢老虎。

这种情况在现代汉语中还留有显著的痕迹。例如"奶孩子"和"用铁锤锤铁""用钢钻钻钢板"等等。这种语言现象可说是来源很古，不过在现代汉语中有些则受词形发展的影响而渐渐不易看出来了。像现代许多用具的名称，如锤子、铲子、刷子、掸子、架子等，它们如果没有一个"子"附在后面，不就都可以同时看作动词么？这样，名词"锤子"和动词"锤"的关系，正好说明它是古代名词转化为动词后名词定型化的表现。试比较下面例句中的名词和动词：

臣为削者也，诸微物必以削削之，而所削必大于削。（《韩非子·外储说左上》）

——我是个制造削的人啊，很多小东西都一定要用削来削它，而所削的那些东西都一定比削大。（削，一种曲刀。）

朱亥袖四十斤铁椎，椎杀晋鄙。（《史记·魏公子列传》）

——朱亥原来在袖子里藏着四十斤的铁锤，他见晋鄙不交出兵权，就锤死了晋鄙。

在上列两例的形体相同的词中，加着重号的是名词，不加的是动词，从而可以较清楚地看出这类动词与名词的关系。

（3）由于意义引申而表示有关的动作。例如：

晋师军于庐柳。（《左传·僖公二十三年》）

——晋国军队驻扎在庐柳。

沛公军霸上。（《史记·项羽本纪》）

——沛公驻军于霸上。

公祭钟巫，齐（zhāi）于社圃，馆于寪（wěi）氏。（《左传·隐公十一年》）

——隐公祭祀钟巫，在社圃斋戒，住在寪氏家中。（钟巫，人名。）

是以令吏人完客所馆。（《左传·襄公三十一年》）

——因此命令吏人修缮客人所住的房屋。

鹪鹩巢于深林，不过一枝。（《庄子·逍遥游》）

——鹪鹩那样的小鸟在深林筑巢，只要一枝之地。

杨朱游鲁，舍于孟氏。（《列子·杨朱》）

——杨朱到鲁国游历，住在孟氏家里。

项王军壁垓（gāi）下。（《史记·项羽本纪》）

——项王的军队在垓下筑营垒驻扎。

员曰："彼将有他志，余姑为之求士，而鄙以待之。"（《左传·昭公二十年》）

——伍员说："他将要有别的打算，我且给他找些有才能的人，先在城外住着等待事态的发展。"

勇士入其大门，则无人门焉者；入其闺，则无人闺焉者；上其堂，则无人焉。（《公羊传·宣公六年》）

——行刺赵盾的勇士进入赵家的大门，却没有人看门；进入他家里的小门，又没有人看守小门；登上堂屋，也没人在里面。

人其人，火其书，庐其居。（韩愈《原道》）

——使那些和尚还俗为普通百姓，把那些佛书用火烧了，把和尚的庙宇作为一般住房。

（4）利用句法而活用。例如：

吴来征百牢，子服景伯对曰："先王未之有也。"吴人曰："宋百牢我，鲁不可以后宋。且鲁牢晋大夫过十，吴王百牢，不亦可乎？"景伯曰："晋范鞅贪而弃礼，以大国惧敝邑，故敝邑十一牢之。"（《左传·哀公七年》）

——吴国派人来要鲁国贡献一百牢，子服景伯回答说："先王没有过这种事情。"吴国人说："宋国给我们一百牢，鲁国不能比宋国少。况且你们鲁国给晋国大夫都送了十牢以上，给吴王一百牢，不可以吗？"景伯说："晋国的范鞅贪心而且不讲礼，用他们的大国来威胁敝国，所以敝国送了他十一牢。"（牢，原指祭祀时用的牺牲，牛羊猪各一为"太牢"，羊猪各一为"少牢"。百牢我，给我百牢。）

> 仓廪父母，牛羊父母，干戈朕，琴朕，弤（dǐ）朕。（《孟子·万章上》）

——仓廪给父母，牛羊给父母，干和戈给我，琴给我，雕弓给我。

上列两例的"牢"和"仓廪"等都处于名词、代词之前，形成了动宾关系，因而这些词便临时转为动词了。再如：

> 道可道，非常道。名可名，非常名。（《老子》一章）

——道，如果可以说的，就不是普遍的道。名，如果是可称名的，就不是一般的名。

> 费无极……曰："建可室矣。"王为之聘于秦。（《左传·昭公十九年》）

——费无极说："太子建可以娶妻了。"楚王就从秦国给他聘定了妻子。

> 窦太后曰："皇后兄王信可侯也。"（《史记·绛侯周勃世家》）

——窦太后说："皇后的哥哥王信可以封侯。"

> 岂吾相不当侯邪？（《史记·李将军列传》）

——难道我的骨相注定我不能封侯吗？

上列四例中的"道""名""室""侯"都用在能愿动词之后，因此临时转为动词。

2. 方位词用为动词　这种用法一般用来表示行动向某一方向发展。例如：

> 汉败楚，楚以故不能过荥阳而西。（《史记·项羽本纪》）

——汉方打败了楚方，因此楚方不能越过荥阳向西发展。

> 乃令符离人葛婴将兵徇蕲（qí）以东。（《史记·陈涉世家》）

——就命令符离人葛婴领着军队攻取了蕲县向东发展。

> 于是左右既前杀轲，秦王不怡者良久。（《史记·刺客列传》）

——秦王的侍从上前杀了荆轲以后，秦王不愉快了好长时间。

方其破荆州，下江陵，顺流而东也，舳舻千里，旌旗蔽空，酾(shī) 酒临江，横槊赋诗。（苏轼《赤壁赋》）

——当他征服了荆州，攻取了江陵，顺着江流而向东进军的时候，船只前后衔接，千里不断，旌旗遮蔽了天空，他面对着大江斟酒，横执着长矛吟诗。

（二）名词作状语

名词用作状语可以表示动作的状态、方式、地点、时间等。例如：

庶民子来。（《诗经·大雅·灵台》）

——众百姓像儿子奔向父亲一样不召自来。

豕人立而啼。（《左传·庄公八年》）

——猪像人那样直立起来啼哭。

权使其士，虏使其民。（《战国策·赵策》）

——用权术来使用他的士，像待俘虏那样使用百姓。

君为我呼入，我得兄事之。（《史记·项羽本纪》）

——你给我把他喊进来，我要像对待哥哥那样服事他。

又间令吴广之次所旁丛祠中，夜篝火，狐鸣呼曰："大楚兴，陈胜王。"（《史记·陈涉世家》）

——又秘密叫吴广到屯驻地旁树荫中的神庙里，夜里在笼里点着火，像狐狸叫喊着："大楚兴，陈胜王。"

十九人相与目笑之。（《史记·平原君虞卿列传》）

——十九人彼此用目光示意暗笑毛遂。

天下云集响应，赢粮而影从。（贾谊《过秦论》）

——天下的人参加陈涉起义军的踊跃情况就像云的集合、回响随着声音那样，纷纷担着粮食，如影随形地跟从起义军。

群臣后至者，臣请剑斩之。（《汉书·霍光传》）

——群臣中来得晚的，我要求用剑杀了他们。

童子隅坐而执烛。（《礼记·檀弓上》）

——童子在角落里坐着，手里拿着烛。

舜勤于民而野死。（《国语·鲁语》）

——舜为百姓辛劳而死于野外。

朝闻道，夕死可矣。（《论语·里仁》）

——早晨得知真理，要我当晚死去都可以。

秦兵旦暮过易水。（《史记·刺客列传》）

——秦国军队早晚就要渡过易水。

二、动词的活用

动词的活用主要有两种，一种是动词的名物化，另一种是动词用作状语。前一种用法现代汉语也有，因此这里就只谈动词作状语的问题。

动词作状语有两种方式：一种是作状语的动词紧接在谓语的前面，另一种是状语与中心词之间用连词"而"或"以"来连接。

（一）不用连词连接的动词作状语

这种作状语的动词一般只限于不及物动词。例如：

生拘石乞而问白公之死焉。（《左传·哀公十六年》）

——活捉了石乞，问他白公死在哪里。

（李广）杀其二人，生得一人，果匈奴射雕者也。（《史记·李将军列传》）

——李广杀了其中的两个人，活捉了一个人，这三个人果真是匈奴中的射雕的。

见兵事起，欲坐观成败。（《史记·田叔列传》）

——看见战斗发生了，想从旁观看谁胜谁负。

使孙策坐大，遂并江东。（诸葛亮《后出师表》）

——使得孙策安然地强大起来，就吞并了江东之地。

论安言计，动引圣人。（诸葛亮《后出师表》）

——谈论治安、商讨大计时，动辄引用圣人的话。

跋前踬后，动辄得咎。（韩愈《进学解》）

——像狼那样前进就踩着它额下的悬肉，后退就倒在它的尾巴上，动一下就有罪过。

（二）用连词连接的动词作状语

这种状语比上一种多，特别是动宾词组作状语。例如：

夫子式而听之。（《礼记·檀弓下》）

——孔子俯身扶着车前的横木听着。

呼尔而与之，行道之人弗受；蹴尔而与之，乞人不屑也。（《孟子·告子上》）

——呼喝着给予他，就是过路的饿人都不会接受；脚踏过再给与他，就是乞丐也不屑于要。

曩者霸上、棘门军，若儿戏耳，其将固可袭而虏也。（《史记·绛侯周勃世家》）

——从前驻在霸上和棘门的军队就像儿戏罢了，那些将领可以出其不意地把他们俘虏啊。

拔剑撞而破之。（《史记·项羽本纪》）

——拔出剑来把玉斗撞破了。

广暂腾而上胡儿马。（《史记·李将军列传》）

——李广突然跳起，上了胡人的马。

臣请缚一人过王而行。（《晏子春秋·内篇杂下》）

——请让我捆绑一个人从王的面前走过。

北山愚公者，年且九十，面山而居。（《列子·汤问》）

——北山愚公年纪将近九十了，他家朝山居住着。

聚室而谋曰。（《列子·汤问》）

——召集全家人商量说。

项王按剑而跽曰："客何为者？"（《史记·项羽本纪》）

——项王（紧张地）握着剑跪直了问道："这位客人是做什么的？"（古人席地而坐，要站起来，必先跪直。）

郑人使我掌其北门之管，若潜师以来，国可得也。（《左传·僖公三十二年》）

——郑国让我们掌管他们北面城门的钥匙，如果秘密派兵来，就可以取得他们的国都。

三、使动用法

使动用法又称致动用法，它的主要特点是动词所表示的那个动作（或变化）不是主语施行，而是主语使得宾语施行的。例如："项伯杀人，臣活之。"（《史记·项羽本纪》）这里的"活"并不是主语"臣"自己活，而是主语使"之"（指项伯）活。因此我们就称这样的句式叫使动句。对于这种使动句，我们可以把原句"主——谓——宾"的句式变成"主——使——宾——动"的句式来理解。这种句子的谓语有时是不及物动词，有时是形容词、名词或数词临时用作动词。下面分别介绍。

（一）一般动词的使动用法

这种用法以不及物动词为最多，及物动词较少。一般地说，不及物动词后面如果带上宾语，大多数带有使动意义。例如：

懋乃攸绩，睦乃四邻，以蕃王室，以和兄弟。（《尚书·蔡仲之命》）

——扩大你的功绩，同你的四邻和睦相处，使得王室繁衍昌盛，使得兄弟和协。

一鼓作气（《左传·庄公十年》）

——第一次敲战鼓就把士兵的勇气提起来了。

归之而质其太子。（《左传·僖公十五年》）

——让他回去把他的太子留下作人质。

大国若安定之，其朝夕在庭，何辱命焉？（《左传·襄公二十二年》）

——大国如果使我们安定，那将早晚都在你们的朝廷，哪里还要你们召唤呢？

食必坐二子于其侧而食（sì）之。（《公羊传·昭公三十一年》）

——吃饭的时候总要让两个孩子坐在身旁并喂他们。

因物而多之，孰与骋能而化之？（《荀子·天论》）

——顺从物的自然情况而让它去繁殖，何如发挥人的能力而促使它变化？

是时，范雎亡魏相秦……破魏华阳下军，走芒卯。（《史记·魏公子列传》）

——这时候，范雎逃离魏国在秦国为相……把魏国驻在华阳的军队击溃了，把芒卯打跑了。

魏王恐，使人止晋鄙。（《史记·魏公子列传》）

——魏王害怕了，派人去让晋鄙停止前进。

广故数言欲亡，忿恚（hui）尉，令辱之以激怒其众。（《史记·陈涉世家》）

——吴广故意不止一次地扬言要逃跑，使尉发怒，让尉羞辱自己借此来激起大家的气愤。

君将哀而生之乎？（柳宗元《捕蛇者说》）

——您将要哀怜我而让我活下去吗？

手把文书口称敕，回车叱牛驱向北。（白居易《卖炭翁》）

——来人手拿公文，口称这是皇帝的命令，把车子回转过来，吆喝着牛向北赶去。

有时候不及物动词虽然没有带上宾语，但从文意来看，它还带有使动意义，只是它的宾语省略掉了。例如：

操军方连船舰，首尾相及，可烧而走也。（《资治通鉴·赤壁之战》）

——曹操的军队正好把大小船只连在一起，船头同船尾衔接着，这样就可以放火烧他们，把他们赶跑。

从文意来看，这句的"走"字后面省略了代替"操军"的宾语"之"字。

及物动词用于表使动时，除了少数在语音上有所改变之外，一般都没有什么标志，只有从文意来观察。例如同是一个"负"字，在"命夸蛾氏之二子负二山"（《列子·汤问》）这一句中，"负"是及物动词；而在"均之二策，宁许以负秦曲"（《史记·廉颇蔺相如列传》）这一句中，"负"则带有使动意义。下面再举几个及物动词用于使动的例子：

沛公旦日从百余骑来见项王。（《史记·项羽本纪》）

——第二天沛公带着一百多人马来见项王。

单于使使晓武，会论虞常，欲因此时降武。（《汉书·李广苏建传》）

——单于派人通知苏武，共同判定虞常的罪名，想趁审讯虞常的时候胁迫苏武投降。

然秦以区区之地，致万乘之势，序八州而朝同列，百有余年矣。（贾谊《过秦论》）

——然而秦国凭着不大的地方，竟达到万辆兵车的强大声势，统辖了秦以外的所有土地，使得原来同列的诸侯都来朝拜，已经一百多年了。

有些及物动词用于使动时，读音有些变化。例如：

胡不见（xiàn）我于王？（《墨子·公输》）

——为何不让我见到王？

谨食（sì）之，时而献焉。（柳宗元《捕蛇者说》）

——小心谨慎地喂养它，到了规定的时间就把它献上去。

"见我于王"是"使我见王"，"食之"是"使之食"。这种变读的使动用法在现代普通话中还多少留有一些痕迹。如让牲口饮水叫"饮（yìn）牲口"，让牲口吃食叫做"饲"——即古代的"食（sì）"字。此外还有不变读的例子，如"形势喜人"的"喜人"，意思就是"使人喜"。

（二）形容词的使动用法 例如：

以常旧服正法度。（《尚书·盘庚上》）（旧服，旧的法则。）

——用通常的原有的法则来使法度正。

慎固封守，以康四海。（《尚书·毕命》）

——小心谨慎地使边境的防守巩固，从而使得天下安定。

既来之，则安之。（《论语·季氏》）

——已经把他们感召来了，就要使他们安定。

是以令吏人完客所馆，高其閈（hàn）闳，厚其墙垣，以无忧客使。（《左传·襄公三十一年》）

——因此命令吏人修缮客人所住的房屋，把巷门做得高高的，把墙筑得厚厚的，不要让宾客担忧。

且惧奔辟而忝<u>两君</u>。（《左传·成公二年》）

——况且我还恐怕逃跑躲避，就使得两国的国君都蒙受耻辱。

工师得大木，则王喜；匠人斫而<u>小</u>之，则王怒。（《孟子·梁惠王下》）

——工师得到大木料，王就高兴；木工把那木料砍小了，王就会发怒。

<u>固</u>国不以山溪之险。（《孟子·公孙丑下》）

——使国家巩固不凭仗山川的险阻。

大王必欲<u>急</u>臣，臣头今与璧俱碎于柱矣。（《史记·廉颇蔺相如列传》）

——大王一定要把我逼急了，我的头同这块璧就一起碎在这柱子上好了。

销锋镝，铸以为金人十二，以<u>弱</u>天下之民。（贾谊《过秦论》）

——销毁兵器，把它们熔铸成十二个金人，以此来削弱天下老百姓的反抗。（金人，金属的人像。）

<u>殚</u>其地之出，<u>竭</u>其庐之入。（柳宗元《捕蛇者说》）

——弄尽了土地的产品，逼光了一家的收入。

这种用法有时也可以省略宾语。例如：

强本而节用，则天不能<u>贫</u>。（《荀子·天论》）

——加强根本，节省开支，那样天也无法使他贫穷。

这里的"天不能贫"是"天不能使之贫"，所以这个"贫"还是使动用法。

（三）名词的使动用法

这种用法的用例没有动词、形容词那么普遍，但总是一种语法现象。例如：

吾见申叔，夫子所谓生死而<u>肉</u>骨也。（《左传·襄公二十二年》）

——我看到申叔，那个人正是所说的使死者复生、使枯骨长肉的人啊。

君王之于越也，繄起死而<u>肉</u>白骨也。（《国语·吴语》）

——君王对于越国的恩德，真像是使死者复生、使白骨长起肉来啊。

我疆我理，<u>南东</u>其亩。（《诗经·小雅·信南山》）

——修整我们的疆界和田间沟渠的走向，使田亩间的通路和埝垅都朝南、朝东。

必以萧同叔子为质，而使齐之封内尽东其亩。（《左传·成公二年》）

——一定要以萧同叔子作为人质，而且要让齐国境内田亩间的道路走向一律朝东。

（四）数词的使动用法　例如：

女也不爽，士贰其行。（《诗经·卫风·氓》）

——女子没有差错，男子却有了另外的表现。

士也罔极，二三其德。（《诗经·卫风·氓)))

——男子什么坏事都做得出来，三心二意地前后不一致。

楚王恶君之二三其德，亦来告我。（《左传·成公十三年》）

——楚王憎恶您的三心二意，也派人来告诉我们了。

孰能一之？（《孟子·梁惠王上》）

——谁能够统一天下？

四、以动用法

以动用法的主要特征是，这种用法的动词都带有"以……为……"的意思。例如"不耻下问"的"耻"就是"以下问为耻"。因此我们就称这样的句式为以动句，对于这种以动句，我们可以把原句的"主——谓——宾"的句式变为"主——以——宾——为——动"的句式来理解。因为"以……为……"的句式能表达两种意思，一种是主语认为宾语是（事实不一定是那样）什么样的性质、状态、程度或什么样的人物，另一种是主语按照自己的意志把宾语所代表的事物作为别的什么来使用。下面就这两种意思分别举例以明之。

（一）第一种意思的以动用法

这种用法也叫做意动用法。这种用法的动词原来大多是形容词或名词。

1.形容词的以动用法　例如：

及齐，齐桓公妻之，有马二十乘。公子安之。（《左传·僖公二十三年》）

——到了齐国，齐桓公把女儿嫁给他，有了二十辆四马拉的车。公子重耳认为这儿安适，就不愿意离开了。（乘，一车四马。）

君亦不惠称盟，利吾有狄难，入我河县，焚我箕、郜。（《左传·成公十三年》）

——您也不肯加惠于晋国，满足晋国的愿望而缔结盟约，把我们有同狄作战的困难当作有利时机，侵入我国滨河的县邑，焚烧我们箕和郜两个城邑。

吾妻之美我者，私我也；妾之美我者，畏我也；客之美我者，欲有求于我也。（《战国策·齐策》）

——我的妻子以我为美，是偏袒我啊；我的妾以我为美，是怕我啊；客人的以我为美是对我有所请求啊。

孟尝君怪之，曰："此谁也？"（《战国策·齐策》）

——孟尝君感到奇怪，问："这个人是谁呀？"

大天而思之，孰与物畜而制之。（《荀子·天论》）

——把天看得那么伟大而仰慕它，何如把天当作物质而制裁它？

是以人之于让也，轻辞古之天子，难去今之县令者，薄厚之实异也。（《韩非子·五蠹》）

——因此人们在谦让方面的表现，把辞去古时的天子之位看得很容易，把放弃现在的县令看得很难，这是因为实际利益的薄厚不同啊。

且庸人尚羞之，况于将相乎？（《史记·廉颇蔺相如列传》）

——平常人尚且以此为羞，何况为将为相的人呢？

人主自智而愚人，自巧而拙人。（《吕氏春秋·知度》）

——当君主的总认为自己聪明而认为别人愚笨；总认为自己灵巧而认为别人笨拙。

巫医乐师百工之人，不耻相师。（韩愈《师说》）

——跳神的、医生、唱歌奏乐的以及各种工匠都不以向老师学习为耻。

丈夫贵兼济，岂独善一身？（白居易《新制布裘》）

——大丈夫以使天下人都过好日子为贵，哪能只使自己一个人好呢？

2. 名词的以动用法　例如：

君子病无能焉，不病人之不己知也。（《论语·卫灵公》）

——君子只怕自己没有才能，不怕别人不知道自己。

不如吾闻而药之也。（《左传·襄公三十一年》）

——不如我们听了大家的议论后把它当作治病的良药看待。

公子乃自骄而功之。（《史记·魏公子列传》）

——公子竟然自己骄傲而以之为功。

鲁人欲勿殇童汪踦。（《礼记·檀弓下》）

——鲁国人要不把童子汪踦当殇看待。（殇，未成年而死。）

今君有区区之薛，不拊爱子其民，因而贾利之。（《战国策·齐策》）

——现在您有不大的薛，不爱护、慈爱那里的百姓，却像商贾那样盘剥他们。

其谓之秦何？夷狄之也。（《公羊传·僖公三十二年》）

——为什么称它作秦？是把它当夷狄看待啊。

不言战而言败，何也？狄秦也。（《穀梁传·僖公三十三年》）

——不说战而说是败，为什么呀？是把秦当狄看待啊。

3. 其他词类的以动用法　除了形容词、名词之外，其他词类偶尔也有临时用来表示意动的。例如：

且也相与吾之耳矣，庸讵知吾所谓吾之乎？（《庄子·大宗师》）

——而且相互都把对方当作我看待罢了，怎么知道我所说的把对方当作我看待呢？（吾之，以之为吾，把他当作我。）

故臣以为足下必汉王之不危己，亦危矣！（《史记·淮阴侯列传》）

——所以我认为足下肯定汉王不会危害自己，这也就危险啦！（必，以……为必。）

前一例是代词的以动用法，后一例是副词的以动用法，用例不多，故不另列。

（二）第二种意思的以动用法

这种用法的动词原来都是名词。例如：

采（菜）荼薪樗，食（sì）我农夫。（《诗经·豳风·七月》）

——以荼为菜，以臭椿为柴，来养活我们这些农夫。

友其士之仁者。（《论语·卫灵公》）

——以士人中的仁人为友。

驾青虬（qiú）兮骖白螭（chí）。（《楚辞·涉江》）

——让青龙驾车而以白龙为骖。（螭，无角的龙。骖，辕马两旁的马。）

夫以畏垒之细民，而窃窃然欲俎（zǔ）豆予于贤人之间。（《庄子·庚桑楚》）

——凭一个畏垒山的小民，分明把我作为俎豆放在贤人中间。（俎豆，古代祭祀用的器具，引申为崇奉。）

使赵不将括即已，若必将之，破赵军者必括也。（《史记·廉颇蔺相如列传》）

——假如赵国不用赵括为将那就算了，如果一定要用他为将，那么使赵军失败的一定就是赵括啊。

生乎吾前，其闻道也，固先乎吾，吾从而师之；生乎吾后，其闻道也，亦先乎吾，吾从而师之。吾师道也，夫庸知其年之先后生于吾乎？（韩愈《师说》）

——在我以前出生的人，他懂得道理本来就在我之前，我跟他学习，以他为师；在我以后出生的人，他懂得道理也在我之前，我跟他学习，以他为师。我是以道理为师，哪管他的年龄比我大还是比我小。

诗者：根情，苗言，华声，实义。（白居易《与元九书》）

——诗这东西：以感情为根，以言语为苗，以声音的节奏旋律为花，以思想内容为果实。

使动用法和以动用法都是词类的活用，它们大多是由别的词类转来作为及物动词用的。由于形容词、名词既可活用为使动性动词，又可活用为以动性动词，因此在有些孤立的句子里很难确定它们是哪种用法。例如"老者安之"（《论语·公冶长》）的"安"是使动用法，"公子安之"（《左传·僖公二十三年》）的"安"是以动用法。再如"其达士洁其居，美其服，饱其食，而摩厉之于义"（《国语·越语》）的中间三句是使动用法；而"甘其食，美其服，安其居，乐其俗"（《老子》八十章）四句则是以动用法。像这样的句子，必须从上下文意来考察，这是十分重要的。

古代汉语的复杂谓语

古代汉语的复杂谓语分谓语的连续和谓语的延伸两种。

一、谓语的连续

（一）同一主语有两个或更多的动词，表示动作先后的。例如：

孺子来相宅。（《尚书·洛诰》）

——幼王来看居住的地方。

公子受飧（sūn）反璧。（《左传·僖公二十三年》）

——公子重耳收下了饭食退回了璧。

公子降，拜，稽首。（《左传·僖公二十三年》）

——公子重耳下阶，拜，叩头。

侯生视公子色终不变，乃谢客就车。（《史记·魏公子列传》）

——侯嬴见公子无忌脸上的表情一直没有改，就辞别了友人上车。

公子闻所在，乃间步往从此两人游。（《史记·魏公子列传》）

——公子无忌知道了毛公、薛公隐藏的地方，就悄悄地步行到那里同这
两个人交往。

赵王扫除自迎，引公子就西阶。（《史记·魏公子列传》）

——赵王打扫台阶亲自去迎接，引导公子无忌从西阶上堂。

公子立变色，告车趣驾归救赵。（《史记·魏公子列传》）

——公子无忌脸色立即改变了，吩咐管车驾的人赶快驾好车子回去救赵。

（二）同一主语有两个动词，中间用"而"连接，前一动词有说明后一动词的作用的。例如：

鲤趋而过庭……鲤退而学《诗》。（《论语·季氏》）

——鲤小跑着走过庭院……鲤退下以后就学习《诗经》。（鲤，孔子的儿子。趋是当时见到尊长的一种礼节。）

陈亢退而喜曰。（《论语·季氏》）

——陈亢回去后很高兴地说。

浴，薄而观之。（《左传·僖公二十三年》）

——公子重耳洗澡，曹共公走近重耳去看他的肋骨是否与众不同。

瑕甥、郤芮不获公，乃如河上；秦伯诱而杀之。（《左传·僖公二十四年》）

——瑕甥、郤芮没有找到晋文公，就逃到黄河边上；秦穆公诱骗他们前来并把他们杀了。

乞其余不足，又顾而之他。（《孟子·离娄下》）

——乞讨人家祭坟的残羹剩饭来吃，还不饱，就转身望望别处又走向另一家祭坟的地方。

请而见之。（《战国策·齐策》）

——孟尝君把冯谖请来并接见他。

若得而腊之以为饵，可以已大风、挛踠、瘘、疬，去死肌、杀三虫。（柳宗元《捕蛇者说》）

——如果捉到这种蛇把它杀死晾干了做成药饵，可以治愈麻风，手脚弯曲、颈肿、恶疮，消除失去机能的肌肉，杀死体内的寄生虫。

二、谓语的延伸

（一）两个动作不属于同一主语，第二个动词的主语就是一个动词的宾语（一般称之为兼语）；第一个动词经常是"使""令"等词。例如：

勿辨乃司民湎于酒。（《尚书·酒诰》）（辨，俾，使。）

——不要让你的治民的官吏沉湎于酒。

秦伯使公子絷如晋师。（《左传·僖公二十四年》）

——秦穆公派公子絷到晋国军队里去。

子谓薛居州，善士也，使之居于王所。（《孟子·滕文公下》）

——你说薛居州是个好人，要他住在王宫中。

驱而之薛，使吏召诸民当偿者悉来合券。（《战国策·齐策》）

——冯谖赶着马车来到薛，让地方上的小吏召集应当还债的百姓都来合对债券。

有复言令长安君为质者，老妇必唾其面。（《战国策·赵策》）

——有再说让长安君去做人质的，我一定要把唾沫唾到他脸上。

诸侯闻公子将，各遣将将兵救赵。（《史记·魏公子列传》）

——诸侯听说公子无忌出来统率赵军，各自派将军率领军队来救赵。

太守即遣人随其往。（陶潜《桃花源记》）

——太守就派人随同渔人前去。

"使"字后面的宾语（即兼语）有时可以省略。例如：

此人力士，晋鄙听，大善；不听，可使击之。（《史记·魏公子列传》）

——朱亥这个人是个大力士，你们去了晋鄙如果听从，这最好；如果他不听从，可以让朱亥打死他。

"使击之"是"使朱亥击之"，这里把"使"后的宾语，"击"的主动者省略了。下两例同此。

无使滋蔓，蔓难图也。（《左传·隐公元年》）

——不要让它滋生藤蔓，藤蔓是很难对付的。

寡人有弟不能和协，而使糊口于四方。（《左传·隐公十一年》）

——我有个弟弟不能和睦协调地相处，却让他在各地寄食。

（二）用"以……为……"表示延伸的。例如：

寡人不敢以先王之臣为臣。（《战国策·齐策》）

——我不敢用先王臣子作我的臣子。

齐曰："必以长安君为质，兵乃出。"（《战国策·赵策》）

——齐国说："一定要用长安君做人质，才能发出救兵。"

赵王以鄗（hào）为公子汤沐邑。（《史记·魏公子列传》）

——赵王拿鄗这个地方作为公子无忌的封邑。

遂以周瑜、程普为左右督，将兵与备并力逆操。（《资治通鉴·赤壁之战》）

——就用周瑜、程普做左右都督，让他们带兵同刘备合力迎击曹操。

上面的"以……为……"都有使动的意思，此外，还有带有意动意思的用法。例如：

吾以女为死矣。（《论语·先进》）

——我以为你是死了。

市人皆以赢为小人，而以公子为长者能下士也。（《史记·魏公子列传》）

——市场上的人都认为我侯赢是小人，都认为公子是君子，能够委屈自己对待有才能的人。

由上两组例句可以得出"以……为……"有使动和意动两种用法，表使动意思的其动作都是已经实现了的，而表意动意思的只是思想上"认为"而已。

（三）用其他动词来表示延伸的。例如：

谓贾辛、司马乌为有功于王室，故举之。（《左传·昭公二十八年》）

——说是贾辛、司马乌曾对周王室有功，所以提拔他们。

吾不知其名，字之曰道。（《老子》二十五章）

——我不知它的名字，就叫它做道。

助之长者，揠苗者也。（《孟子·公孙丑上》）

——违背规律地去帮助它生长的就是那种拔苗的人。

汉果数（shuò）挑楚军战。（《史记·项羽本纪》）

——汉军果然不止一次地来向楚军挑战。

吴起娶齐女为妻。（《史记·孙子吴起列传》）

——吴起娶齐国的女子做妻子。

愿借明驼千里足，送儿还故乡。（《木兰诗》）

——要求借一峰能行千里的骆驼，送我回故乡去。

古代汉语的复说、插说和应答语

一、复说（即复指成分）

大体上可分为重叠式和称代式两种：

（一）重叠式　例如：

狄人伐廧（qiáng）咎（gāo）如，获其<u>二女叔隗（wěi）、季隗</u>，纳诸公子。（《左传·僖公二十三年》）

——狄族人攻伐廧咎如，俘虏了廧咎如的两个女子，就是叔隗、季隗，把她们送给了公子重耳。

臣所过<u>屠者朱亥</u>，此子贤者。（《史记·魏公子列传》）

——我过访的那个屠夫朱亥，这个人是位贤者。

<u>老臣贱息舒祺</u>，最少，不肖。（《战国策·赵策》）

——老臣卑贱的孩子舒祺，数他最小，很不成器。

燕<u>太子丹</u>者，故尝质于赵，而<u>秦王政</u>生于赵，其少时与丹欢。（《史记·刺客列传》）

——燕国的太子丹从前曾在赵国当过人质，而秦王政是在赵国出生的，他年轻的时候同太子丹很要好。

是时，<u>侍医夏无且</u>以其所奉药囊提荆轲。（《战国策·燕策》）

——这时候，秦王的侍医夏无且拿他手捧的药囊掷向荆轲。

（二）称代式

古代汉语的称代式复说经常用"此""其""是""之"等代词，其中的

"其"字大多用于主语和定语的复指，"之"字大多用于宾语的复指。例如：

男女同姓，其生不蕃。（《左传·僖公二十三年》）

——男女同姓，结婚以后他们的子孙一定不会蕃盛。

淑人君子，其仪不忒。（《诗经·曹风·鸤鸠》）

——那些贤人君子，他们的仪表没有差错。

晋国之使者，其辞卑而币重，必不便于虞。（《公羊传·僖公二年》）

——晋国派来的使者，他的言辞很谦卑，而送来的礼物很厚重，恐怕对虞国一定没有好处。

古之圣人，其出人也远矣，犹且从师而问焉。（韩愈《师说》）

——古时候的圣人，他们超过一般人很远了，尚且要跟老师请教。

以上四例中，一、四两例的"其"是主语的复指，二、三两例的"其"是定语的复指。

幼而不孙弟，长而无述焉，老而不死，是为贼。（《论语·宪问》）

——小时候不懂礼节，长大了毫无贡献，老了还不死，这就叫做害人的贼。

今公子有急，此乃臣效命之秋也。（《史记·魏公子列传》）

——现在您有急事，这正是我献出生命的时机啊。

上二例中的"是"和"此"都是复指判断句的主语，"是为贼"的"是"复指前述的三个词组便于判断其性质；"此乃臣效命之秋也"的"此"是复指上一句所述的事实，便于判断行动的时机。

他人有心，予忖度之。（《诗经·小雅·巧言》）

——别人存啥心，我能揣摩它。

子有四方之志，其闻之者，吾杀之矣。（《左传·僖公二十三年》）

——您有到各地去活动回国的打算，听到这些话的人，我已经把他杀了。

上二例中的"之"都是复指的宾语，前一例的"之"复指上文的"心"，后一例的"之"复指"闻之者"。

二、插　说

古代汉语插说的种类不像现代汉语那样多，一般多是注释性的。例如：

乃求楚怀王孙心——民间为人牧羊——立为楚怀王，从民所望也。（《史记·项羽本纪》）

——项梁找到了楚怀王的孙子名叫心的——正流落在民间给人家放羊——把他立为楚怀王，这是顺从百姓们的愿望啊。

梁孝王朝，因昆弟燕饮——是时上未立太子——酒酣，从容言曰："千秋之后传梁王。"（《史记·魏其武安侯列传》）

——梁孝王来京朝见汉景帝，以兄弟关系同窦太后、汉景帝宴会饮酒——这时汉景帝还没有确定太子——随便地说："我死以后把帝位传给梁王。"

邻人京城氏之孀妻有遗男——始龀（chèn）——跳往助之。（《列子·汤问》）

——邻舍京城家的寡妇有个遗腹子——才换牙的小孩子——跳跳蹦蹦地去帮助愚公。

古代汉语插说的格式除了注释性的之外，如"由此观之，王之蔽甚矣"（《战国策·齐策》）中的"由此观之"是表示对事物的推测和估计的。

三、应答语

这原来只是答对时用的一种象声词，古代汉语中最常用的是"唯"和"诺"。它们就同现代汉语的"嗯"差不多，但在用法上有所不同。《礼记·曲礼上》："父召无诺，先生召无诺，唯而起。"郑康成注："唯恭于诺。"从古代的用例来看，"唯"大多用于对尊长的应答，"诺"大多用于一般的应答。在语气上，这两个词也有不同之处，"唯"大多用于承接陈述询问的应答；"诺"大多用于承接祈使、商量的应答。例如：

子曰："参乎，吾道一以贯之。"曾子曰："唯。"（《论语·里仁》）

——孔子说："参（shēn）啊！我的学说贯穿着一个基本观念。"曾子说："是。"

"夫差！而忘越王之杀而父乎？"则对曰："唯，不敢忘。"（《左传·定公十四年》）

——"夫差！你忘了越王杀你父亲的事了吗？"夫差就回答说："嗯，不敢忘。"

上一例的"唯"是承接陈述语气的，表示同意对方的意见，可以译为"是"；下一例的"唯"是承接询问语气的，只是表示恭敬地应诺的声音。"唯"有时还可以连用。例如：

秦王跽而请曰："先生何以教寡人？"范雎曰："唯，唯。"（《史记·范雎蔡泽列传》）

——秦王跪直了请求说："先生以什么来指教我？"范雎说："是，是。"

用"诺"的例子，如：

左师公曰："……一旦山陵崩，长安君何以自托于赵？老臣以媪为长安君计短也。故以为其爱不若燕后。"太后曰："诺，恣君之所使之。"（《战国策·赵策》）

——左师公说："……有朝一日您去世了，长安君凭什么托身于赵国呢？我认为您替长安君只考虑目前，所以认为您对他的爱不如对燕后那样。"太后说："好，听凭您怎么派遣他吧。"

（太子）戒曰："丹所报，先生所言者，国之大事也，愿先生勿泄也！"田光俯而笑曰："诺。"（《史记·刺客列传》）

——太子叮嘱说："我对你所说的、先生所谈的，都是国家的大事啊，希望先生不要泄漏出去啊！"田光低头笑着说："是了。"

上一例的"诺"是承接商量语气的，下一例则是承接祈使语气的。"诺"不像"唯"那样可以连用，但在表示谦恭的时候，可以在前面加上"敬"字。如"左师公曰：'老臣贱息舒祺，最少……愿令得补黑衣之数，以卫王宫。没死以闻。'太后曰：'敬诺！年几何矣？'"（《战国策·赵策》）

古代汉语的倒装

这里所说的倒装有两种情况：一种是动词和宾语的次序颠倒，即宾语在动词之前；一种是主谓次序的颠倒，即谓语在主语之前。前一种是古代汉语所特有的，这种倒装在否定句和疑问句中较多。

一、动词和宾语的倒装

（一）否定句的动宾倒装

在古代汉语中，如果否定词是 "不""毋（无）""未""莫""弗"等词中的任何一个，而宾语又是个代词，那么这个句子的宾语就可以提到动词之前。这种宾语提前句式一般是"主——否定词——宾（代词）——动"。例如：

时惟天命，无违。朕不敢有后，无我怨。（《尚书·多士》）

——这是上天的命令，不要违背。我不敢再有另外的命令，你们不要怨我。

告尔殷多士，今予惟不尔杀，予惟时命有申。（《尚书·多士》）

——告诉你们这些殷的遗民，现在我不杀你们，我将重申这个命令。

我无尔诈，尔无我虞。（《左传·宣公十五年》）

——我不诈欺你，你也不要欺骗我。

居则曰："不吾知也！"如或知尔，则何以哉？（《论语·先进》）

——你们平日闲居，就说："人家不知道我呀！"假如有人知道你们了，要你们去做官，那你们怎么办呢？

未之思也，夫何远之有？（《论语·子罕》）

——他是没有思念它啊，那有什么遥远的？

先君之不尔逐，可知矣。（《公羊传·隐公三年》）

——先君为什么不放逐你，从你说的话就可知道了。

以国之多难，未汝恤也。（《左传·哀公二十七年》）

——因为国家的多难，没有抚恤你。

莫余毒也已！（《左传·僖公二十八年》）

——再没有人伤害我了！

世溷（hùn）浊而莫余知兮，吾方高驰而不顾。（《楚辞·涉江》）

——世道混浊，没有一个人了解我，我正向高处驰驱对这些看也不看。

大国亦弗之从而爱利。（《墨子·兼爱》）

——大国也不遵从这个而爱好利。

无节于内者，观物弗之察矣。欲察物而不由礼，弗之得矣。故作事不以礼，弗之敬矣；出言不以礼，弗之信矣。（《礼记·礼器》）

——在内心没有验证的，看事物也看不清楚。要想观察事物而不以礼为标准，就不能得到预期的效果。所以作事不按礼，就没人尊敬他；说话不按礼，就没人相信他。

在否定句中，如果动词前有状语，代词宾语可以提在状语之前。例如：

不卬自恤。（《尚书·大诰》）

——不体恤我自己。

何居？我未之前闻也。（《礼记·檀弓上》）

——什么呀？我以前没有听说过啊。（居，语助，没有意义。）

有时在否定句中，动宾结构作宾语，而在这个动宾结构中宾语如果是代词，那么这个代词也可以提到动词之前。例如：

人皆曰予知，驱而纳诸罟擭陷阱之中，而莫之知辟也。（《礼记·中庸》）

——人们都说自己聪明，但他们被驱赶到罗网、兽笼和陷阱里却不知道躲避它。

在这个句子里，动词"知"的宾语是动宾结构"辟之"，因为是否定句，而"辟之"这个动宾结构的宾语是代词"之",所以"之"字就提到动词"知"之前了。

在否定句中,如果动词前有能愿动词,代词宾语也可以提在能愿动词之前。例如:

　　三岁贯女,莫我肯顾。(《诗经·魏风·硕鼠》)

——多年地侍奉你,一点也不肯体贴我们。

　　楚君之惠,未之敢忘。(《左传·僖公二十八年》)

——楚君的恩惠,没有敢忘记它。

　　寡君未之敢任。(《左传·成公三年》)

——敝国之君不敢承受它。

　　三分其羽以设其刃,则虽有疾风,亦弗之能悍矣。(《周礼·考工记下》)

——按照箭羽的三分之一来规定锋刃的长度,这样虽然有猛烈的大风,也不能影响它了。

像这样的句子,宾语偶尔也有不提在能愿动词之前,只提在动词前面的。例如:

　　然民虽有圣智弗敢我谋,勇力弗敢我杀。(《商君书·画策》)

——这样百姓们虽然有极高的智慧也不敢谋算我;虽然有勇力也不敢杀害我。

对于上述否定句的代词宾语,有人认为总是放在动词的前面,其实这种说法是不全面的;在古代汉语的否定句中,代词宾语不提前的例子很多,下面略举几个:

　　笃叙乃正父,罔不若予,不敢废乃命。(《尚书·洛诰》)

——踏实地按武王之道的次序,不要不如我,那么人们就不敢废弃你的命令。

　　不知我者,谓我何求。(《诗经·王风·黍离》)

——不了解我的,说我在追求什么。

　　武王见之,胶鬲曰:"西伯将何之?无欺我也!"武王曰:"不

子欺，将之殷也。"（《吕氏春秋·贵因》）

——武王见到胶鬲，胶鬲问："西伯将要往哪儿去？不要欺骗我！" 武王说："不欺骗您，我们将要去伐殷。"（西伯，西方诸侯之长。）

其未得之也，患得之。（《论语·阳货》）

——当他没有得到职位的时候，生怕得不着。

为其事而无其功者，髡（kūn）未尝睹之也。（《孟子·告子下》）

——做了而见不到功效的，我还不曾见过这样的事。（髡，淳于髡，齐人。）

汉王以为治粟都尉，上未奇之也。（《汉书·韩信传》）

——汉王让他做治粟都尉，并没有重视他。

爱莫助之。（《诗经·大雅·烝民》）

——因为隐而不见，所以谁也不能帮助他。

矜之者何？犹曰莫若我也。（《公羊传·僖公九年》）

——对他显示自己的力量是什么意思？好像是说你们都不如我啊。

得一善，则拳拳服膺而弗失之矣。（《礼记·中庸》）

——得到了一个好思想，就牢牢地记在心里而不失掉它。

（二）疑问句的动宾倒装

在古代汉语的疑问句中，如果宾语是疑问代词，大多要提在动词前面。例如：

内省不疚，夫何忧何惧？（《论语·颜渊》）

——自己反省没有亏心的事情，那忧愁什么、恐惧什么？

盗者孰谓？谓阳虎也。（《公羊传·定公八年》）

——偷盗者说的是谁？说的阳虎啊。

王曰："何坐？"曰："坐盗。"（《晏子春秋·内篇杂下》）

——王问："犯了什么罪？"回答说："犯了偷盗罪。"

大王来何操？（《史记·项羽本纪》）

——大王来的时候带了些什么？

项王曰："沛公安在？"（《史记·项羽本纪》）

——项王问："沛公现在在哪儿？"

在介词结构中，宾语如果是疑问代词，也大多要提在介词前面。例如：

> 许子奚为不自织？（《孟子·滕文公上》）

——许子为什么不自己织布？

> 彼其道幽远而无人，吾谁与为言？（《庄子·山木》）

——那条通路僻静、漫长而没有人，我同谁说话？

> 公子何以知之？（《史记·魏公子列传》）

——公子由什么知道的？

> 微斯人，吾谁与归？（范仲淹《岳阳楼记》）

——除了这样的人，我跟谁一同走？

在古代汉语中疑问代词作宾语一般都提在动词前面，但有时也可以不提前。例如：

> 子夏云何？（《论语·子张》）

——子夏说什么？

> 诸将云何？（《汉书·陈平传》）

——众将领说什么？

> 使古无死者，寡人将去此而之何？（《列子·力命》）

——假如过去就没有死的，我将离开这儿往何处去呢？

> 孟子言"其间必有名世者"，竟谓谁也？（《论衡·刺孟》）

——孟子说"这中间一定有命世之才"，到底说谁呀？

疑问代词作介词宾语，有时也可以不提前。例如：

> 不识君子以何知之？（《韩诗外传》二）

——不知道君子由什么知道的？

> 不知以何为过？（《论衡·死伪》）

——不知道认为什么是过错？

(三) 叙述句的动宾倒装

在古代汉语的一般叙述句中，也有几种动宾倒装的方式，用得最多的用"是"或"之"作为标志放在提前的宾语和动词之间。

1.插入"是"字或"之"字　这种宾语提前的句式是"主——宾——是

（之）——动"。例如：

> 除君之恶，唯力是视。（《左传·僖公二十四年》）

——除去国君心目中的坏人，自己有多大力气就全部使出来。

> 舍其旧而新是谋。（《左传·僖公二十八年》）

——舍弃旧的恩惠而谋立新功。

> 率师以来，唯敌是求。（《左传·宣公十二年》）

——率领着军队来，就是要寻找敌人打。

> 荀息令曰："鸡鸣而驾，塞井夷灶，唯余马首是瞻。"（《左传·昭公十四年》）

——荀息命令说："鸡一叫就套车，把井填了，把灶平了，就看我的马头指向哪里。"

> 寡人将帅敝赋，唯命是听。（《左传·昭公十四年》）

——我将率领我们的军队，听你的命令。

> 子为司寇，将盗是务去。（《左传·襄公二十一年》）

——您做司寇，应该专心除去盗贼。（司寇，古代掌管刑狱、纠察的官。）

> 求！无乃尔是过欤？（《论语·季氏》）

——冉求呀！这难道不应该责备你吗？

这种插入"是"字的动宾倒装往往在宾语之前用"唯"与"是"配合，形成"唯……是……"的句式，直到现在还在使用，如"唯利是图""唯你是问"。插入"之"的例子，如：

> 生则逸，不知稼穑之艰难，不闻小人之劳，惟耽乐之从。（《尚书·无逸》）

——生下来就耽于享乐，不知道种庄稼的艰难，不晓得小人们的辛苦，只追求安闲享乐。

> 吾以子为异之问，曾由与求之问。（《论语·先进》）

——我以为你问别的人，竟只是问仲由和冉求啊。

> 父母唯其疾之忧。（《论语·为政》）

——父母只忧愁他儿子的疾病。

此子也才，吾受子之赐；不才，吾唯子之怨。（《左传·文公七年》）

——如果这孩子有才能，我受您的恩赐；如果没有才能，我就怨您。

劳之不图，报于何有？（《左传·僖公二十八年》）

——不思当年的辛劳，还讲什么报答人家的施与？

此之不为而彼之久行。（《汉书·贾谊传》）

——不做这个而老是实行那个。

如果上下两句都是动宾倒序，"是"和"之"可以交替使用。例如：

皇天无亲，惟德是辅；民心无常，惟惠之怀。（《尚书·蔡仲之命》）

——伟大的天没有对谁特别亲近的，只是帮助有德的人；百姓的心不是一定不变的，只是怀念对他们施惠的人。

有时在提前的宾语和动词之间不只是插入一个"之"字，而是插入"之为"两字。例如：

其一人专心致志，惟奕秋之为听。（《孟子·告子上》）

——其中一个人全神贯注，只听奕秋的讲授。

故人苟生之为见，若者必死。（《荀子·礼论》）

——所以一个人如果只看到生的一面，这样便适得其反而一定很快死去。

"之"字还可以插在介词结构的提前宾语和介词之间。例如：

至于庄、宣，皆我之自立。（《左传·襄公二十五年》）

——至于陈庄公和陈宣公，都是由我们立起来的。

晋居深山，戎狄之与邻，而远于王室。（《左传·昭公十五年》）

——晋国处于深山之中，与戎狄等为邻，离周王朝较远。

大夫陈子，陈之自出。（《左传·哀公二十七年》）

——齐国的大夫陈子，是陈国的后人。（陈子，齐大夫陈成子。）

有庚桑楚者……拥肿之与居。（《庄子·庚桑楚》）

——有个叫庚桑楚的人……同拥肿居住在一起。

这种插入"之"字以提前宾语的方式也不限于一般叙述句，在疑问句中如果宾语是疑问代词"何"同别的词语构成的词组，也可以在提前的宾语和动词之间插入"之"。例如：

虢多凉德，其<u>何土</u>之能得？　（《左传·庄公三十二年》）

——虢国做了很多不义的事，哪能得到什么土地？

使群臣往遗之禽，以逞君心，<u>何不可</u>之有？　（《左传·昭公五年》）

——让这些臣子去送给他们作俘虏，以此来称您的心，这有什么不可以的？

宋<u>何罪</u>之有？　（《墨子·公输》）

——宋国有什么罪？

赵举而秦强，<u>何敝</u>之承？　（《史记·项羽本纪》）

——赵被占领秦军就更强大，还等候人家的什么疲惫？

2. 插入其他的词　例如：

<u>朋酒</u>斯飨，日杀羔羊。　（《诗经·豳风·七月》）

——享用两樽酒，杀它几只羊。

我周之东迁，<u>晋</u>、<u>郑</u>焉依。　（《左传·隐公六年》）

——我们周王朝东迁的时候，就依靠晋、郑两国。

"朋酒斯飨"就是"飨朋酒"，"晋郑焉依"就是"依晋郑"（《国语·周语》）作"晋郑是依"）；"斯"和"焉"都是插入的。

3. 不插入任何词语　例如：

民献有十夫<u>予翼</u>。　（《尚书·大诰》）

——群众中的贤者有十个人辅佐我。

详乃视听，罔以侧言改厥度，则<u>予一人汝嘉</u>。　（《尚书·蔡仲之命》）

——审察你的所见所闻，不要以片面的说法改变原来的法度，那我就赞许你。

赫赫师尹，民具<u>尔瞻</u>。　（《诗经·小雅·节南山》）

——显赫的太师尹氏，百姓们都在看着你。

（四）介词"以"的倒装

在古代汉语的叙述句里，有时为了强调，介词"以"的宾语可以提前。例如：

<u>一言</u>以蔽之。　（《论语·为政》）

——用一句话来概括它。

君子义以为质，礼以行之，孙以出之，信以成之，君子哉！（《论语·卫灵公》）

——君子对于事业，以合宜为原则，依礼节来实行它，用谦逊的言语来说出它，用诚实的态度来完成它。这样，真是位君子呀！

其有不合者，仰而思之，夜以继日。（《孟子·离娄下》）

——如果有不合当时情况的，仰着头思考，白天想不好，夜里接着想。

先君若问与夷，其将何辞以对？（《左传·隐公三年》）

——先君如果问到与夷，那将用什么话来回答。（与夷，宋穆公之弟。）

且晋人感忧以重我，天地以要我，不图晋忧，重其怒也。（《左传·僖公十五年》）

——况且晋国大臣把国君被俘的忧伤要我加以重视，指着天地同我相约，不考虑晋国人的忧伤，就是增加他们对我的怨恨。

楚国方城以为城，汉水以为池，虽众无所用之。（《左传·僖公四年》）

——楚国拿方城山做城，拿汉水做护城河，你们兵多也没有地方用。

将子无怒，秋以为期。（《诗经·卫风·氓》）

——请您不要生气，约定了把秋天作为婚期。

礼义以为干橹。（《礼记·儒行》）

——用礼义作盾牌之类的武器。（橹，大盾牌。）

（五）介词"于"的特殊倒装　例如：

申伯还南，谢于诚归。（《诗经·大雅·崧高》）

——申伯回南方去，坚决地要回返谢邑。（谢，地名，在今河南南阳。谢于诚归，即诚归于谢。）

入而能民，土于何有？（《左传·僖公九年》）

——进入以后能得民心，对于土地还用担啥心？（杜预注：能得民，不患无土。）

楚子在申，召蔡灵侯。灵侯将往，蔡大夫曰："王贪而无信，唯蔡于感，今币重而言甘，诱我也，不如无往。"（《左传·昭公十一年》）

——楚灵王在申派人召蔡灵侯前去，蔡灵侯正要去，蔡国的大夫说，"楚王很贪婪而又不讲信用，对蔡国有些不满，现在送来的礼物很丰厚，话又说得好听，这是诱骗我们啊，不如不要去。"（感，同"憾"。蔡于感，即憾于蔡。）

今又丧我先大夫偃，其子幼弱，其一二父兄，惧队宗主，私族于谋而立长亲。（《左传·昭公十九年》）

——现在又失去我们的先大夫驷偃，他的儿子还小，他的一两个父兄忧惧宗主的失坠，私下在家族里商量而立亲属中的长者为继承人。（队，同"坠"。族于谋，即谋于族。）

谚所谓"室于怒，市于色"者，楚之谓矣。（《左传·昭公十九年》）

——谚语所说的"在家里生了气，到了市场还表现在脸上"，这就是说的楚国啊。（室于怒，即怒于室。市于色，即色于市。《战国策·韩策》）正作"怒于室者色于市"。）

启乃淫溢康乐，野于饮食。（《墨子·非乐上》）

——启就纵欲放荡追求享受，在野外大吃大喝。

二、主语、谓语的倒装

这多出现于疑问句和感叹句中。

（一）疑问句的主谓倒装

这种倒装都是为了加强疑问的语气。例如：

何哉，尔所谓达者？（《论语·颜渊》）

——是什么呀，你所说的达？

谁与（欤）哭者？（《礼记·檀弓上》）

——是谁呢，这哭的人？

子邪，言伐莒者？（《吕氏春秋·重言》）

——是您吗，说伐莒的人？

上列三例的谓语都是代词带上疑问语气词，而主语则都是与"者"结合的名词性词组。

（二）感叹句的主谓倒装

这种倒装在现代汉语中还在使用，只是用的语气助词同古代不同罢了。古代汉语的这种句式，一般用"哉"字紧跟着谓语而提在主语之前；主语若是单音词，其后面大多带一个"也"字，而谓语则常是形容词。例如：

直哉，史鱼！（《论语·卫灵公》）

——刚直不屈呀，史鱼这个人！

贤哉，回也！（《论语·雍也》）

——多么有修养呀，颜回这个人呀！

野哉，由也！（《论语·子路》）

——鲁莽呀，仲由啊！

快哉，此风！（宋玉《风赋》）

——畅快呀，这阵风！

主语是单音词，其后也可以带"乎"字。

例如：

富哉言乎！（《论语·颜渊》）

——多么有意思的话呀！

这类句子的感叹语气词有时可以用"矣"字。例如：

展矣君子。（《诗经·邶风·雄雉》）

——诚实呀，这位君子！

甚矣，汝之不惠！（《列子·汤问》）

——太过分啦，你的不聪明！

这类句子的谓语也有用名词或动词的。例如：

君子哉若人！（《论语·公冶长》）

——君子呀，这个人！

君哉舜也！（《孟子·滕文公上》）

——了不起的天子呀，舜啊！

死矣盆成括！（《孟子·尽心下》）

——要死了，盆成括！

前两例的谓语是名词，后一例的谓语是动词。这三个例句都是比较简单的感叹句，下面再举几个比较复杂的句子：

大哉，尧之为君也！（《论语·泰伯》）

——伟大呀，尧做天子啊！

久矣，吾不复梦见周公！（《论语·述而》）

——很长久了，我不再梦见周公！

甚矣，吾不知其人也！（《史记·刺客列传》）

——太过分啦，我不了解那个人啊！

亦太甚矣，先生之言也！（《战国策·齐策》）

——也太过分啦，先生说的这些话啊！

前三例的主语都是主谓结构，后一例的主语、谓语都是偏正结构。

感叹句也有不倒装的。例如：

管仲之器小哉！（《论语·八佾》）

——管仲的器量小得很呀！

子玉无礼哉！（《左传·僖公二十八年》）

——子玉太无礼啦！

古代汉语句中成分的省略

汉语向以简洁著称，这种简洁除了表达技巧所起的作用之外，汉语在语言结构上的省略也起了一定的作用。古代汉语中省略的情况是比较复杂的，从句子成分来说，主语、谓语、宾语都可以省略；从词类来说，代词、介词也往往可以省略——主语、宾语的省略以代词较多。下面先谈句子成分的省略，然后再分别谈代词和介词的省略。

一、句子成分的省略

（一）主语的省略

又可分为当前省、承上省和主语后出现三种。

1. 当前省

这指在对话时，说话者不说出主语，听话者也不致误解。例如：

太后曰："丈夫亦爱其少子乎？"（ ）对曰："（ ）甚于妇人。"（《战国策·赵策》）

——太后说："男子也喜爱小儿子吗？"（触龙）回答说："（男子喜爱小儿子）比妇人还厉害。"

在这段对话中"对曰"的主语省略了，这是当前省；"甚于妇人"的主语是"丈夫爱怜少子"，因为回答的正是这个问题，所以也省略了。这是一般对话时经常使用的省略方法，现代汉语中也有，这里就不多举例了。

2. 承上省

这种被省略的主语由于前面已经提及，因而后面再叙述时就不再重复了。

例如：

　　齐人有冯谖者，贫乏不能自存。（　）使人属孟尝君，愿寄食
门下。（《战国策·齐策》）

　　——齐国人有个叫冯谖的，穷困得没法活下去。（他）请人嘱托孟尝君，
希望在孟尝君的门下混碗饭吃。

　　这两句话的主语都是"冯谖"，因为上一句已说明他的贫困，所以后一句
的主语也可以不再出现。这种省略，现代汉语也有，但古代汉语中还有比较
复杂的句子和一些特殊的方式，则是现代汉语所没有的。例如：

　　郤子至，请伐齐，晋侯不许；（　）请以其私属，（　）又不
许。（《　左传·宣公十七年》）

　　——郤克回到晋国，要求讨伐齐国，晋侯不允许；（他）要用他私人的
兵马去，（晋侯）又不允许。

　　这句话共有五个分句，前三个分句中出现了两个主语，即郤子和晋侯，
从文章和结构来看，第四分句省略的主语是郤子，第五分句省略的主语则是
晋侯。这种句子如要译成现代汉语，第四、第五两句中至少有一句要有明确
的主语。再如：

　　邴夏曰："射其御者，君子也。"公曰："谓之君子而射之，非
礼也。"（　）射其左，（　）越于车下；（　）射其右，（　）毙
于车中。（《左传·成公二年》）

　　——邴夏说："射那车上的御者，那像是个君子啊。"齐侯说："说他是
君子还要射他，这不合礼啊。"（邴夏）就射那个御者的左边，（御者左边的
人）掉在车子下面；（邴夏）又射那个御者的右边，（御者右边的人）倒在
车子里面。

　　在这段话中，"射其左"的主语是邴夏，"越于车下"的主语是"其
左"，"射其右"的主语还是邴夏，"毙于车中"的主语是"其右"，这里全
省略了。在古代汉语中，前后主语的暗换是经常的现象，有时为了避免误解
或提起读者注意，就在暗换和省略的主语前面或后面插进一个连词（如"则"
"遂""乃""而"等）。例如：

使子路反见之，至，（　）则行矣。（《论语·微子》）

——孔子让子路回去再见那位老翁，子路到了那儿，（那老翁）已经不在家了。

郑穆公使视客馆，（　）则束载、厉兵、秣马矣。（《左传·僖公三十二年》）

——郑穆公派人到杞子等居住的地方看看，（杞子等人）已经在捆束行装、磨武器、喂马了。

公使阳处父追之，及诸河，（　）则在舟中矣。（《左传·僖公三十三年》）

——晋襄公派阳处父去追赶孟明等三帅，追到黄河才赶上，可是（孟明等三帅）已经在船上了。

秦伯伐晋……晋人不出，（　）遂自茅津渡，封殽尸而还。（《左传·文公三年》）

——秦穆公带兵来打晋国……晋国人不出来应战，（秦穆公）就从茅津渡过黄河，把殽之战中秦兵的尸体埋葬了就回到秦国。

于是项王大呼驰下，汉军皆披靡，（　）遂斩汉一将。（《史记·项羽本纪》）

——这时候项王高声喊着骑马冲下来，汉军纷纷后退，（项王）就杀了汉军的一员将领。

公子再拜，因问侯生，（　）乃屏人间语曰：“嬴闻晋鄙之兵符常在王卧内……”　（《史记·魏公子列传》）

——公子无忌对侯生拜了两拜，就问侯生有什么办法，（侯生）就让其他人都退出去，悄悄地对公子说：“我听说晋鄙的兵符经常放在魏王的卧室里……”

第一例中“至”的主语是“子路”，下句“行矣”的主语则是上文的“丈人”；第二例中前一分句的主语是“郑穆公”，后一分句的主语则是“杞子”等人；第三例中“及”的主语是“阳处父”，而下一句的主语则是“孟明”等三帅；第四例中“自茅津渡”的主语应是“秦伯”，第五例中“斩汉一将”的主语应是"项王"，第六例中"屏人间语"的主语应是"侯生"。

3. 探后省

这种省略往往是主语在后面的句子中就要出现，因而前面的句子就不提主语。例如：

> 七月（ ）在野，八月（ ）在宇，九月（ ）在户，十月蟋蟀入我床下。（《诗经·豳风·七月》）

——七月里，（蟋蟀）还在田野里；八月里，（蟋蟀）到了屋檐下；九月里，（蟋蟀）到了房门口；十月里，蟋蟀进入我床下。

> 丑父寝于辒中，蛇出于其下，以肱击之，伤而匿之，故不能推车而（ ）及。韩厥执絷马前，再拜稽首，奉觞加璧以进。（《左传·成公二年》）

——作战前夕逢丑父睡在有棚的卧车中，蛇从下面钻出来，逢丑父用胳臂打蛇，受了伤没有声张，所以这时他不能下去推车而被（韩厥）追赶上了。韩厥拿着绊马索走到齐侯驾车的马前，捧着一杯酒再加一块璧进献齐侯。

前一例四个句子的主语都是"蟋蟀"，前三句都未指明，直到最后一句才说出来；后一例的第五个分句实际上是两句话，即"故不能推车而韩厥及"，因为下面就要叙及韩厥，所以"及"的主语就省略了。

（二）谓语的省略

这有两种情况：

1. 承前省　例如：

> 继自今嗣王，则其无淫于观，（ ）于逸，（ ）于游，（ ）于田，以万民惟正之供。（《尚书·无逸》）

——从今以后继位的王都不要过分地欢乐，（过分地）安闲，（过分地）游玩，（过分地）打猎，与万民奉行政事。（以，犹"与"。正，通"政"。供，奉。）

> 季文子三思而后行。子闻之，曰："再（ ）斯可矣。"（《论语·公冶长》）

——季文子每件事都考虑多次才去行动。孔子听到了，说："想两次也就可以了。"

帝初于历山，往于田，日号泣于旻（mín）天，（ ）于父母。（《尚书·大禹谟》）

——帝舜起初在历山耕种，到田地里去，每日向着天一面诉苦，一面哭泣；向着父母一面诉苦，一面哭泣。

然民虽有圣智，弗敢我谋；（ ）勇力，弗敢我杀。（《商君书·画策》）

——这样百姓们虽然有极高的智慧也不敢谋算我；虽然有勇力也不敢杀害我。

第一例第三、第四和第五句都省略了"淫"，第二例"再"后省略了"思"字，第三例的最后一句省略了"号泣"，第四例省略了"有"。

2. 探后省　例如：

躬自厚（ ）而薄责于人，则远怨矣。（《论语·卫灵公》）

——多多责备自己而轻一点责备别人，怨恨就不会来了。

北宫伯子以爱人长者（ ），而赵同以星气幸。（《史记·佞幸列传》）

——北宫伯子因为他对人宽厚诚实而被皇帝宠幸，赵同因为会给人算命被皇帝宠幸。

杨子之邻人亡羊，既率其党（ ），又请杨子之竖子追之。（《列子·说符》）

——杨子的邻人丢了羊，已经率领他的亲族去追，又要求杨子的童仆去追。

第一例的"厚"后省略了"责"字，第二例的"长者"后省略了"幸"字，第三例的"率其党"后面省略了"追之"。

（三）宾语的省略

这种省略大多是省略了代词"之"字，后面还要谈到，这里先举两个例子：

请京，使（ ）居之。（《左传·隐公元年》）

——要求把京给段作封邑；郑庄公就让他住到那儿去。

吴广素爱人，士卒多为（ ）用者。（《史记·陈涉世家》）

——吴广平素爱护那些戍卒，因此士卒大多愿意听他使用。

前一例省略的是动词"使"后的宾语，后一例省略的是介词"为"后面的宾语。

二、代词、介词在句中的省略

（一）代词"之"的省略

这也就是宾语的省略。常见的有下列三种情况：

1. 在使令性动词后面　延伸式复杂谓语中动词"使""令"的宾语"之"往往省略。例如：

孟尝君问："冯公有亲乎？"对曰："有老母。"孟尝君使人给其食用，无使（　）乏。（《战国策·齐策》）

——孟尝君问："冯公有父母吗？"左右回答说："有个老母。"孟尝君派人供应她的食物和日常用度，不要让她缺乏。

荆轲顾笑舞阳，前谢曰："……愿大王稍假借之，使（　）得毕使于前。（《史记·刺客列传》）

——荆轲回过头来嘲笑秦舞阳，走上前去谢罪说："……希望大王稍微宽容他一下，让他能在大王面前完成他做使臣的礼节。"

秦王……乃行金万斤于魏，求晋鄙客，使（　）毁公子于魏王。（《史记·魏公子列传》）

——秦王……就派人带了万斤黄铜到魏国，访求晋鄙的门客，让他们在魏王面前毁谤公子无忌。

见渔人，乃大惊……便要（　）还家，设酒杀鸡作食。（陶潜《桃花源记》）

——桃花源中的人看到渔人，大吃一惊……就邀请渔人到他家，准备了酒，杀了鸡做饭给渔人吃。

第一例省略了代替"老母"的"之"字，第二例省略了代替"舞阳"的"之"字，第三例省略了代替"晋鄙客"的"之"字，第四例省略了代替"渔人"的"之"字。

2. 在介词"于""以"前面　介词结构"于……""以……"用在动词

后面时，那动词与介词结构之间往往省略了代词"之"字。例如：

公至自越，季康子、孟武伯逆（　）于五梧。（《左传·哀公二十五年》）

——鲁哀公从越国回来，季康子、孟武伯到五梧去迎接他。

左右以君贱之也，食（　）以草具。（《战国策·齐策》）

——孟尝君的左右认为孟尝君轻视冯谖，把粗恶的饮食给他吃。

或告惠子曰："庄子来，欲代子相。"惠子恐，搜（　）于国中，三日三夜。（《庄子·秋水》）

——有人告诉惠子说："庄子来这儿，要代替您为相。"惠子害怕了，在国都内搜查庄子，搜了三天三夜。

第一例省略了代替"公"的"之"字，第二例省略了代替上文"冯谖"的"之"字，第三例省略了代替"庄子"的"之"字。这些被省略的"之"字可以是指人的，也可以是指事的。例如：

将行，谋（　）于桑下。（《左传·僖公二十三年》）

——将要离开齐国，在桑树下商量这件事情。

这里的"谋于桑下"就是"谋将行之事于桑下"。

3. 在介词"与""为""以"后面　介词结构用作动词的状语时，如果"与""为""以"三词的宾语是"之"时，也往往省略。例如：

臣客屠者朱亥，可与（　）俱。（《史记·魏公子列传》）

——我的朋友朱亥，可以同他一起去。

人或言复召荆卿，盖聂曰："曩者吾与（　）论剑，有不称者吾目之。"　（《史记·刺客列传》）

——有人对盖聂说再把荆轲找来，盖聂说："不久前我跟他谈论剑术，在意见不合的时候我用眼睛瞪他。"

于是秦王不怿，为（　）一击缶。（《史记·廉颇蔺相如列传》）

——这时候秦王很不高兴，给他敲了一下缶。

村中闻有此人，咸来问讯，此人一一为（　）具言所闻。（陶潜《桃花源记》）

——村里的人们听说来了这个渔人，都来询问消息，这个渔人一一地给他们详细述说所听到的。

愿令（　）得补黑衣之数。（《战国策·赵策》）

——希望让他能在王宫的黑衣卫队中补上一个名字。

六马不合，则造父不能以（　）致远。（《荀子·议兵》）

——驾车的六匹马不协调，即使是造父也不能把这种车子赶到远地。（造父，周穆王时的有名御者。）

上面六例中被省略的都是代替人的"之"字，下面的例句是省略了代替事物的"之"字：

将行，谋于桑下。蚕妾在其上，以（　）告姜氏。（《左传·僖公二十三年》）

——将要离开齐国，在桑树下面商量这件事情。采桑养蚕的女奴隶正在桑树上，回去就把它告诉姜氏。

吾骑此马五岁，所当无敌……以（　）赐公。（《史记·项羽本纪》）

——我骑这匹马五年，没有能赶上它的……将它送给你。

（二）介词的省略

1. 介词"于"的省略　这种省略以表示处所及在宾语"之"之后为最多。例如：

孟尝君就国于薛，未至百里，民扶老携幼，迎君（　）道中终日。（《战国策·齐策》）

——孟尝君归返他自己的封邑薛，距离薛尚有一百里，百姓们搀着老人拉着孩子，在路上迎接孟尝君，成天地没有间断。

帝感其诚，命夸蛾氏二子负二山，一厝（　）朔东，一厝（　）雍南。（《列子·汤问》）

——天帝为他的诚心所感动，命令夸蛾氏的两个儿子背这两座山，一座放置在朔方的东部，一座放置在雍州的南部。

郑人有欲买履者，先自度其足而置（　）其坐。（《韩非子·外储说左上》）

——郑国有个人欲去买鞋，先自己量了他脚的大小而把量的尺码放在座席上。

2. 介词"以"的省略　例如：

客闻之，请买其方（　）百金。（《庄子·逍遥游》）

——有个人听到这件事，要求用百金来买他的配方。

吾曩者（　）目摄之。（《史记·刺客列传》）

——我刚才用眼光已经把他降伏了。

夫樊将军，秦王购之（　）金千斤、邑万家。（《史记·刺客列传》）

——那个樊将军，秦王用黄铜一千斤、一万户的封邑做奖赏来捉拿他。

于是太子预求天下之利匕首，得赵人徐夫人之匕首，取之（　）

百金，使工以药淬（cuì）之。（《战国策·燕策》）

——这时太子丹就预先寻求锋利的匕首，找到了赵国人徐夫人的匕首，用一百斤黄铜买了来，叫人用药水浸它。

（选自《古代汉语》，甘肃人民出版社 1980 年版）

文言语词工具书介绍

前　言

工具书一词，顾名思义，是作为工具的书籍。每门学科都有其工具书，而语文学科的工具书则尤其丰富。古人说："工欲善其事，必先利其器。""器"就是工具，可见掌握工具并使工具锋利是做好工作的重要条件。我们在研习祖国语文时，能够熟练地运用工具书，将使我们节省下很多时间和精力。

语文学科的工具书是多种多样的。从种类来说，有辞书、类书、索引（引得）、年鉴及各种表册等等；从数量来说，由古到今可以论百计。要全面地了解这些书的内容和用法，不是短期内所能做到的，这里只是重点地介绍一些语言文字方面的辞书和字典。

我国解释语言文字的辞书在编排方法和解释对象方面也是多种多样的：有的是按意义归类，有的是按部首编排，有的是按韵部排列；有的专讲字义，有的兼讲字义与字形；有的专讲虚词，有的虚词实词都讲；有的以经书为解释对象，有的以诗词曲（或只以戏曲）为解释对象；有的专讲方言，有的兼讲方言和通语（当时的普通话）。总之，由于作者和编者的注意点不同，就相应地采取了不同的编排方法。这里所介绍的只是一些辞书的梗概及其编排和释词的方法，有的也略作评价，挂一漏万，请读者批评指正。

壹　依词义或字形编排的词书

一、《尔雅》介绍

(一)　《尔雅》的名称及其成书年代

关于《尔雅》的名称，汉代已有两家学者作过解释。其一是张晏在其《汉书注》中说："尔，近也；雅，正也。"另一是刘熙在其《释名》中说："《尔雅》，尔，昵也；昵，近也。雅，义也；义，正也。五方之音不同，皆以近正为主也。"这两家的解释基本上是一致的，他们都认为"尔雅"两字就是"近于雅"或"近于正"的意思。这里我们对于"雅"的理解，还应作进一步的说明。在先秦时代，有所谓的"雅言"。《论语·述而》："子所雅言，《诗》《书》、执礼，皆雅言也。"旧时的注家说，"雅言"就是"正言"，那么"正言"又是什么呢？其实那时的所谓"雅言"，就相当于现代所指的普通话（也就是标准语）。此外，"雅"在古代同"夏"字通；"夏"指先秦时期的中原地带，也正是当时普通话通行的地区。因此，不论"雅"作"正"讲，还是作"夏"用，所谓的"尔雅"就是近于普通话的意思，而《尔雅》一书就是解释普通语词的词书。

《尔雅》的成书年代和作者问题，过去的说法很不一致，现在先把几种主要的说法介绍于下：

1.《尔雅》是孔丘门人所作

这一说法是东汉的郑玄（127—200）首先提出的。他说："玄之闻也，《尔雅》者，孔子门人所作，以释六艺之旨，盖不误也。"（《〈诗经·黍离〉正义》引）

2.《尔雅》兴于中古

这一说法始见于东晋郭璞（276—324）的《尔雅序》。他说："《尔雅》者，盖兴于中古，隆于汉代。"这里所说的"中古"，是古代解说经书的人划分历史时期的一个名词。提出这种说法的人把伏羲氏时代称为上古，文王时代称为中古，孔子时代称为下古。郭璞所说的"中古"则是指周公（周文王的儿子姬旦），他把《尔雅》的著作权完全归于周公。

3. 《尔雅》是周公所作，但经后人增益和补考

这一说法始见于三国魏时张揖的《上广雅表》。他说："昔在周公，缵述唐虞，宗翼文武，克定四海，勤相成王。……六年制礼，以导天下，著《尔雅》一篇，以释其意义。……爰暨帝刘，鲁人叔孙通撰置《礼记》，文不违古。今俗所传三篇《尔雅》，或言仲尼所增，或言子夏所益，或言叔孙通所补，或言沛郡梁文所考，皆解家所说，先师口传，既无正验，圣人所言，是故疑不能明也。"这里张揖提到作、增、益、补、考的人，但都未加肯定。

4. 《尔雅》是汉儒所作

这一说法始见于北宋欧阳修（1007—1072）的《诗本义》。他说："《尔雅》非圣人之书，不能无失，考其文理，乃是秦汉之间学《诗》者纂集说《诗》博士解诂。"

根据《尔雅》的内容和其他有关材料，我们认为这部书的成书年代绝不会晚到汉代，它的作者也不是一个人，它是始创于周公，完成于孔门子弟，后来又经过汉代学者的补充。因此，我们说《尔雅》是从周到汉经过许多人辛勤劳动才完成的一部集体著作。

（二）《尔雅》的编排和内容

《汉书·艺文志》记载："《尔雅》三卷，二十篇。"这是《尔雅》见于著录最早的材料，但是现在所流传的《尔雅》则只有十九篇。所谓"三卷"，是指这书分为上、中、下三卷，分篇的次第和篇名如下：

卷上：释诂第一，释言第二，释训第三，释亲第四；

卷中：释宫第五，释器第六，释乐第七，释天第八，释地第九，释丘第十，释山第十一，释水第十二；

卷下：释草第十三，释木第十四，释虫第十五，释鱼第十六，释鸟第十七，释兽第十八，释畜第十九。

《尔雅》是一部按意义归类的词书，除了《释诂》《释言》《释训》三篇外，其余各篇所收的词大多是各以标目为类的名词。如《释亲》篇中都是有

关亲属的名词，《释宫》篇中都是有关宫室、交通等的名词，以下各篇也无不如此。但是《释诂》《释言》《释训》三篇的内容就比较复杂一些：《释诂》《释言》两篇中所收的词都是动词、形容词和一些抽象名词（也有少数具体名词），《释训》篇中所收的词语大多是"六经"中的语句。关于这三篇分列的理由，前人有过很多解释，我们认为其中以俞樾（1821—1907）的解释比较合乎实际。俞樾说：

> 《尔雅》首三篇之名，《邢疏》所说不了，其云《释言》则《释诂》之别，然则二篇犹一篇矣，窃谓不然。以愚论之，《释诂》一篇所说皆本义，故谓之诂；诂者，古也，言古本义如此也。即如"初、哉、首、基"四字，《邢疏》曰："初者，《说文》云，'从衣，从刀，裁衣之始也'。哉者，古文作才，《说文》云，'才，草木之初也'，以声近借为哉始之哉。首者，头也，身之始也。基者，《说文》云，'墙始筑也'。"非皆字之本义乎？《释言》一篇所说，则字之本义不如此，而古人之言有如此者。即以篇首"殷、齐，中也"言之，"殷"本不训"中"，《书》云"以殷仲春"，此殷字则训为"中"，故曰"殷、齐，中也"。此《释言》所以异于《释诂》也。至《释训》一篇所说，直是后世笺注之祖，所以解释经文。如"斤"字并不训"察"，而《周颂》云"斤斤其明"，合二字为文，则有"察"义矣，故曰"斤斤，察也"。"秩"字并不训"智"，而《小雅》云"左右秩秩"，合二字为文，则有"智"义矣，故曰"秩秩，智也"。本篇所释多重言，皆本经文，并有举全句而释之者，此《释训》所以异于《释言》也。

（《〈尔雅〉释诂、释言、释训三篇名义说》）

俞樾的上述说法基本上是正确的，《释诂》所解释的词义大都是说其本义，《释言》所解释的大都是其引申义，《释训》所解释的大都是"六经"中的语句。

（三）《尔雅》解释词义的方法

《尔雅》解释词义的方法根据各篇的内容而有所不同。《尔雅》十九篇大体上可分为三大组，每组的解释方法各有其特点。《释诂》《释言》《释训》为一组，《释亲》至《释水》等九篇为一组，《释草》至《释畜》等七篇为一组。下面就简略地介绍各组的解释方法。

1. 《释诂》等三篇的解释方法

(1) 文同训异　《释诂》《释言》有时在上下相承的两条或三条里，被解释的词相同，而解释各异。如《释诂》中有这样一些例子：

弘、廓……憮（hū）、厖（máng）……，大也。

憮、厖，有也。

享，孝也。

珍、享，献也。

怡、怿、悦……愉……，乐也。

悦、怿、愉、释、宾、协，服也。

典、彝、法、则、刑、范、矩……，常也。

柯、宪、刑、范、辟、律、矩、则，法也。

……仇、偶、妃、匹、会，合也。

仇、雠、敌、妃、知、仪，匹也。

妃、合、会，对也。

在《释言》中也有这样的例子，如：

爽，差也。

爽，忒也。

祺，祥也。（郭璞注："谓征祥。"）

祺，吉也。（郭璞注："祥吉之先见。"）

髦，选也。（郭璞注："俊士之选。"）

髦，俊也。（郭璞注："士中之俊如毛中之髦。"）

庶，侈也。（郭璞注："庶者众多为奢侈。"）

庶，幸也。（郭璞注："庶几，傒幸。"）

济，渡也。

济，成也。

济，益也。（郭璞注："所以广异训，各随事为义。"）

（2）训同义异　这就是王引之所说的"二义不嫌同条"（《经义述闻》卷二十六）和严元照所说的"一义两训"。这种情况是说，在每组词里最后用来解释的那个词有两个意思，因而被解释的那些词的意义也可以分为两组——它们原来应该分开来解释，只是用来解释的词相同，所以就放在一起了。这种情况在《释诂》中出现的次数很多，这对我们一些初学的人来说，就应该特别注意。例如：

《释诂》：林、烝、天、帝、皇、王、后、辟、公、侯，君也。

这条最后用来解释的词"君"字有两个意思：一个是借为"群聚"之"群"，"林、烝"两词就是这个意思；一个是"君上"之"君"，"天、帝、皇、王、后、辟、公、侯"等词就是这个意思。《尔雅》在这一条里把两组意义不同的词放在一起，用具有两个意义的"君"字来解释。如果我们不懂得这种解释方法，在阅读古书时就会误解原文的意思，甚至无法解释原句。"君"字作"群"讲，在其他古书中也有例证，如《管子·大匡篇》："桓公使鲍叔识君臣之有善者。"这里的"君臣"就是"群臣"。《吕氏春秋·召类》："群者，众也。"《白虎通义》："林者，众也。……烝，众也。""林""烝""群"都可以作"众"讲，所以《尔雅》的作者就用作"群"讲的"君"字来解"林、烝"两词。古人也有不了解这一道理因而把古书讲错了的。如西汉时的毛公在解说《诗经·大雅·文王有声》的"文王烝哉"时，就把"烝"讲成"君上"（韩《诗》训"烝"为"美"）。再如《楚辞·天问》的"伯林雉经"，这里的"林"也应作"群"或"众"讲，而东汉时的王逸因《国语·晋语》载有太子申生雉经（自缢，上吊死）的事，就把"伯林"错解为"长君"而附会为"申生"。义同条还可举一些例子，如：

《释诂》：台（yí）、朕、赉、畀、卜、阳，予也。

这里"予"有"我"和"给予"两种意思，"台、朕、阳"的意思都是"我"，而"赉、畀、卜"的意思则都是"给予"，因"予"有两义而合为一条。

《释诂》：治、肆、古，故也。

这里"故"有"久故"（时间久远）和现代连词"所以"两种意思，"治"和"古"的意思都是"久故"，而"肆"的意思则是现代的"所以"（这种用法的"肆"字如《尚书·无逸》："昔在殷王中宗，严恭寅畏，天命自度，治民祗惧，不敢荒宁，肆中宗之享国七十有五年"），因"故"有两义而合为一条。

《释诂》：载、谟、食、诈，伪也。

这里"伪"有"作为"和"诈伪"两种意思，"载、谟、食"的意思是"作为"，"诈"的意思是"诈伪"，因"伪"有两义而合为一条。

《释诂》：昌、敌、强、应、丁，当也。

这里"当"有"当（dàng）理"和"相当（dāng）"两种意思，"昌"的意思是"当理"，"敌、强、应、丁"的意思则是"相当"，因"当"有两义而合为一条。

（3）相反为训　这种情况是被解释的词同解释的词有时意义正好相反。例如：

《释诂》：落，始也。　《释诂》：落，死也。

《释诂》：愉，乐也。　《释诂》：愉，劳也。

《释诂》：豫，乐也。　《释诂》：豫，厌也。

《释诂》：繇，忧也。　《释诂》：繇，喜也。

《释诂》：念，思也。　《释训》：勿念，勿忘也。

《释言》：鞠，生也。　《释言》：鞠，穷也。

《释诂》：康，静也。　《释诂》：康，安也。　《释言》：康，苛也。

(4) 辗转相训　这在《释诂》中最多，这种情况说明这些词的意义是相通的。例如：

舒、业、顺，叙也。（郭璞注："皆谓次叙。"）

舒、业、顺、叙，绪也。（郭璞注："四者又为端绪。"）

这两组词说明"舒、业、顺"既可作"叙"（次叙）讲，又可作"绪"（端绪）讲。下面再举几个情况相同的例子：

遹（yù）、遵、率、循、由、从，自也。

遹、遵、率，循也。

允、孚、亶、展、谌、诚、亮、询，信也。

展、谌、允、慎、亶，诚也。

遌、逢，遇也。

遌、逢、遇，逆也。

遌、逢、遇、逆，见也。

(5) 同字为训　解释的字和被解释的字只是形体不同（意义和用法全同），用来互相解释。例如：

《释诂》：于，於也。（"于""於"在周代是古今字，《尚书》多用"于"，《论语》多用"於"）

《释诂》：廼，乃也。（《广韵》以"廼"为"乃"的古字。）

《释言》：遹，述也。（孙炎认为"遹"是古"述"字。）

《释言》：爔，火也。（"火"古读为爔，"爔"是"火"的异体字。）

2.《释亲》以下各篇的解释方法

(1) 缀系法　即用相同的句式连着解释两组或者更多的词。例如：

《释器》：肉曰脱之。（李巡注："肉去其骨曰脱。"郭璞注："剥其皮也。"）鱼曰斯（析）之。（樊光注："斯，砍也。"李巡注：

"作〔斩〕之，鱼骨小，无所去。"郭璞注："谓削鳍也。"）

上例是通过句式相同的上下两句，分别解释"脱"和"斩"两词，意思是在烹调之前治肉叫"脱"，治鱼叫"斩"。下面的几组例子，作用相同。

《释乐》：徒歌谓之谣。（徒歌，无乐器伴奏唱歌。郭璞注："《诗》云：'我歌且谣。'"）徒击鼓谓之咢。（郭璞注："《诗》云：'或歌或咢。'"）

《释宫》：西南隅谓之奥。（郭璞注："室中隐奥之处。"）西北隅谓之屋漏。（郭璞注："《诗》曰：'尚不愧于屋漏。'其义未详。"）

《释天》：春为苍天。夏为昊（hào）天。秋为旻（mín）天。冬为上天。

《释地》：邑外谓之郊。郊外谓之野。野外谓之林。林外谓之坰（jiōng）。

《释鸟》：鸬鸟丑，其飞也翔。（郭璞注："布翅翱翔。"）鹰隼丑，其飞也翚（huī）。（翚，鼓翅疾飞。郭璞注："鼓翅翚翚然疾。"）

（2）归纳法　这是在每节之后各用其类属的总名来概括为小类，使人可以在每一篇中按其类来寻求。例如：

《释亲》分"宗族""母党""妻党""婚姻"等小类；

《释天》分"四时""祥""灾""岁阳""岁阴""岁名""月阳""月名""风雨""星名""祭名""讲武""旌旗"等小类；

《释地》：分"九州""十薮""八陵""九府""五方""野""四极"等小类；

《释兽》：分"寓属""鼠属""齸属""须属"等小类；

《释畜》：分"马属""牛属""羊属""狗属""鸡属""六畜"等小类。

（3）连类法　这是一种由此及彼的方法。例如"讲武"同"天"并不相类，由于古时春夏秋冬四季田猎的名称不同，因此就随着田猎而列入《释天》。

再如"舟""泭"（桴）都是器物，应该列入《释器》，因为说到涉水，就连及渡水的工具，所以就把"扬舟""造舟""维舟""方舟""特舟"和"泭"都列入《释水》。

再如《释草》有"木谓之华，草谓之荣"，这是因草而及木；《释木》有"如木楸曰乔，如竹箭曰苞，如松柏曰茂"，这是由木而及草；《释鸟》有"二足而羽谓之禽，四足而毛谓之兽"，这是由鸟而及兽；《释兽》有"兽曰衅，人曰挢，鱼曰须，鸟曰狊（jí）"，这是由兽而及其他。

3. 《释草》以下七篇的解释方法

《释草》以下七篇中物名的称呼，有的同名异实，有的异名同实。过去的学者对这七篇的解释方法作过很多研究，最有名的有王述曾的《尔雅草木虫鱼鸟兽释例》，陈玉澍的《释草七篇泛言例》和王国维的《尔雅草木虫鱼鸟兽释例》，其中以后一文为最精。根据王国维的说法，物名有"雅""俗""古""今"之不同，《尔雅》的解释物名，就在于沟通"雅""俗"和"古""今"的不同。它解释的办法是"释雅以俗，释古以今。闻雅名而不知者，知其俗名斯知雅矣；闻古名而不知者，知其今名斯知古矣。若雅俗、古今同名，或此有而彼无者，名不足以相释，则以其形释之。草木虫鱼鸟兽多异名，故释以名；兽与畜罕异名，故释以形。"这是七篇解释方法的总情况，可以分析为如下的八种方法：

（1）雅名相同，所指事物不同，就用俗名来解释。例如：

《释草》：
$$\begin{cases} \text{蘩，皤蒿。（郭璞注："白蒿。"）} \\ \text{蘩，菟葵。（郭璞注："未详。"）} \end{cases}$$

这里的两个"蘩"是同名异实的雅名，所以用各自的俗名"皤蒿"和"菟葵"来解释。再如：

《释鸟》：
$$\begin{cases} \text{燕，白脰鸟。（郭璞注："脰，颈。"）} \\ \text{燕燕，鳦。（郭璞注："《诗》云：'燕燕于} \\ \text{飞。'一名玄鸟；齐人呼鳦。"）} \end{cases}$$

(2) 俗名不同，所指事物相同，就以共同的雅名来解释。例如：

《释草》：
- 薜，山蕲。（郭璞注："《广雅》曰：'山蕲，当归。'当归，今似蕲而粗大。"）
- 薜，白蕲。（郭璞注："即上山蕲。"）

这里的"山蕲"和"白蕲"是异名同实的俗名，所以用共同的雅名"薜"来表示它们，实际是同一事物。再如：

《释木》：
- 杜，甘棠。（郭璞注："今之杜梨。"）
- 杜，赤棠。（郭璞注："棠色异，异其名。"）

(3) 雅名不同，所指事物相同，就用共同的俗名来解释。例如：

《释草》：
- 椴，木堇。
- 榇，木堇。（郭璞注："别二名也。似李树，华朝生夕陨，可食。或呼曰'及'，亦曰'王蒸'。"）

这里的"椴"和"榇"是异名同实的雅名，所以用共同的俗名"木堇"来表示它们，实际上是同一事物。

(4) 此物的雅名与另一物的俗名相同，就各以其不同的俗名与雅名来区别。例如：

《释草》：
- 荼，苦菜。（郭璞注："《诗》曰：'谁谓荼苦。'苦菜可食。"）
- 蕛苵，荼。（郭璞注："即苵也。"）

这里的上一"荼"是雅名，下一"荼"是俗名，所以用前者的俗名"苦菜"和后者的雅名"蕛苵"来加以区别。

(5) 同一事物有不同的雅名和俗名，就用其相同的俗名或雅名来表示它们实为一物。例如：

《释鸟》：
- 仓庚，商庚。（郭璞注："即鵹黄也。"）
- 鵹黄，楚雀。（郭璞注："即仓庚也。"）
- 仓庚，鵹黄也。（郭璞注："其色鵹黑而黄，因以名云。"）

这里的"商庚"和"鹒黄"是异名同实的俗名,而"仓庚"则是它们共同的雅名,所以用它来表示它们是同一事物。

(6) 同一事物的雅名与俗名相同,有时在读音上略有区别。例如:

《释草》:果蠃(luǒ)之实,栝楼。(郭璞注:"今齐人呼为天瓜。")

"果蠃"与"栝楼"是双声,只是韵母略有不同。再如:

《释鱼》:科斗,活东。(郭璞注:"虾蟆子。")

(7) 俗名取用一些共同的雅名,就在前面加上表示产地、形状、色、味等类的词来加以区别。例如:

《释草》:术,山蓟。(郭璞注:"《本草》云:'术,一名山蓟。'今术似蓟而生山中。")

《释木》:栲,山樗。(郭璞注:"栲似樗,色小白,生山中,因名云。亦类漆树。")

《释鸟》:秩秩,海雉。(郭璞注:"如雉而黑,在海中山上。")

《释虫》:螟蛉,桑虫。(郭璞注:"俗谓之'桑蟥',亦曰'戎女'。")

以上各例都是在共名之前加上产地"山""海""桑"等词来加以区别。再如:

《释草》:孟,狼尾。(郭璞注:"似茅,今人亦以覆屋。")

《释木》:洗,大枣。(郭璞注:"今河东猗氏县出大枣子如鸡卵。")

《释草》:苤苢,马舄。(郭璞注:"今车前草,大叶长穗,好生道边,江东呼为虾蟆衣。")

《释木》:终,牛棘。(郭璞注:"即马棘也,其刺粗而长。")

以上是以形状来区别的。再如:

《释草》:权,黄华。(郭璞注:"今谓牛芸草为黄华,华黄,叶似苜蓿。")

《释木》:杜,赤棠。

《释虫》：蟫，白鱼。（郭璞注："衣、书中虫，一名蛃鱼。"）

《释兽》：貘，白豹。（郭璞注："似熊……或曰：'豹白色者别名貘。'"）

以上是以色来区别的。再如：

《释草》：蕮，苦堇。

《释木》：蹶泄，苦枣。（郭璞注："子味苦。"）

《释木》：杜，甘棠。（郭璞注："今之杜梨。"）

《释木》：樲，酸枣。（郭璞注："树小实酢。《孟子》曰：'养其樲枣。'"）

以上是以味来区别的。

(8) 用双声词或叠韵词来解释的。例如：

《释草》：薢茩，芵光。（郭璞注："决明也。……关西谓之薢茩。""芵"和"光"古音都属见母，双声。）

《释草》：蒚，蒚蓸。（郭璞注："似蒲而细。""蒚"和"蓸"为双声。）

《释虫》：蜣蜋，蜣蜋。（郭璞注："黑甲虫，唉粪土。""蜣"和"蜋"为叠韵。）

《释鱼》：蝾螈，蜥蜴。（"蜥"和"蜴"为叠韵。）

(四) 《尔雅》的注本

从汉代开始，注《尔雅》的人很多，这里只介绍较重要的注本。

1. 郭璞 (276—324) 的《尔雅注》

郭璞字景纯，东晋初年人，《晋书·郭璞传》说他"好经术，博学有高才……好古文奇字，妙于阴阳算历"，"注释《尔雅》，别为《音义》《图谱》，又注《三仓》《方言》《穆天子传》《山海经》及《楚辞》《子虚》《上林赋》数十万言，皆传于世"。现在流传的郭璞所撰的小学书除了《尔雅注》以外，还有《方言注》。《经典释文·叙录》对郭注作了很高的评价："先儒于《尔雅》多亿必之说，乖盖阙之义，惟郭景纯洽闻强识，详悉古今，作《尔雅注》，为世所重。"自从郭注出来以后，旧日十余家的注解都慢慢失去作用而至消失，后来谈《尔雅》的人也只能在他的注释基础上加以补充和发挥。

郭注的优点有下列四个方面：

（1）佐证丰富　郭璞的《尔雅注》引用的典籍很多，如《逸周书》《鲁诗》《仓颉篇》、《诗经》的毛传和郑笺、《本草》《广雅》等等，郭都从中引取佐证。

（2）说解谨慎　郭璞虽然曾经注释过《山海经》和《穆天子传》，但他在解释《尔雅》中的"西王母"时，却并未轻易援引上述两书的材料，可见他并不用神异之说同《尔雅》的解释相混淆。此外，他在注解时特别注意实证，并加以刻画、描写，而对自己没有把握的词语则注以"未详"，这些都显示其解释的态度非常严肃认真。

（3）多用当时的通语和方言　这从上文引例中即可看出，这里不再赘列。

（4）注意语音　郭璞往往能根据语音去考察词语相互之间的关系，例如他在注解"卬、吾、台、予、朕、身、甫、余、言，我也"的时候就说："卬，犹姎也，语之转耳。"（《释诂》）再如注解"邸谓之柢"时说："根柢皆物之邸，邸即底，通语也。"（《释器》）

2. 邢昺（932—1010）的《尔雅义疏》

邢昺字叔明，是北宋时的经学家。他的《尔雅义疏》是在郭璞注的基础上作进一步的疏解，正如《注疏序》所说，"理义所诠，则以景纯为主"。全书共十卷，后世简称之为"邢疏"。此书的主要优点有下列三个方面：

（1）补郭注之缺　郭璞注有些注明"未详"的地方，邢昺虽然没有全部补出，但对"萴""肇""逐""求""卒""廪""宦""徒骇""太史""胡苏"的补注都有所根据，而且正确。

（2）能从声音相通来解释词义　在研究《尔雅》的过程中，有意识地由声音相通来解释词义，可说是开端于邢昺。例如他在疏解"哉""怡""漠""谌""亮""询"等词的时候，都是从声近义通来解说的。

（3）能随时指出《尔雅》解释词义的条例　如他说："《释诂》不妨尽出周公，题次初无定例，造字与用字不必尽同诸条，随便即言。"

3. 邵晋涵（1743—1796）的《尔雅正义》

邵晋涵字与桐，又字二云，号南江，是清代乾隆时有名的学者。他的《尔雅正义》是为改补"邢疏"而作的。清代解说《尔雅》的专著很多，但其规模法度都不出邵氏之外。邵氏在自序中说，该书的特点有六个方面，兹简略介绍于下：

（1）校文　该书依据唐石经以及宋刻本和诸书所引审定经文，增校郭注。

（2）博义　该书以郭注为主，兼采各家的解说。

（3）补郭　该书根据齐、鲁、韩诗，马融、郑康成的《易》注以及诸经旧说，对郭注"未详"的词条进行了补充。

（4）证经　郭璞的《尔雅注》多引《诗经》为证，以致有人误认为《尔雅》是专门解释《诗经》的。邵氏依据《易经》《周礼》《仪礼》《春秋》三传、大小戴《礼记》以及周秦诸子和汉代人的著述，有选择地征引，与郭注相印证。

（5）明声　该书也注意由声音相通来解释意义上的关联。

（6）辨物　该书对过去解释草木虫鱼鸟兽等名称的一些旧说，有实物证明是正确的，就"详其形状之殊，辨其沿袭之误"；对没有实证的，就"择从旧说，以近古为征，不敢为亿必之说"。

4. 郝懿行（1755—1823）的《尔雅义疏》

郝懿行字恂九，号兰皋，清代嘉庆时著名学者。他的《尔雅义疏》是在前人（特别是邵晋涵）研究的基础上加以总结的一部作品。这部书的全名应该叫做《尔雅郭注义疏》，即在郭注的基础上加以疏解的意思。该书在《尔雅》原文的各条之下都保留郭注的全文，然后才以自己的见解进行考证和疏解。他在注解中征引的广博是以前各家的注解不能相比的，此外他还注意实证，因此他的见解有很多是十分精当的。他特别注意语音同词义的关系，所以他在推求本字的同时，特别注意到文字的通假。例如：

《释言》：佴，贰也。（郭璞注："佴次为副贰。"）

郝氏的《义疏》说：

贰者，《说文》云"副益也"。……佴者，《说文》云"伙也"，"伙"亦"次"，故《文选·报任少卿书》注引如淳曰"佴，次也"。

《诗》："决拾既佽。"《周礼·缮人》注作"决拾既次"。"佽"又
"代"也，与"贰"同义。"佴"之为言犹"亚"也；"亚"，次也。
亚、佴之声又相转。

再如：

《释木》：栈木，干木。（郭璞注：殭木也，江东呼木觡。）

郝氏的《义疏》说：

《说文》："栈，棚也。"盖棚以栈木为之，因名栈。栈，阁也，
犹车以栈木为之因名栈车，道以栈木为之因名栈道矣。干者，假借
字。《释文》："干，樊本作杆。"《广雅》云："杆，柘也。"
"杆"与"榦"同。《禹贡》："荆州厥贡杶榦。"《考工记》疏引
《郑注》："榦，柘榦也。"盖弓人取榦柘为上，此柘所以名榦，杆
木为棚栈，亦所以立榦也。《诗》之"干旄"，《左传》引作"竿
旄"，是"竿""杆""干"并古字通。……郭云"江东呼木觡"
者，"觡"之言犹"格"也，"格"犹"阁"也。《说文》："格，
木长貌。"

在郝氏《义疏》中，这样以声音通释的例子很多，这里就不多举了。当
然，郝氏的这部书也有一些缺点，但截至目前，在注解《尔雅》的著作中，
还算是比较全面的一部。

（五）《尔雅》对后世的影响

《尔雅》是我国最古老的一部词书，共收了二千零九十一条词。虽然收词
为数不多，编排方法不太科学，翻检起来也不大方便，但是作为我国语言学
史上的第一部词书，它是应该给以足够的重视的。它记载了先秦作品和当时
口头的一些词汇，并且加以解释，因此在阅读先秦文献时，它是我们要经常
翻阅的一部工具书。过去的学者对《尔雅》是相当尊重的，曾把它列为经书
之一，由此可见它在古代学术界的重要地位了。从汉代到清代注解《尔雅》
的专著不可胜数；还有一些人仿照《尔雅》的体例编写了一些名为"×雅"
的词书（总名之为"群雅"）；有人还把研究《尔雅》作为一门专门的学
问——名之为"雅学"。仅此数端就可见《尔雅》一书对后世的影响之大了。

下面对《尔雅》以后的"×雅"之类的词书中较有代表性的作一简略的介绍。

1.《小尔雅》 作者不详，有人认为是秦末的孔鲋所作，但并无坚实的佐证。全书分《广诂》《广言》《广训》《广义》《广名》《广服》《广器》《广物》《广鸟》《广兽》再加上《度》《量》《衡》三章共十三章。

2.《广雅》 作者是魏明帝时人张揖。张揖字稚让，生卒年不详，太和年间（227—232）做过博士。这部书按照《尔雅》的体例，内容中吸收了一些汉儒的笺注和《三仓》《说文》《方言》等书的说法。它之所以取名为《广雅》，意思是增广《尔雅》。到了隋代，因为隋炀帝名广，曾改名为《博雅》。这部书在流传过程中讹误很多，经过清代学者王念孙的考订，才成为一部完整的书，就是流传的《广雅疏证》。《广雅》一书的成就不算很大，但经王念孙据而加以疏证后，却产生了很大的影响。下面就借此介绍一下王念孙的《广雅疏证》。

王念孙（1744—1832）字怀祖，号石臞，是清代乾隆、嘉庆年间有名的训诂学家。他对《广雅》一书的整理花了十年的工夫，他在《广雅疏证·序》里说："盖是书之讹脱久矣。今据耳目所及，广考诸书，以校此本，凡字之讹者五百八十，脱者四百九十，衍者三十九，先后错乱者百二十三，正文误入音内者十九，音内字误入正文者五十七，辄复随条补正，详举所由。"他所采用的方法，正如他所说的"就古音以求古义，引申触类，不限形体；苟可以发明前训，斯凌杂之讥，亦所不辞"。由于王氏的博学和用功，这书疏证部分的成就大大超过《广雅》原书，对于我们研习古代语文的词汇学有相当大的参考价值。因此，过去有人把它同段玉裁的《说文解字注》、郝懿行的《尔雅义疏》列为清代训诂学著作中最杰出的三部。

3.《埤雅》 作者是宋代的陆佃。全书共二十卷，分《释鱼》《释兽》《释鸟》《释虫》《释马》《释木》《释草》《释畜》八篇。在这部书中，作者对所解释的词着重于名义的考证，往往从形声字的偏旁去探求其得名的根源，其中牵强附会的地方很多，而对于该物的具体形状则说得极其简单。这部书原名《物性门类》，后来才改名《埤雅》。

陆佃还著有《尔雅新义》一书，在解释《尔雅》方面并无特殊的贡献。

4.《尔雅翼》 作者是宋代人罗愿。全书共三十二卷，分《释草》《释木》《释鸟》《释兽》《释虫》《释鱼》六篇。这部书着重于考据，引用的材料较多。王应麟在这书的《后记》里说它"即物精思，体用相涵，本末靡遗"。

5.《骈雅》 作者是明代宗室朱谋㙔。全书共七卷二十篇，所收的词都是联绵词（即双音节的单纯词），这对我们研究古代的复音词有一定的参考价值。

6. 清代的"群雅" 清代仿制《尔雅》体词书的人很多，这里只提一下其中较为有名的，如方以智的《通雅》，吴玉搢的《别雅》，洪亮吉的《比雅》，史梦兰的《叠雅》和刘灿的《支雅》等。

二、《说文解字》介绍

（一）《说文解字》的作者

《说文解字》的作者是东汉时的许慎。许慎字叔重，汝南郡召陵人。他年轻的时候就博通五经，所以当时人们称他为"五经无双许叔重"，并且受到著名学者马融的称赞。许慎最初在汝南郡做功曹，后来被举为孝廉，以后又到京城洛阳做了太尉府祭酒。这时有名的学者贾逵也在洛阳，许慎因此有机会时常向贾请教，这对他后来作《说文解字》有很大的影响。贾逵是当时的古文经学家，对于今文经学也很精通。许慎著《说文解字》的时候正是古文经学盛行的时期。古文经是用战国时代的古文字书写的，跟汉代通行的隶书很不相同。自从古文经发现之后，今文经学家就大加非毁，排斥古文经，宣称今文经书是古帝先王之书，父子相传，不得改易；他们在说解经文时，大多牵强附会，缺乏条理。许慎原来就博通经籍，又跟贾逵学习了古文经，对今文经学家的说法很不满意。因此他就搜集篆文和古文、籀文编成一部字书——《说文解字》。他从和帝永元十二年（公元 100 年）开始编写，至安帝建光元年（公元 121 年）他在病中遣其子许冲进上，历时二十多年。在这部书里，他一方面记下经传群书的训诂，一方面说明字体的结构和字的读音，使人们知道相传的古文字是怎样写的，每个字从形体上和语义上应当如何理解。

许慎的生年和卒年已无从详考，清代学者根据贾逵的生年——光武建武六年（公元 30 年）——来推断，许慎可能生于明帝永平之初（永平元年是公元 58 年）。至于许慎的卒年，则又根据《后汉书·西南夷传》所说"桓帝时郡人尹珍自以生于荒裔，未知礼义，乃从许慎、应奉受经书图纬"，推断许慎可能卒于桓帝初年（桓帝建和元年是公元 147 年）。这样看来，许慎的岁数总在八十岁以上了。

（二）《说文解字》的编排方法

《说文解字》的"文"和"字"原来是有区别的：文，指独体的表意的字；字，指合体的表意的字和形声字。把对"文"和"字"的解说合起来就是全书的内容，也就是该书命名的由来。"文"和"字"的区别到了后来已不被人重视，因此在称说这部书时就经常简称为《说文》了。

《说文解字》一共十五卷，一至十四卷是本书，最后一卷是叙目（包括许慎的叙文和五百四十个部首的编次、许冲《上〈说文解字〉表》）。根据许慎原叙所说，全书共收九千三百五十三文，重文一千一百六十三，解说的字数是十三万三千四百四十一字。

《说文解字》在编排方法上首创了部首排列法，许慎把所解说的九千三百五十三个字划归五百四十个部首。这五百四十个部首的次序是"始一终亥"（即第一个部首是"一"，最后一个部首是"亥"）。"始一终亥"是许慎有意识地安排的，是有一定的寓意的。汉代阴阳五行家认为万物皆生于"一"，毕终于"亥"，许慎接受了这种说法并用来安排他归纳出的五百四十个部首。

部首排列的原则是"据形系联"。《说文解字》所解说的是小篆，在部首的排列上是依小篆的形体系联的。例如部首一是"一"，部首二是"上"（篆文作"二"），这是在"一"的上面加上一横；部首三是"示"，这是在篆文"二"的下面加三垂；部首四是"三"，这是把"示"的三垂改为三横，部首五是"王"（篆文作"王"），部首六是"玉"（篆文作"王"），都是在"三"字上加一竖，所不同的只是"王"字的中间一横偏上，"玉"字的中间一横居中；以下各个部首大都是这样由字形的相近而联系起来、排列下去。也有少数部首的排列未依此原则，如牙部在齿部之下——这是义近相联；幺部在茻部之下，放部在予部之下——这在字形和意义上都没有关联。

《说文解字》的部首从形声字的角度来看，绝大多数是形符（即表示字义的部分，也叫义符），只有几个部首是声符（即表示读音的部分），如丩部和句部。这种以形符为部首的原则被后来按部首编排的字典保持下来，如"问"收在口部，"闻"字收在耳部，"闷"字收在心部都是根据这一原则（"问""闻"和"闷"的声符都是"门"，所以这三个字都不收在门部，后来的《康熙字典》《辞源》《辞海》都保持这一原则）。在《说文解字》的每一部之内，一般都是把意义相近的字放在一起，例如言部把"诗""谶""讽""诵""读"等字列在一起，"讪""讥""诬""诽""谤"等字排列在一起，肉部把"肓""肾""肺""脾""肝""胆""胃""脟""肠"列在一起，"胯""股""脚""胫""腓""腨（chuǎn）"列在一起。这些都是意义相近或事物相类的，所以以类相从，不相杂越。如果一部之内的词有词义褒贬的差别，则把褒义词放在前面，贬义词放在后面。例如女部的"姝""好""嬿""嬽""姝（shū）""姣""嬛""娧（duì）""媌（máo）""嬧""婠（wán）""婞""嫱"等作"好"解的词放在较前，而"媸""媿""奻（nuán）""姦"等词则放在最后。如果在篆文之外还录有古文、籀文，一般是先列篆文，而将古文和籀文列在篆文的解释之下，一一加以说明。有时一个字还有"或体"，也同样列于正文解说之下。

（三）《说文解字》的解说方法

《说文解字》对每一个字的解说，总是先解说字义，然后说明形体的构造。在说明形体构造时，凡是"象形"字，就说"象某某形"。如"气，云气也，象形"，"齿，口断骨也，象口齿之形，止声"；凡是"指事"字，就说明"指事"。如"上，高也。此古文上，指事也"。凡是"会意"字，就说"从某从某"或"从某某"。如"吹，嘘也。从口欠"，"敖，游也。从出，从放"。凡是"形声"字，就说"从某，某声"。如"奢，张也。从大，者声"。有时声旁有所省略，就说"从某，某省声"。如"融，炊气上出也。从鬲，蟲省声"。有时形旁有所省略，就说"从某省，某声"。如"考，老也。从老省，丂声"。有时声旁也有表意的作用，就说"从某，从某，某亦声"。如"谊，人所宜也。从言，从宜，宜亦声”，“拘，止也，从手句，句亦声”。

此外，在阅读《说文解字》时，有时要把解说的话同被解说的篆文连读。例如：

“昧（篆文）爽旦也”应读成“昧爽，旦也”。

“湫（篆文）隘下也”应读成“湫隘，下也”。

“参（篆文）商星也”应读成“参商，星也”。

“离（篆文）黄仓庚也”应读成“离黄，仓庚也”。

“濮（篆文）水出东郡濮阳，南入钜野……”应读成“濮水，出东郡濮阳，南入钜野……”。

“偠（篆文）偠左右两视”应读成“偠偠，左右两视”。

《说文解字》在解说中，有时也指出该字的读音，往往是说“读若某”或“读与某同”。例如“逝，读若誓”，“倓，读若谈”，“广，读若俨然之俨”，“岛，读若《诗》曰‘茑与女萝’”，“裾，读与居同”，“籲，读与籥同”等。《说文解字》的“读若某”之中，有的只是注音，有的还表示与“读若”的“字”通用。例如“侸，立也。从人，豆声，读若树”，这里的“侸”字读音和用法都与“树立”之“树”相同。

（四）《说文通检》介绍

《说文解字》的编排虽然比《尔雅》科学一些，但部首繁多，五百四十个部首分列在十四卷中，某一部在哪一卷中，某一字在哪一部的什么地方，原书并无详明的索引，在寻检的时候，只有凭仗死记硬背，因此翻检起来很不方便。清代黎永椿仿照字典检字的方法，编成了《说文通检》一书（现在的段注《说文解字》后面均附有此书），给使用者提供了很大的方便。下面把《通检》的内容和使用方法介绍一下。

《通检》共分三个部分：

第一部分（即《通检》的卷首）把《说文解字》的五百四十个部首按笔画的数目排列归类，例如“八”部在二画，“士”在三画，其余类推。在排列好的部首字下面，用小字注明这个部首在《说文解字》的第几卷。例如“八”部，我们在《通检》卷首的二画中找到“八”字，就会看见“八”字下面注明了"卷二上〇部十六"等几个小字，这就是告诉我们，"八"部在《说文解字》的卷二上，它是全书第十六个部首。

第二部分（即《通检》的卷中）按《说文解字》的卷数把每卷的部首和每部所收的字照原来部类排列下去，即将《说文解字》所解释的字连同部首（不包括用来解说的字）用楷书翻译出来，每部所收的字的排列次序与原书不同——改为依笔画多少排列，笔画少的在前，多的在后，并且在字的上面画一圆圈，圈内注明笔画数；笔画相同的就并在同一圆圈之下。此外还在每个字的下面用小字注明，这个字是某部的第几个字。例如"祀""衬""社"三个字在《通检》卷一上的"示"部里（因为"示"部原来就在《说文解字》的卷一上），在"祀"字上注了一个〇三，"祀"的下面用小字注明"二十二"，"衬"字下面注明"三十三"，"社"字下面注明"五十五"，这就是说，"祀"是示部的第二十二个字，"衬"是示部的第三十三个字，"社"是示部的第五十五个字。

第三部分（即《通检》的卷末）相当于一般按部首排列的字典的"检字"，就是把难于确定部首的字按楷书的笔画归类，在每个字的下面用小字注明这个字在《说文解字》的哪一部以及这个字是某部的第几个字。例如"事"字在《通检》卷末的八画里，它下面有小字注明"史部二"，这就是说，"事"字在"史"部，它是史部的第二个字。

利用《说文通检》的检字方法：如果已经知道要检查的字属于哪一部首，就先在《通检》的卷首里查这个字的部首在《说文解字》的第几卷中，然后再到《通检》的第二部分的第几卷中去找到这个部首，最后再按笔画在这一部中找到所要查的字。这样就按《通检》所指明的《说文解字》的卷数和这个字在某部中的位次就可以找到所要查的字。例如"张"字，我们知道它的部首是"弓"，那就先在《通检》卷首的三画里找到"弓"字，然后按下面的小字"卷十二〇部四百六十三"到《通检》卷中的第十二下第四百六十三个部首——就是弓部——的八画里找，就会看到"张"字，它下面注了一个小字"十"。这就是说，"张"字是"弓"部的第十个字。那么，这就可以到《说文解字》卷十二下的四百六十三个部首——也就是"弓"部里找第十个字，那就正好是"张"字。如果这个字的部首很难确定，那就按笔画先到《通检》的卷末去找，再按前面介绍的方法找到这个字，然后再到《通检》的卷首去找这个字的部首，仍照上述的程序就会找到要找的字。但是要说明一点，《说文解字》并没有把当时所有的字都收进去，有些后起的字《说文解字》更不可能有了，因此我们不要以为在《说文解字》中可以找到所有汉字的解释，这对初学者来说是必须提醒的。

（五）《说文解字》的传本和注解

现在我们看到的《说文解字》的传本，时代较早的是唐写本和宋刻本。现存唐写本有两个本子（都是残本）：一个是木部残本，存一百八十八字；一个是口部残简，存十二字。前者是中唐人写本，原为清代莫友芝所藏，现为日本人所有；后者是唐宋间日本摹本，为日本人平子尚所藏。唐写本跟《说文解字》原本是接近的，但可惜只有残本。今天我们看到的全本是五代、宋初人徐锴（920—974）的《说文解字系传》和徐铉（916—991）的校订本《说文解字》。徐锴是徐铉的弟弟，因此过去的学者称徐铉为大徐，徐锴为小徐。小徐本《说文解字》有注释，大徐则主要是校定原书，没有注释。小徐书的著述目的是注释原书，该书的许氏原文与唐写本木部残本相同的地方很多；大徐书是用许多本子校定的，跟唐写本不同的地方很多，所以清代段玉裁注《说文解字》时很重视小徐本。《说文解字》原本是没有反切注音的，大徐本有反切，那是徐铉根据唐代孙愐的《唐韵》加上去的；小徐本也有反切，那是南唐朱翱加上去的，因此这两种传本的读音也不完全相同。现在我们一般应用的都是大徐本《说文解字》。

《说文解字》的最早注本是前面提到的徐锴的《说文解字系传》，徐锴对于《说文解字》曾下过很深的功夫，他作《系传》时曾参考了一百多种书。徐铉说他弟弟作这部《系传》的意义在于"考先贤之微言，畅许氏之玄旨，正阳冰之新义，析流伪之异端"。徐锴在疏证许说的同时，又进一步从声音方面来解释字义，并有不少创见。不过有时他引证古书过于烦冗，解说字义不很精当，所以他的这部《说文解字系传》还不是最好的注本。

清代研究《说文解字》的人很多，注本也有好多种，其中最重要的要推段玉裁的《说文解字注》。段玉裁（1735—1815）字若膺，号茂堂，乾隆、嘉庆时江苏金坛人。他是著名学者戴震的学生。他作《说文解字注》用了三十多年的时间。他首先根据许慎原书的体例和《玉篇》《集韵》的训释以及宋代以前古书中引用《说文解字》的语句，校定二徐的是非，其次再以经传子史和其他古书来解说许书的训释。除此之外，他还说明一个字的多方面的意义以及意义的引申和变化过程。他的最大贡献在于创通条例，以许书证许书，以声音为关键来解释字义。其后研究《说文解字》的莫不受他的影响。不过他好谈本字本义，有时流于武断。他改动了原书的篆文九十个，增加了篆文二十四个，删去了篆文二十一个，有些地方未免鲁莽。

与段玉裁同时注解《说文解字》的还有桂馥，稍晚一点的有王筠。桂馥（1736—1805）字东卉，号未谷，山东曲阜人。他著有《说文解字义证》。他作这部书的目的在于引证古书，找出许慎解说的根源，所以书中没有自己的见解，但其引证的广博，为我们研究《说文解字》提供了丰富的材料。

王筠（1784—1854）字贯山，一字籇友，山东安丘人，对于《说文解字》也有很深的研究。他先后写了《说文释例》《说文句读》《说文补证》《句读补证》《说文系传校录》，合称为《王氏说文五种》，其中的《说文句读》是采取了段、桂两家的说法，删繁举要，对于初学者很有帮助。桂馥和王筠两人的书都尽量根据二徐原本，从不轻易改动原书，态度非常审慎，在这一点上段氏就远不如桂、王二家了。段、桂、王三家的书各有所长，都是研究《说文解字》必备的参考书。

清代学者研究《说文解字》的书有一百多种，一九二八年丁福保把它们按类编在一起，名为《说文解字诂林》，共六十六册，分为前、后、补、附四编和通检。书前有《引用书目表》《引用诸书姓氏表》，一九三二年又把近代有关《说文解字》研究的资料集为《补遗》十六卷。在许氏原书的每个篆文之下，编者还附列了甲骨文和金文。我们要在这书里检查一个字，各家的注解都罗列在下面，这是研究《说文解字》资料最完全的一部书了。

（六）《说文解字》对后世的影响

许慎是我国历史上第一个大文字学家，他的《说文解字》也是我国文化史上第一部按部首编排的字典。虽然这部书并没有把两汉时代应用的文字都搜罗进来，有些解说也株守字形，不免有牵强附会的地方（如"为"字，按甲骨文字形当是像手牵象之形，许慎释为"母猴也，其为禽好爪，下腹为母猴形"），可是他创制的这套编排体例，为其后编字典的人立下了一个规范。

《说文解字》一书在我国文化史上还有一个巨大的贡献，就是它给我们保存下了一批古代文字，并且说明了那些字的构造原理。后人之所以能够认识金文和甲骨文，都是由于接受了《说文解字》所保留下来的这笔遗产。没有《说文解字》这部书，我们就很难通晓秦以前的古文字，商、周文物上所记载的事实也就很难索解了。

此外，《说文解字》还给我们记载下很多古代文化知识，正如许慎的儿子许冲在《上〈说文解字〉表》中所说："慎博问通人，考之于逵，作《说文解字》。六艺群书之诂，皆训其意，而天地、鬼神、山川、草木、鸟兽、昆虫、杂物、奇怪、王制、礼仪、世间人事，莫不毕载。"因此《说文解字》成书不久，就受到当时的注释家重视，如郑玄注《周礼》《仪礼》，应劭著《风俗通义》，晋灼注《汉书》都曾引用过《说文解字》中的资料。但是从工具书的角度来看，其体制的创造性，对后世的影响是非常大的。

正是由于《说文解字》开创了部首编排法，后世的字典多数都仿照这种编排方式。从其后的《字林》《玉篇》，直到清代的《康熙字典》和现代的《辞源》《辞海》，在编排方法上都脱胎于《说文解字》（中华人民共和国成立后修改的《辞海》未定稿虽仍采用部首编排，但已作了很大的改动）。

这里我们乘便简单地介绍一下《字林》《玉篇》《字汇》和《康熙字典》。

1. 《字林》是西晋时人吕忱所作。吕忱的事迹我们知道得很少，根据已发现的材料，知道他字伯雍，山东任城（即今济宁）人，做过晋义阳王词令（《隋书·经籍志》说是"弦令"）。

《字林》是模仿《说文解字》而作的。在唐代以前，《字林》常同《说文》相提并论。据唐代封演的《封氏闻见记·卷二·文字》所载"晋有吕忱，更按群典搜求异字，复撰《字林》七卷，亦五百四十部，凡一万二千八百二十四字。诸部皆依《说文》，《说文》所无者是忱所益"，可见《字林》所收的字比《说文解字》要多三千多个。可惜这部书到了南宋以后就散失了。清代的任大椿辑了一些散佚的材料，名之为《字林考逸》，共八卷。后来陶方逸又搜集了一些，编为《〈字林考逸〉补》一卷。

2.《玉篇》是六朝梁、陈之间的顾野王所作。顾野王（519—581）字希冯，吴郡吴（今江苏吴县）人。《玉篇》是在梁武帝大同九年（公元543年）编成的。全书共三十卷，体例基本上跟《说文解字》相同，所不同的是《玉篇》删并了《说文解字》的"哭""延""教""眉""自""皀""饮""后""六""弦"十个部首，又增添了"父""云""桌""尢""处""兆""磬""索""床""弋""单""丈"十二个部首，这样《玉篇》就有五百四十二个部首。又"书"字《说文解字》收在"聿"部，《玉篇》则把它改为部首，并把"画"部归并入内。此外在部首的编排次序上，《玉篇》与《说文解字》也不尽相同。《说文解字》的部首编排是据形系联，《玉篇》虽然大多数照旧，但有些却取其意义相近而编排在一起。例如"人""儿""父""臣""男""民""夫""予""我""身""兄""弟""女"等部就因意义相关而顺次编排，这样，部首编排次序就同《说文解字》大不相同了。

《玉篇》原书收了一万六千九百十七个字，比《字林》又多出四千多字。每个字下面先注明反切，然后才引经传和群书训诂，注文非常详细。现在我们看到的《玉篇》，注文比较简单，已经不是顾氏《玉篇》的原来面貌了。

3.《字汇》是明代梅膺祚编撰的。梅膺祚字诞生，安徽宣城人。《字汇》一书根据楷体字将《说文解字》的部首简化为二百一十四个，按地支分为十二集。部首和各部中的字都按笔画多少顺序排列。全书共收三万三千一百七十九个字，除古书中的常用字外，还收了一些俗字。注音先列反切，解释字义也较通俗易懂。其编排体例较之《说文解字》有了很大的改进，为翻检提供了不少方便，并成其后编辑字典依循的主要方法。但这书也有不少缺点，如引用古书时，有的只举篇名不举书名，有的只举书名不举篇名；有时引用前人的说法却不注明出处；在释义方面也有不少错误。

4.《康熙字典》是张玉书、陈廷敬等三十人奉诏编撰的，费时五年，于康熙五十五年（公元 1716 年）完成。该书继承了《字汇》的体例，共收四万七千零三十五个字，是我国收字较多的一部字典。这书解释的体例是先音后义，每个字的下面先列历代主要韵书的反切，有时也加直音（即用另一个汉字直接注音，如"佑，音有"）；其后才解释字义，每义之下一般都引古书为证。如有别音、别义，就再注音、释义、引证古书。但此书在注音、解释方面，比较杂乱，疏漏和错误很多。后来王引之为此作了一部《字典考正》，改正了引用古书的讹误共二千五百八十八条。虽然这书存在一些缺点，但收字较多，很多冷僻的字都可以从中查到，这正是它的一大优点。民国以后，欧阳溥存等编的《中华大字典》是在《康熙字典》的基础上，加以增改而成的，共收四万八千多字，注音、释义、引书等方面均较《康熙字典》详备，这里就不另介绍了。

三、《方言》介绍

（一）《方言》的作者和成书经过

《方言》的作者是谁，到现在还没有最后的结论。一般人都认为西汉时的杨雄是《方言》的作者，但过去也有人（如宋代的洪迈）认为不是。认为《方言》非杨雄所作的根据，主要是因为《汉书·艺文志》里著录了杨雄的其他著作，唯独没有《方言》。清代的一些学者如戴震、卢文弨（chāo）、钱绎、王先谦等都肯定《方言》是杨雄作的；现代罗常培先生则认为"《方言》并不是一个人作的，它是从周、秦到西汉末年民间语言可靠的记录。杨雄以前，庄遵（就是严君平）和林间翁孺或者保存了一部分资料，或者拟定了整理的提纲。到了杨雄本身也愿意继承前人的旨趣，加以'注续'"（见周祖谟《方言校笺·罗序》）。除了完全否认杨雄是《方言》的作者一说之外，其后两种说法都不同程度地承认杨雄在编写《方言》中的功绩，都肯定他是《方言》一书的完成者。

杨雄（公元前 58—18）字子云，今四川成都人，是西汉时的文学家、哲学家和语言学家。他早年致力于词赋，有名的作品如《长杨赋》《甘泉赋》，后来他认为那是"雕虫篆刻","壮夫不为",转而研究哲学,注有《太玄》《法言》。他在四十三岁那年到京城作黄门侍郎,就上书给汉成帝,要求"不受三年之奉",免除他一些值班的公差,实现他从事著作的志愿。汉成帝答应了他的要求,照常给他俸禄,另外还"赐笔墨钱六万",并让他在皇家的"秘室"(保存图书、档案资料的地方)里阅读前代的典籍和资料。可能就在这一时期,他接触到一些前代残留下来的方言资料,引起他完成《方言》一书的动机。

《方言》的全名为《輶轩使者绝代语释别国方言》。"輶(yóu)轩"是古代一种轻便的车子,因为当时帝王派出去的使臣都乘坐这种车子,所以就称使臣为"輶轩使"。据《风俗通义·序》说,周秦时期,每年八月就"遣輶轩之使"到各地去采集诗歌、民谣和方言,采集回来就把这些资料收藏在皇家的"秘室"里,以便皇帝了解当时各地的风俗民情。可惜这些资料在秦亡的时候大多散失了。到了杨雄生活的那个时期,接触过这些资料的人已经很少了,据杨雄说,"独蜀人严君平、临邛林闾翁孺者,深好训诂,犹言輶轩之使所奏言"。林闾(复姓)翁孺与杨雄为"外家牵连之亲",他拟定过这些资料的整理提纲;严君平是深为杨雄所敬重的同乡,他还保存了一千个方言字。可以肯定,这两个人对杨雄的最后完成《方言》是有很大影响的。但杨雄在完成这部书的过程中,付出的劳动也是相当艰巨的。他为了调查、搜集各地的方言,常常拿着三寸长的毛笔,四尺长的油素,向从各地集中到京师的孝廉、卫卒(兵士)和来京公干的官吏询问当地的方言,随即记录下来,回到住所以后就整理这些访问的记录,经过二十七年的积累才完成了这部以人民口头活语言为对象的我国第一部比较方言词汇。

(二)《方言》的编排和内容

杨雄在《答刘歆书》中说,《方言》"凡九千字",但现在通行的郭璞注本则共有一万一千九百多字,可能是后人增补了近三千字。原来说此书为十五卷,现在的传本则只有十三卷。这书在编排方面,受《尔雅》的影响很大,只有粗略的分类,以词性来看,大概的情况是这样的:

卷一、卷二 动词、形容词

卷三 名词、动词、形容词

卷四 名词（多为衣着的名称）

卷五 名词（炊食器、农具及其他生活用具）

卷六 动词、形容词

卷七 动词、形容词（还有少量副词）

卷八 名词（兽、禽、虫等）

卷九 名词（兵器、舟、车）

卷十 动词、形容词、名词（少量）

卷十一 名词（虫类）

卷十二、卷十三 动词、形容词、名词（少量）

《方言》是用汉字来记录各地方言的，有些方言本来有音无字，用文字记录下来只是借用该字的读音，所以该字只起标音的作用，与该字的原义毫无关涉。这书记载和解释的方式是，先举出某一词语，接着用当时的"通语"（普通话）解释，然后说明"某地谓之某"或"某地某地之间谓之某"，在一个地区有几种说法的就用"或谓之某，或谓之某"。例如：

党、晓、哲，知也。楚谓之党，或曰晓。齐宋之间谓之哲。

（卷一）

这里记载的方言词是"党、晓、哲"三个词，用来解释的"知"是普通话的词。"党"和"晓"是楚地的两种称法，"哲"是齐、宋之间的称法。

《方言》记录方言词语时使用的名称约可分为下列五种：

1. 通语、凡语、凡通语、通名、四方之通语　这些都指当时的普通话。例如：

胶、谲，诈也。凉州西凉之间曰胶，自关而东西或曰谲，或曰胶。诈，通语也。（卷三）

嫁、逝、徂、适，往也。……往，凡语也。（卷一）

好，凡通语也。（卷二）

庸、恣、比、侹、更、佚，代也。齐曰佚，江淮陈楚之间曰侹，余四方之通语也。（卷三）

2. 某地语、某地某地之间语　都指各别的方言。例如：

怀、摧、詹、戾，至也。……摧、詹、戾，楚语也。 （卷一）

……泡，盛也。自关而西秦晋之间语也。 （卷二）

3. 某通语、某地某地间通语　指通行区域较广的方言。例如：

扑、翕叶，聚也。楚谓之扑，或谓之翕叶，楚通语也。 （卷三）

覆结谓之帻巾，或谓之承露……皆赵魏之间通语也。 （卷四）

4. 古今语、古雅之别名　指古代不同的方言。例如：

……京、奘，将，大也。……燕之北鄙、齐楚之郊或曰京，或曰将，皆古今语也，初别国不相往来之言也，今或同。 （卷一）

假、络、怀、摧、詹、戾，至也。邠、唐、冀、兖之间曰假，或曰络。齐楚之会郊或曰怀。摧、詹、戾，楚语也。鞿，宋语也。皆古雅之别语也，今则或同。 （卷一）

5. 转语　指因时代、地域不同而发生语音差异的词。例如：

扑、铤、渐，尽也。南楚凡物尽生者曰扑生，物空尽者曰铤。铤，赐也。铤、赐、扑、渐，皆尽也。铤，空也，语之转也。 （卷三）

煤，火也。楚转语也，犹齐言煓火也。 （卷十）

从《方言》所载的材料来看，它所反映的地域很广，称名很杂，有的是秦以前的国名和地名，有的是汉代当时的地名。通过这部书所载的资料，我们可以看到当时方言区划的概况。书中常常单举的某一地方，它可能是一个单独的方言区；常常并举的两地，可能是同一方言区。书中称"秦晋曰某"的或"自关而西秦晋之间曰某"的凡八十一见，称"齐曰某"的凡三十四见，称"东齐曰某"或"东齐海岱之间曰某"的凡五十七见，称"宋曰某"的凡四十八见，称"楚曰某"的凡五十九见。由此可见，当时秦晋、齐、东齐、宋、楚等地是各自成为一个方言区的。

（三）《方言》的功用及其对后世的影响

《方言》是一部以当时人民口头活语言为对象的方言汇编，它为我们保存了大量当时的方言词语，其中有一些至今还在普遍使用，有一些只是语音略有变异。例如"慧谓之鬼"、"器破而未离谓之璺"等至今还是我们常用的词语。再如"党、晓、哲，知也"，其实"党"就是我们现在说的"懂"，只是韵母的主要元音有所变异；"秦晋之间凡人之大谓之奘，或谓之壮"，这种用法的"壮"现在全国不少地方仍在使用，只是大多念作上声罢了。此外，《方言》中的有些词语现在虽已不使用，但在古籍中有时还要看到，根据《方言》的解释，我们可以理解原文的意思或了解古人注释的根据。例如《史记·陈涉世家》中的"夥颐，涉之为王沈沈者"，《方言》卷一中说"硕、沈（dān）、巨、濯、訏、敦、夏、于，大也。齐宋之间曰巨，曰硕。凡物盛多谓之寇，齐宋之郊、楚魏之际曰夥"，两者对照，我们可以知道《史记》中的"夥"和"沈沈"都是大的意思。再如《左传·桓公六年》"今民馁而君逞欲"，杜预注："逞，快也。"我们从《方言》卷二的"逞、苦，快也"，看到杜注的根据。因为《方言》是汉代语言实况的记录，所以我们还可以从中看到当时社会生活的一些情况。例如《方言》卷三中的"臧、甬、侮、获，奴婢贱称也。荆、淮、海岱、杂齐之间骂奴曰臧，骂婢曰获。齐之北鄙、燕之北郊，凡民男而婿婢谓之臧，女而妇奴谓之获；亡奴谓之臧，亡婢谓之获。皆异方骂奴婢之丑称也。自关而东陈、魏、宋、楚之间保佣谓之甬。秦晋之间骂奴婢曰侮"，我们从中可以看到当时阶级压迫的一斑。

　　《方言》以后续补《方言》的人和书都很多，其中有的是零星记录一些方言的资料，例如唐代颜师古的《匡谬正俗》，宋代王应麟的《困学纪闻》，明代陶宗仪的《辍耕录》、杨慎的《丹铅总录》、胡应麟的《庄狱委谈》、郎瑛的《七修类稿》，清代赵翼的《陔余丛考》等；此外专书续补的也不少，例如杭世骏的《续方言》、程际盛的《续方言补》、徐乃昌的《续方言又补》、程先甲的《广续方言》、张慎仪的《续方言新校补》等，都是从唐宋以前的文献中采辑的，还有如李实的《蜀语》、胡文英的《吴下方言考》、孙锦标的《南通方言疏证》、毛奇龄的《越语肯綮录》等等，都是专门记载某一地区的方言的。这些著作虽然收集了不少资料，但正如罗常培先生批评的，"始终在文字里兜圈子，很少晓得从语言出发"。只有章太炎的《新方言》是运用古今音转的定律来说明现代的活语言，他创立了六个条例来解说二十类词语。但是他对每一词语都要到《尔雅》《说文》里去求本字，这就否认了语言是在不断发展之中的，而那种把语言中的词汇都看作古已有之的观点也反映了他学术思想中的复古主义倾向。

（四）《方言》的注本和校本

现在看到的《方言》注释，最早的是晋代的郭璞注，现在流传的也都是这个本子，后人注释《方言》也都是以郭璞注为起点。郭璞注的优点很多，最突出的是用今语解释古语，他还常常引用晋代的方言同汉代的方言进行比较，在意义上能辨析古今语义及用词的异同，在地域上能指明某些古语仍在某地保存或转入另一方言（有的转为通语）。周祖谟先生在《方言校笺·自序》里把郭璞解释《方言》语词的条例归纳为五项，现摘抄于下：

1. 原来"释词"不明晰的，给一个明确的解释。例如"虔、儇，慧也"，注："谓慧了。""斟、协，汁也"，注："谓和协也。""谪，怒也"，注："谓相责怒也。"凡注中"谓某某"的大都属于这一类。说"谓某某"，犹如说："这是指什么意思来说的。"

2. 说明《方言》中一个语词所以这样说的意义。例如"慧，秦谓之谩"，注："言谩詑也。""好，秦曰娥"，注："言娥娥也。"凡注中说"言某某"的大都属于这一类。说"言某某"，犹如说："意思是说什么，所以有这样的说法。"

3. 用普通语词来解释特殊语词或特殊的文字。例如"台，养也"，注："台犹颐也。""郁悠，思也，晋宋卫鲁之间谓之郁悠"，注："郁悠犹郁陶也。""麋，老也"，注："麋犹眉也。"凡注中说"犹某某"的大都属于这一类。

4. 用语言里的复音词来解释原书的单音词。例如"浑，盛也"，注："们浑肥满也。""愱、愧，梁宋曰愱"，注："敕愱亦惭貌也。"

5. 说明"语转"。例如"蔿、譌、譁，化也"，注："皆化声之转也。""杷，宋魏之间谓之渠挐，或谓之渠疏"，注："语转也。"这些都是说明因声音改变而生的"转语"。还有因语音不正而生的"转语"。例如"薄，宋卫陈楚江淮之间谓之苗，或谓之麴"，注："此直语楚声转也。"

清代注释、校勘《方言》的人很多，其中较有名的如戴震的《方言疏证》、卢文弨（chāo）的《重校方言》、王念孙《方言疏证补》、刘台拱的《方言校补》、钱绎的《方言笺疏》，他们都作出了一定的贡献。中华人民共和国成立后科学出版社重印的周祖谟先生的《方言校笺》则是当代最完善的校本。周先生用宋代李文授本作底本，吸收清代学者的成果，特别是参考了清代学者没有见到过的《原本玉篇残卷》《玉烛宝典》、慧琳《一切经音义》等资料，对于原书的讹文脱字都能依例订正，因此罗常培先生认为这本书"实在是后出转精的定本"。这书还附有吴晓铃的《方言通检》，这个《通检》采用笔画检字的方法，另附有"俄文拼音检字""法文拼音检字"和"英文拼音检字"，为我们使用《方言》提供了极大的方便。

四、《释名》介绍

（一）《释名》的作者

《释名》的作者是东汉末年的刘熙，因为史书里没有他的传，所以他的事迹我们知道得很少。《隋书·经籍志》著录《释名》八卷，下注刘熙撰。南宋时陈振孙《直斋书录解题》在《释名》下题为"汉征士北海刘熙成国撰"，但《隋书·经籍志》在《大戴礼记》十三卷下注文里和宋代的《册府元龟》里都有"后汉安南太守刘熙"的记载。究竟刘熙做过安南太守没有，现在史料不足，我们无从论断，可能他在交州讲过学却是事实。《三国志·吴志·程秉传》里说过，"程秉逮事郑玄，后避乱交州，与刘熙论大义，遂博通五经"；《三国志·吴志·薛综传》里说，薛综"少依族人，避地交州，从刘熙学"；《三国志·蜀志·许慈传》里说，许慈"师事刘熙……建安中与许靖等俱自交州入蜀"。从这些材料来看，我们说刘熙是当时的学者则是没有问题的。

（二）《释名》的编排和特点

1.《释名》的编排　现在看到的《释名》共分八卷二十七篇。它所解释的绝大部分是名词，也有一部分是动词和形容词（如《释言语》）。它的内容是这样排列的：

卷第一　释天、释地、释山、释水、释丘、释道；

卷第二 释州国、释形体；

卷第三 释姿容、释长幼、释亲属；

卷第四 释言语、释饮食、释采帛、释首饰；

卷第五 释衣服、释官室；

卷第六 释床帐、释书契、释典艺；

卷第七 释用器、释乐器、释兵、释车、释船；

卷第八 释疾病、释丧制。

2.《释名》的特点 《释名》是一部"语源学"性质的词书。刘熙在《释名·序》里说明他著作这书的目的，他说："名之于实，各有义类，百姓日称而不知其所以之意，故撰天地、阴阳、四时、邦国、都鄙、车服、丧纪，下及民庶应用之器，论叙指归，谓之《释名》。"从这几句话里，我们可以看出，刘熙企图通过他的这部书说明某些事物所以那样命名的用意。因此，他并不像别人作字书、词典那样仅以在释义方面下个简明的定义为满足，他还要进一步说出这一事物所以那样称谓或命名的道理来。刘熙在《释名》中解释词义和探求词源的主要方法是"声训"，他总是从声音方面来解释词义和说明其命名之由来。例如：

电，殄也；乍见即殄灭也。（《释天》）

涧，间也；言在两山之间也。（《释水》）

凡服，上曰衣。衣，依也；人所依以芘寒暑也。（《释衣服》）

砚，研也；研墨使和濡也。（《释书契》）

痒，扬也；其气在皮中欲得发扬，使人搔发之而扬出也。（《释疾病》）

以上随便举出的几个例子都是利用声音相同或相近的词来解释的，后人把这种解释方法称为"声训"。

"声训"的方法在刘熙以前就有很多人用过，如在《尔雅》《说文解字》中也常常出现。例如：

履，礼也。（《尔雅·释诂》）

古，故也。（同上）

甲，狎也。（《尔雅·释言》）

颠，顶也。（同上）

士，事也。（《说文解字》卷一上）

户，护也。（《说文解字》卷十二上）

门，闻也。（《说文解字》卷十二上）

正因为"声训"的方法在当时有一定的基础，所以刘熙才大规模地加以利用。但刘熙利用"声训"的目的同《尔雅》《说文解字》不同。《尔雅》的目的在于训释经史，《说文解字》的目的在于释义和探究造字的根据，而《释名》的目的则在于探究语源，因此这部词书便脱离了经学附庸的地位而成为探索汉语语源学的第一部著作。尽管这部书在利用"声训"方面存在很大的缺点，但通过其中的一些解释，我们可以了解到当时的语音和方言的一些情况，启发我们从语音出发探求语词孳乳及义类的相互关系。此外，《释名》也给我们解决了一些难解的古代词义。如《楚辞·九歌·湘君》中的"薜荔拍兮蕙绸"，王逸注说："拍，搏（tuán）壁也。""搏壁"又是怎么回事呢？《释名·释床帐》里说："搏壁，以席搏著（zhuó）壁也。"这样我们就了解了王逸注的意思。上述这些都是《释名》一书在汉语词汇学中的作用。

（三）《释名》的解释方法

总的来说，《释名》解释词义的主要方法是"声训"，但这种方法细分一下也还有好多种方式，过去和现代的学者在这方面也下过一番功夫，如清代的顾广圻的《释名略例》就把《释名》的解释方法归纳为两类十例，张金吾在《言归录》里又归纳为三类十七例，近人杨树达的《释名新略例》则归纳为"同音、双声、叠韵"三类九例，孙德宣则归纳为两类三例，我认为可以归纳为三类五例。请看下面的举例。

1. 本字为训　例如：

宿，宿也；星各止宿其处也。（《释天》）

阴，阴也；气在内奥阴也。（《释天》）

巳，巳也；阳气毕布巳也。（《释天》）

济，济也；源出河北济河而南也。（《释地》）

齐，齐也；地在渤海之南、勃齐之中也。（《释州国》）

载，载也；在其上也。（《释姿容》）

捉，捉也；使相促及也。（《释姿容》）

炙，炙也；炙于火上也。（《释饮食》）

布，布也；布列众缕为经，以纬横成之也。又太古衣皮，女工之始，始于是，施布其法，使民尽用之也。（《释采帛》）

易，易也；言变易也。（《释典艺》）

2. 同音字为训　例如：

曜，耀也；光明照耀也。（《释天》）

阳，扬也；气在外发扬也。（《释天》）

晋，进也；其土在北，有事于中国则进而南也。又取晋水以为名，其水迅进也。（《释州国》）

躯，区也；是众名之大总若区域也。（《释形体》）

肋，勒也；检勒五脏也。（《释形体》）

腕，宛也；言可宛屈也。（《释形体》）

背，倍也；在后称也。（《释形体》）

跽，忌也；见所敬跽不敢自安也。（《释姿容》）

舅谓姊妹之子曰甥，甥亦生也；出配他男生，故其制字男旁作生也。（《释亲属》）

德，得也；得事宜也。（《释言语》）

3. 以音近字为训

(1) 以不同声调的字为训　例如：

寒，捍也；捍格也。（《释天》）

春，蠢也；动而生也。（《释天》）

金，禁也；其气刚严能禁制也。（《释天》）

地者，底也；其体底下载万物也。（《释地》）

毛，貌也，冒也；在表所以别形貌，且以自覆冒也。（《释形体》）

津，进也；汁进出也。（《释形体》）

胃，围也；围受食物也。（《释形体》）

仁，忍也；好生恶杀善含忍也。（《释言语》）

义，宜也；制裁事物使合宜也。（《释言语》）

痛，通也；通在肤脉中也。（《释疾病》）

(2) 以双声为训　例如：

木，冒也；华叶自覆冒也。（《释天》）

火，化也，消化物也；亦言毁也，物入中皆毁坏也。（《释天》）

寅，演也；演生物也。（《释天》）

口，空也。（《释形体》）

心，纤也；所识纤微，无物不贯心也。（《释形体》）

摩娑，犹末杀也；手上下之言也。（《释姿容》）

觉，告也。（《释姿容》）

说，述也；序述之也。（《释言语》）

含，合也，合口停之也；衔亦然也。（《释饮食》）

契，刻也；刻识其处也。（《释典艺》）

(3) 以叠韵为训　例如：

日，实也；光明盛实也。（《释天》）

月，缺也；满则缺也。（《释天》）

暑，煮也；热如煮物也。（《释天》）

昏，损也；阳精损灭也。（《释天》）

五达曰康。康，昌也；昌，盛也。（《释道》）

膈，塞也；塞上下使气与谷不相乱也。（《释形体》）

侧，逼也。（《释姿容》）

礼，体也；得事体也。（《释言语》）

言，宣也；宣彼此之意也。（《释言语》）

领，颈也，以壅颈；亦言总衣体为端首也。（《释衣服》）

（四）《释名》对后世的影响

《释名》利用"声训"的方法来解释词义和探求语源，这是它的特点和优点，但同时也是它的缺点。事物的取名和语词的孳乳有时与声音有关，但不能因此对所有的语词都要从声音上去探源，而《释名》一书正是死守"声训"一途，因而就难免主观臆断，穿凿附会，上文所举的那些例子中就有一些是牵强附会的，下面再举几个较突出的例子：

> 笑，钞也；颊皮上钞者也。（《释姿容》）
>
> 姊，积也，犹日始出积时多而明也。（《释亲属》）
>
> 妹，昧也，犹日始入历时少尚昧也。（《释亲属》）
>
> 刀，到也；以斩伐到其所乃击之也。（《释兵》）

在这几个例子中，刘熙硬把"笑"同"钞"、"姊"同"积"、"妹"同"昧"、"刀"同"到"拉上关系，实在勉强得很。有时同一个词，在《释名》里会有两种"声训"。如《释首饰》的"刷，帅也，帅发长短皆令上从也；亦言瑟也，刷发令上瑟然也"；再如《释衣服》的"袖，由也，手所由出也；亦言受也，以受手也"；再如《释书契》的"印，信也，所以封物为信验也；亦言因也，封物相因付也"等等。"刷"有"帅""瑟"两训，"袖"有"由""受"两训，"印"有"信""因"两训，这就说明其解释的根据不足，完全凭主观臆断。

尽管《释名》的"声训"有如上的缺点，但给后世学者的影响却是很大的。《释名》的"声训"对于形声字往往是以该字的声符来解释，如"楣，眉也，近前若面有眉也"，"铭，名也，记名其物也"；有时还用同声符的字为训，如"雹，砲也，其所中物皆摧折，如人之盛砲也"，"消，削也，言减削也"；或者用形声字来解释用作声符的字，如"冬，终也，物终成也"，"土，吐也，能吐生万物也"，"子，孳也，阳气始萌孳生于下也"。这种解释字义的方法，首先为宋代研究训诂的学者所接受。如陆佃在其《尔雅新义》里说，"粤，越也"（《释诂》），"姪，至也；入人之室为至"（《释亲》）。罗愿在其《尔雅翼》里的"薇"字下注解说："薇，既戍役之所采，故王文公曰：'薇，微者所食也。'"（《释草》）王圣美、张世南对于形声字右旁之声与字义的关系曾有概括的说明。沈括《梦溪笔谈》第十四卷里说："王圣美治字学，演其义以为右文。古之字书皆从左文；凡字，其类在左，其义在右。如水类，其左皆从水。所谓右文者，如'戋'，小也，水之小者曰浅，金之小者曰钱，歹而小者曰残，贝之小者曰贱，如此之类，皆以'戋'为义也。"张世南《游宦记闻》第九卷里说："自《说文》以字画左旁为类，而《玉篇》从之，不知右旁亦以类相从。如'戋'有浅小之义，故水之可涉者为浅，疾而有所不足者为残，货而不足贵重者为贱，木而轻薄者为栈；'青'字有精明之义，故日之无蔽障者为晴，水之无混浊者为清，目之能明者为睛，米之去粗皮者为精。"

清代还有些人仿照《释名》的体制和方法编著了一些词书，如毕沅的《续释名》《释名补遗》，张金吾的《广释名》和俞樾的《声雅》等等。清代注释《释名》的人也不少，其中以王先谦的《释名疏证补》为较好，这书是根据毕沅的《释名疏证》加以补充，取材比较完备，还附录毕氏的原书和《释名补遗》及胡玉缙、许克勤的校文。

贰　韵书和依韵编排的词书

一、《广韵》介绍

（一）《广韵》的成书年代和它的来源

《广韵》本来是一部韵书，它的主要内容是记载了中古汉语的语音，但它在所收字的下面还都作了词义的解释，而且有些字是它以前的字书所未收的（这正反映了汉语词汇发展、丰富的过程），这就使我们不能不把它也当作一部词书看待了。

《广韵》是宋代陈彭年、邱雍等编著的，书成于宋真宗大中祥符元年（公元1008年）。它所以叫做《广韵》，用意是增广《切韵》。《切韵》是隋代的一部韵书，《广韵》就是在《切韵》的基础上加以增广而成的。它的体制和语音系统基本上同《切韵》是一致的，所以我们在介绍《广韵》的时候，还得先介绍一下《切韵》。

《切韵》是隋代陆法言编撰的。陆法言名词，法言是他的字，临漳人，做过承奉郎。他编撰这部书的目的和过程在他的《切韵序》里说得很清楚。在隋文帝建国后不久，一次刘臻、颜之推、萧该、魏彦渊等八人在陆家集会，谈论到古今语音的变化和各地方言的不一致，大家认为"欲广文路，自可清浊皆通；若赏知音，即须轻重有异"。他们认为当时的一些韵书如吕静的《韵集》、夏侯咏的《韵略》、阳休之的《韵略》、李季节的《音谱》和杜台卿的《韵略》"各有乖互"，而"江东取韵，与河北复殊"，于是一起讨论了"南北是非，古今通塞"，并且商定写一部标准的韵书，推陆法言执笔。颜之推、萧该发表的意见最多。陆法言当场作了记录并把大家的意见整理成一个提纲，以后又"博问英辩"，到了隋仁寿元年（公元 601 年）写成了这部《切韵》。在这部书里，陆法言对当时语音的分析，做到了"剖析毫厘，分别黍累"，因此可以说，《切韵》是我国第一部系统而全面地分析语音的韵书，是唐宋韵书的始祖。可惜这部书久已散佚，现在只能看到几种唐写本的残卷，但从而还可以看出，《切韵》的基本面貌还保存在《广韵》里面。通过《切韵》残卷同《广韵》的比较，《广韵》比《切韵》多十三个韵部，《广韵》所收的字也比《切韵》多出不少，所以从实用来说，《广韵》当然较好一些。

（二）《广韵》的编排

《广韵》共收了二万六千一百九十四个字，注解部分十九万一千六百九十二个字，按声调共分五卷。当时有四种声调（即平、上、去、入四种），其中平声字多，所以分为上平、下平两卷；其余上声、去声、入声各一卷。全书共分二百零六个韵部，即平声五十七个韵部，上声五十五个韵部，去声六十个韵部，入声三十四个韵部。为了方便大家了解《广韵》韵部的概貌，把二百零六个韵部按平、上、去、入相配依次列表于下：

平声上	上声	去声	入声
1.东	1.董	1.送	1.屋
2.冬		2.宋	2.沃
3.钟	2.肿	3.用	3.烛

4. 江	3. 讲	4. 绛	4. 觉
5. 支	4. 纸	5. 寘	
6. 脂	5. 旨	6. 至	
7. 之	6. 止	7. 志	
8. 微	7. 尾	8. 未	
9. 鱼	8. 语	9. 御	
10. 虞	9. 麌	10. 遇	
11. 模	10. 姥	11. 暮	
12. 齐	11. 荠	12. 霁	
		13. 祭	
		14. 泰	
13. 佳	12. 蟹	15. 卦	
14. 皆	13. 骇	16. 怪	
		17. 夬	
15. 灰	14. 贿	18. 队	
16. 哈	15. 海	19. 代	
		20. 废	
17. 真	16. 轸	21. 震	5. 质
18. 谆	17. 准	22. 稕	6. 术
19. 臻			7. 栉
20. 文	18. 吻	23. 问	8. 物
21. 欣	19. 隐	24. 焮	9. 迄
22. 元	20. 阮	25. 愿	10. 月
23. 魂	21. 混	26. 恩	11. 没
24. 痕	22. 很	27. 恨	
25. 寒	23. 旱	28. 翰	12. 曷
26. 桓	24. 缓	29. 换	13. 末
27. 删	25. 潸	30. 谏	14. 黠

平声下	上声	去声	入声
28.山	26.产	31.裥	15.鎋
1.先	27.铣	32.霰	16.屑
2.仙	28.狝	33.线	17.薛
3.萧	29.篠	34.啸	
4.宵	30.小	35.笑	
5.肴	31.巧	36.效	
6.豪	32.皓	37.号	
7.歌	33.哿	38.箇	
8.戈	34.果	39.过	
9.麻	35.马	40.祃	
10.阳	36.养	41.漾	18.药
11.唐	37.荡	42.宕	19.铎
12.庚	38.梗	43.映	20.陌
13.耕	39.耿	44.诤	21.麦
14.清	40.静	45.劲	22.昔
15.青	41.迥	46.径	23.锡
16.蒸	42.拯	47.证	24.职
17.登	43.等	48.嶝	25.德
18.尤	44.有	49.宥	
19.侯	45.厚	50.候	
20.幽	46.黝	51.幼	
21.侵	47.寝	52.沁	26.缉
22.覃	48.感	53.勘	27.合
23.谈	49.敢	54.阚	28.盍
24.盐	50.琰	55.艳	29.葉
25.添	51.忝	56.㮇	30.帖
26.咸	52.豏	57.陷	31.洽

27. 衔	53. 槛	58. 鉴	32. 狎
28. 严	54. 俨	59. 酽	33. 业
29. 凡	55. 范	60. 梵	34. 乏

在上表中，与平声"冬"韵相配的上声只有三个字，因为字少，就寄放在"肿"韵里，这叫做"寄韵"。同样的情况，与"臻"韵相配的上声只有三个字，去声只有七个字，因此就分别寄在"隐"韵和"震"韵里，与"痕"韵相配的入声只有五个字，也因此寄在"没"韵里。

《广韵》的每个韵部里都分成若干"小韵"，每个小韵就是一组同音字（有的小韵只有一个字）。例如"东"韵的"东"字下面先注解说："春方也。《说文》曰：'动也，从日在木中。'亦东风菜。"在注解的末尾说："德红切。十七。"前面的注解是解释"东"字的意义和构造的，"德红切"表示这个小韵的字音，"十七"是说这个小韵共有十七个字。每个小韵只有第一个字标明反切，其他的字下面的注解一般只是解释词义。例如"德红切"的第二个字是"菄"，下面的注解只说"东风菜，义见上注"，不再另加反切。如果这个小韵中的某个字还有别的读音，就在该字解释的最后指明"又某某切"。例如"德红切"的第九个字是"涷"，这个字注解的最后说："又都贡切。"这就告诉我们这个字除了平声"德红切"之外，还有去声的念法。而去声"送"韵里"多贡切"的第一个字正是这个"涷"字，在这字的注释中，也加了一句"又音东"。

我们要检查一个字在《广韵》的哪部，首先得知道这个字的声调，这样才能首先确定卷数，然后再按古今韵母的对应关系到某部去查它的小韵，这样就能查到所要了解的字。

(三) 《广韵》对后世的影响

《广韵》是我国现存最古的一部完整的韵书，它记录了唐宋时代的语音材料，为我们探索上古语音系统，认识现代汉语语音的发展过程，提供了极其宝贵的资料。因此我们说，它在我国语言学史——特别是语音学史上有非常重大的贡献。《广韵》在我国词汇学史上也占有相当重要的地位，它保存了大量的古代词汇；现代方言中有些词汇，还可以在《广韵》中找到它们的来源。例如《广韵·效韵》的"所教切"下："溁，豕食，又雨溅也。""豕食"和"雨溅"这两个意义不相关联。北京话把雨从窗户进来叫"溁雨"，这同"雨溅"的意思相合；成都话把"泔水"叫"溁水"，把猪食叫"猪溁"，平常用溁水喂猪，所以"溁水"和"猪食"是同一回事，这些都同《广韵》的"溁"作"豕食"解相合。再如《广韵·怪韵》的"蒲败切"下："鞴，韦囊吹火。"现在张家口一带把风箱叫做"风鞴（bāi）"。《广韵·仙韵》的"职缘切"下："朘，鸟胃也。"现在高邮、淮阴一带把鸡胗肝叫"鸡朘（音同专）"。《广韵·屑韵》的"古屑切"下："鏌，镰别名也。"现在松江一带把镰刀叫作"鏌（音同洁）子"。这些例子都说明了《广韵》在我国词汇史上的作用。正由于《广韵》一书既是韵书，又是词书，开始了以语音次序为主的字典编排法，因而不但它以后的韵书都注意到对词义的解释，而且有好多词书都采取了以韵目为序的编排方法。

以韵目编排的词书中最著名的有清代的《佩文韵府》《助字辨略》《经籍籑诂》《说文通训定声》和近人朱起凤的《辞通》，下面就作为专章来介绍。

二、依韵编排的词书

（一）《佩文韵府》介绍

《佩文韵府》是一部依韵分部的词书。"佩文"是清康熙的书斋名。康熙时为了实行怀柔政策，就召集了一些文人来编书，《佩文韵府》是其成品之一。

《佩文韵府》是张玉书等编撰的，始于康熙四十三年（公元1704年），完成于康熙五十年（公元1711年）。这部书是以宋代阴时夫的《韵府群玉》和明代凌稚隆的《五车韵瑞》为底本加以增补而成的，因此在每个单词的解释之下，首先标以《韵藻》列出原来二书所收的词条，然后再列二书未收的词条。《佩文韵府》除了对所收单词加以注音和解释之外，还收了一些合成词和词组。这些合成词和词组大多是从古代诗词中摘出来的，这对当时写作诗文的人有帮助丰富词汇的作用，今天对我们来说，也可以从中找到某些词或词组的最早出处，在一定程度上也有丰富词汇的作用。这书在每一条词语之下都罗列出典，以经、史、子、集为序，但所根据的资料都抄自其他类书，因而错误甚多。此外这书引征出处时都只说书名不标篇名，引用诗文都不标题目，不便于我们查对原书。这些都是它的缺点。

《佩文韵府》的编排方法是依韵排列，它的整个组织是以字（即单词）为核心的，即把所收的字分四声、按韵部加以排列，在每个字的后面就分别列着若干以这个字为末一字的合成词或词组，按字数由少到多依次排列，在词条的后面则是"对语"和"摘句"（也按字数多少排列）。

《佩文韵府》共收一万零二百三十五字，分一百零六卷，每卷是一个韵部。《佩文韵府》所用的韵目是由《广韵》简化而来的《诗韵》。《诗韵》只有一百零六个韵部，它把《广韵》的一些韵部加以合并，合并的情况如下：

平声上		上声		去声		入声	
诗韵	广韵	诗韵	广韵	诗韵	广韵	诗韵	广韵
一东	东	一董	董	一送	送	一屋	屋
二冬	冬钟	二肿	肿	二宋	宋用	二沃	沃烛
三江	江	三讲	讲	三绛	绛	三觉	觉
四支	支脂之	四纸	纸旨止	四寘	寘至志		
五微	微	五尾	尾	五未	未		
六鱼	鱼	六语	语	六御	御		
七虞	虞模	七麌	麌姥	七遇	遇暮		
八齐	齐	八荠	荠	八霁	霁祭		
				九泰	泰		
九佳	佳皆	九蟹	蟹骇	十卦	卦怪夬		
十灰	灰咍	十贿	贿海	十一队	队代废		
十一真	真谆臻	十一轸	轸准	十二震	震稕	四质	质术栉
十二文	文欣	十二吻	吻隐	十三问	问焮	五物	物迄
十三元	元魂痕	十三阮	阮混很	十四愿	愿恩恨	六月	月没

续表

平声上		上声		去声		入声	
十四寒	寒桓	十四旱	旱缓	十五翰	翰换	七曷	曷末
十五删	删山	十五产	潸产	十六谏	谏裥	八黠	黠鎋
平声下							
一先	先仙	十六铣	先狝	十七霰	霰线	九屑	屑薛
二萧	萧宵	十七篠	篠小	十八啸	啸笑		
三肴	肴	十八巧	巧	十九效	效		
四豪	豪	十九皓	皓	二十号	号		
五歌	歌戈	二十哿	哿果	二十一箇	箇过		
六麻	麻	二十一马	马	二十二祃	祃		
七阳	阳唐	二十二养	养荡	二十三漾	漾宕	十药	药铎
八庚	庚耕清	二十三梗	梗耿静	二十四敬	敬诤劲	十一陌	陌麦昔
九青	青	二十四迥	迥拯等	二十五径	径证嶝	十二锡	锡
十蒸	蒸登					十三职	职德
十一尤	尤侯幽	二十五有	有厚黝	二十六宥	宥候幼		
十二侵	侵	二十六寝	寝	二十七沁	沁	十四缉	缉
十三覃	覃	二十七感	感敢	二十八勘	勘阚	十五合	合盍
十四盐	盐添严	二十八琰	琰忝俨	二十九艳	艳桥酽	十六葉	葉怗业
十五咸	咸衔凡	二十九豏	豏槛范	三十陷	陷鑑梵	十七洽	洽狎乏

《佩文韵府》的编纂目的在于罗列词藻供写作的人采取，所以在解释词义方面不太重视，而着重于广收词条并说明其出处。从这一点看，尽管它存在不少错误，在一定程度上又起了索引的作用。下面举几个例子以见该书体例之一斑。

1. 平声一东 "风"

风，方成切。《说文》："一动虫生，故虫八日而化。"

《韵会》："天地之使曰一。"《元命苞》："阴阳怒为一也，大块之噫气也。"又上行下效谓之—。又—俗也。又—化也。又狂疾也。

又姓，—后，黄帝之臣。又去声送韵。

《韵藻》

"国风"《史记·齐世家》："洋洋乎大—之—也。"

"谷风"《诗》："习习— —，以阴以雨。"《尔雅》："东风谓之— —。"

"屏风"《王羲之与殷浩书》："画廉蔺于— —。"白居易诗："更闻好事者，画我作— —。"

"坐春风"《伊洛渊源录》："朱光庭见程明道于汝州，语人曰：'在春风中坐了一月。'"

〔增〕

"好风"陶潜诗："微雨从东来，— —与之俱。"

"笑春风"李商隐《夭桃诗》："春风为开了，却疑— — —。"崔护诗："桃花依旧— — —。"

（对语）观乐　今雨　南山雾　歌扇月

采风　古风　北海风　酒旗风

（摘句）舟轻不畏风水　晶凉殿起薰风　笛声吹散落梅风

2. 上声六语"侣"

侣，力举切，伴—也。

《韵藻》

"俦侣"杜甫诗："石根青枫林，猿鸟聚— —。"

"乘槎侣"苏轼诗："海上— — —。"

〔增〕

"伴侣"韩愈诗："我来无— —，把酒对南山。"

"朋侣"白居易诗："万里抛— —，三年隔友于。"

"杨朱侣"《颜氏家训》："墨翟之徒，世谓热腹；— —之—，世谓冷肠。"

"会心侣"杜甫诗："唯有———，数能同钓船。"

"同心侣"徐彦伯《采莲曲》："既见———，复采同心莲。"

"沧波侣"张祜《鹭鸶诗》："好是———，垂丝趣亦同。"又贾岛诗："吟怀沧海侣，空问白云诗。"方干诗："独恨沧州侣，愁来别故人。"

3. 去声四寘"思"

思，相吏切，念也。又支韵。

《韵藻》

"才思"韩愈诗："杨花榆荚无——，惟解漫天作雪飞。"

"愁思"杜审言诗："今年游寓独遊身，——看春不当春。"

"诗思"《北梦琐言》："郑綮曰：'——在灞桥雪中驴背上。'"

"春思"鲍照诗："秋心殊不觉，——乱如麻。"

"乡思"魏征诗："沉沉蓬莱客，日夕——多。"

"自家意思"《近思录》："周茂叔窗前草不除，曰：'与——
——一般。'"

〔增〕

"苦思"杨万里诗："裁缝——诗千首，排遣清愁酒一杯。"

"风前思"南唐后主诗："咽绝———，昏濛眼上花。"

4. 入声十三职"国"

国，古或切，邦一，又姓。

《韵藻》

"万国"《易》："首出庶物，——咸密。"王维诗："九天阊阖
开宫扇，——衣冠拜冕旒。"

"大国"曹植《赠丁翼诗》："——多良材，譬海出明珠。"

"倾国"李白诗："名花——两相欢，长得君王带笑看。"

"君子国"《山海经》："———，衣冠带剑，其人好让不争。"

〔增〕

"中国"《诗》："惠彼——，以绥四方。"《礼记》："圣人既

能以天下为一家，——为一人。"

"战国"《史记·苏秦传》："凡天下——七，燕处弱焉。"

"十五国"《诗·国风》疏："国者，总谓———，风者诸侯之诗。"

"虎狼国"《史记·苏秦传》："夫秦，——之—也，有吞天下之心。"

（二）《说文通训定声》介绍

《说文通训定声》是清代嘉庆、道光年间的朱骏声作的。朱骏声（1788—1858）字丰芑，号允倩，江苏吴县人。他十三岁时就学习《说文解字》，经过多年的研究，他认为段玉裁、桂馥等人对《说文解字》已经研究得很精深了，但是对于六书之中的转注、假借二义还没有获得明确的解释，所以他的这部《说文通训定声》就特别着重地从转注、假借这两方面来解释《说文解字》中所收的字。他在本书《自叙》的开头就说："天地间有形而后有声，有形、声而后有意与事：四者，文字之始也。意之所通，而转注起焉；声之所比，而假借生焉：二者，文字之用也。"他认为转注是意义方面的问题，假借是声音方面的问题；转注是指意义的派生，一个字所以有不相关联的几个意义就是转注的结果，一个字所以有几种不同的书写形体就是假借的结果。他作这部《说文通训定声》的主要目的就是要说明意义和声音之间的关系。

《说文通训定声》共三十二卷，因为谈假借必须按照古音，所以这部书就根据古音分部（朱氏分古韵为十八部）。朱骏声在"定声"方面确定了三个原则，就是他在本书《自叙》里说的"以字之体定一声，以经之韵定众声，以通转之理定正声、变声。"所说的"以字之体定一声"，就是把同声符的字归在一起，因为在古代造字的时候，这些字所表示的声音是相同的。朱氏在本书编排上是以古韵分部来作为大类，在每一韵部之中又按形声字的声符来串连，凡同声符的字就排在一起：这就是"以字之一体定一声"原则的具体运用。所说的"以经之韵定众声"，就是看这个字在经书（主要是《诗经》）里同哪些字上下相叶（xié），那么这些相叶韵的字便属同一韵部。例如"火"字在《诗经·豳风·七月》里同"衣"相叶（"七月流火，九月授衣"），又同

"苇"相叶（"七月流火，八月萑苇"）；又在《诗经·小雅·大田》里同"稚"相叶（"无害我田稚。田祖有神，秉畀炎火"），因此，"火""衣""苇""稚"等字就收在同一韵部。所说的"以通转之理定正声、变声"，就是说有些字由于一声之转（有时是声母的转，有时是韵母的转）而发生同词异音异形的现象，例如"管叔"有的书上写作"关叔"，"吕侯"有的书上写作"甫侯"，那就要利用通转的原理来说明这种变化的缘由。

朱骏声把古韵分为十八部，这十八部的韵目是"丰、升、临、谦、颐、孚、小、需、豫、随、解、履、泰、乾、屯、坤、鼎、壮"，这十八个字都是《周易》中的卦名。朱骏声把《说文解字》中所收的字分别列入这十八部中。在每一部中又以声符来串连一些同音字，把它们编排在一起。例如《豫部第九》中，"吴、误、虞、俣、娱、嚘"等字排列在一起，因为它们的声符都是"吴"；再如"午、杵、许"等字排列在一起，因为它们的声符都是"午"。如果说在第九部中"豫"是本部的总目，那么"吴""午"等声符就是本部中的一些分目（就像《广韵》的"小韵"）。《说文通训定声》在每个声符之前都先总提一句，如"吴"字，就说"吴六名，凡吴之派皆衍吴声"；再如"午"字，就说"午九名，凡午之派皆衍午声"。这样在每一韵部之中就有若干分目，每一分目之中又包括了若干个单字。在每个单字的上角用小字注明这个字在《广韵》中的韵部，如"吴"字，上角就注有小字"虞"。整个《说文通训定声》就是这样按照由韵部到声符、由声符到字的层次组织起来的。

这部书的释义部分首先是根据《说文》解释字义，其下还有"转注""假借""别义""声训""古韵""转音"等部分（不一定每个字下面都具备）。例如：

豫部第九

语 楚 丛木也，一名荆，从林，疋声。《诗·扬之水》："不流束楚。"《汉广》："言刈其楚。"《仪礼·士丧礼》："楚焯置燋。"《礼记·学记》："夏楚二物。"……《汉书·韩延寿传》："民无箠楚之忧。"《左传》公子荆字楚。〔假借〕为"龘"。陆机诗："慷慨含辛楚。"《宋孝武宣贵妃诔》："锵楚挽于槐风。"又重言形况字。《诗》"楚楚者茨"传："茨,棘貌。"《蜉蝣》："衣裳楚楚。"又托名标识字。《诗·殷武》："奋发荆楚。"《水经》"获水"注："旧名江陵为南楚,陈为东楚,彭城为西楚。"又《方言》八："鹂黄,自关而西,或谓之楚雀。"《广雅·释草》："楚蘅,杜衡也。"〔声训〕《释名·释州国》："楚,辛也,其地蛮多而人性急,数有战争,相争相害,辛楚之祸也。"〔古韵〕《诗·汉广》叶"楚""马",《定之方中》叶"虚""楚",《扬之水》叶"楚""甫",《绸缪》叶"楚""户",《黄鸟》叶"楚""虎""禦",《仪礼·士冠礼》叶"楚""俎",《楚辞·招魂》叶"舞""下""鼓""楚""吕"。〔转音〕宋玉《笛赋》叶"宝""通""老""好""受""保""楚""茂"。

鱼 **梳** 理发也,从木,疏省声。《广雅·释器》："梳,枍也。"《史记·匈奴传》索隐引《仓颉篇》："靡者为比,粗者为梳。"〔转注〕以梳理发即曰梳。〔声训〕《释名》："梳,言其齿疏也。"

虞 **稣** 杷取禾若也,从禾,鱼声。秆皮散乱,杷而梳取之。《广雅·释诂》："稣,取也。"今樵苏字皆以苏为之。〔假借〕为"瘺"。《广雅·释诂》："稣,生也。"《释言》："害也"。〔别义〕《广雅·释诂》："满也。"

我们阅读先秦两汉的书籍,要解决词义问题,必须了解词义的引申和文字的通假,《说文通训定声》的重点正好在这方面,因此这本书也是阅读中不可少的一部工具书。本书后面附有"分部检韵"和"分画检部",前者是把所收的字按笔画编排,每字下面注明韵部,这对不熟悉古韵的人有很大的帮助;后者是把一些难于确定部首的字按笔画归类,每个字的下面注明部首,这对检查《说文解字》原书也有一定的帮助。

(三)《经籍纂诂》介绍

《经籍纂诂》是清代阮元主编的。阮元(1764—1849)字伯元,号芸台,江苏仪征人，做过江西巡抚、两广总督、云贵总督等显职。他组织了一批学者从事编书刊印工作，除主编《经籍籑诂》外，还校刻过《十三经注疏》，汇刻了《皇清经解》。他所著的《畴人传》是研究我国历代天文学家和数学家生平的重要参考资料，他还著有《积古斋钟鼎彝器款识》，为研究古文字也提供了重要的参考资料。

《经籍籑诂》是一部按《诗韵》排列的字典，每个字的下面都收集了群经、诸子、史书、《楚辞》《文选》等书的注解。注解排列的次序是先经后传，注解的方法是先列词义（一般是照抄原来的注），后注出处。例如上平七虞的"株"字："株，根也。《广雅·释草》。"这里的"株，根也"是《广雅·释草》里的解释，只是将其解释列在出处的前面罢了。在同一字的不同解释之间，用〇表示间隔，而对被解释的那个字，一般用"—"代替。《经籍籑诂》这书的编辑目的在于编集诸书的注解，使读者知道每一注解的根据和出处，这样就使这书又具有资料索引的作用。因为这书的篇幅没有《佩文韵府》那么多，所以翻检起来也较方便。

下面举几条该书的释例。

上平 七虞 "株"

株 —，根也。《广雅·释草》，又《后汉·虞延传》注。〇—，根本也。《史记·平准书》"命曰'—送徒'"集解引应劭，又《后汉·崔骃传》注。〇—，带也。《汉书·食货志下》集注引如淳。〇—，根带也。《史记·平准书》集解引如淳。〇—驹，枯树本也。《列子·黄帝》"若厥—驹"释文。〇东夷之乐曰—离。《公羊昭二十五年传》"以舞大夏"注。〇—离，舞曲名，言象万物生株离也。《尚书大传》"舞—离"注。〇三—树，其为树如柏，叶皆为—；一曰，其为树慧。《山海经·海外南经》。

十四寒 "兰"

兰 —，香草。《易·系辞上传》"其臭如—"虞注，又《左氏宣三年传》"梦天使与己—"注。〇—，香草也。《文选·东京赋》注引《易》郑注，又《穀梁昭八年传》"艾—以为防"注，又《离骚》"纫秋—以为佩"注。〇—，泽兰也。《文选·江赋》"樱以—红"注。〇—，即泽兰也。《后汉·冯衍传》注。〇秋—，香草，生水边，秋时盛也。《文选·东京赋》"秋—被涯"薛注。〇蓄—为沐浴也。《大戴记·夏小正》"蓄—"传。〇巽为—。《易·系辞上传》虞注。〇—肴，芳若兰也。《后汉·边让传》注。〇—膏，以兰炼膏也。《楚辞·招魂》"—膏明烛"注。〇木—，大树也。《文选·蜀都赋》"其树则有木—楱桂"刘注。〇—槐，当是—莲别名。《荀子·劝学》"—槐之根是为芷"注。

上声 十一轸 "盾"

盾 干，关西谓之—。《方言》九。〇以木作之曰木—。《释名·释兵》。〇—以缝编版谓之木络。同上。〇—，遁也，跪其后避刃以隐遁也。同上。〇五—，干橹之属。《周礼·司兵》"掌五兵"注。〇—，读曰允。《汉书·叙传上》集注。

去声 二十六宥 "幼"

幼 —，少也。《左氏僖二十七年传》《广雅·释诂三》，又《楚辞·少司命》"飒长剑兮拥—艾"注。〇—，少也，言生日少也。《释名·释长幼》。〇—海，即少海也。《山海经·东山经》"无皋之水南望—海"注。〇—，稚也。《尔雅·释言》。〇—，始也。《管子·幼官》注。〇人生十年曰—。《礼记·曲礼上》。〇子—，谓年十五以下。《仪礼·丧服传》"子—"注。〇慈—，为其近于子也。《礼记·祭义》。〇—，犹爱也。《孟子·梁惠王下》"—吾—"注。〇《诗·斯干》传："冥，幼也。"《释文》："一本作窈。"

入声 三觉 "捉"

捉 —，促也，使相促及也。《释名·释姿容》。〇—，持也。《广雅·释诂三》。〇《庄子·庚桑楚》"而—将内捷"，《释文》："—，崔本作促。"

(四)《辞通》介绍

《辞通》的作者朱起凤，字丹九，近代浙江海宁人。他花了三十多年的时间才完成了这部著作。这部书原名《新读书通》，后来才改为今名。《辞通》在编排上也是依照《诗韵》的次序，先以四声分类，然后按韵部排列。在这书的末尾还附有四角号码和笔画两种索引，使不能掌握《诗韵》的人检查起来也很方便。

《辞通》所收的词都是联绵词（即双音节的单纯词），编排时依下字的韵归类。因此可以说《辞通》是一部以韵目编排的联绵词典。明代朱谋玮的《骈雅》原来也是一部联绵词典，但它所收的仅限于双声、叠韵的词，而《辞通》所收的词除了双声、叠韵的以外，还收了一些重叠词和非双声叠韵的联绵词。这书的另一特点是，特别重视同音假借的同音异形词；这些词以一个词为主结成一组词，因此同组的词就不一定同韵。例如五尾的"首尾"一词下面就附有"首施""首鼠"两词。每条词的注解包括经、史、子、集，现在把这书的有关释例抄录两条于下：

　　此书注中凡已见大字者，概用○○代之；如两○分列，则前○代上一字，后○代下一字，以省繁复而便览观。

　　此书包举群籍，以经居首，史次之，子与集又次之。凡所征引，必详篇目，俾利翻检。其有说明者：三传经文，互有异同；此书于《公》《穀》所传之经称《公羊经》《穀梁经》，于《左氏传》之经则迳称《春秋》，盖传习较广，称谓斯便，初非有先儒门户之见也。又今本《后汉书》各《志》，实出晋·司马彪之《续汉书》，后世刻书，展转附益，其迹遂泯，一若蔚宗手制而刘昭补注之者。如直称《后汉志》，似不衷理，爰改从《续汉书》之名，以昭其实。

《辞通》编排的原则是"因声求义"，所以把一些由于同音假借而产生的同音异形词归在一组，这样我们可以从而了解它们之间通假的情况，对我们阅读先秦、两汉的典籍有很大的帮助。现在把该书的编排和解释的方法略举几例于下。

上平　一东

溕濛 音空蒙。《广韵》一东"蒙"字注："○○，小雨。" 空蒙 宋·苏轼诗："山色○○雨亦奇。"

按空 即涊字省。

鸿濛 元气未分貌。《淮南子·俶真》："以○○为景柱。"

濆濛 《淮南子·精神》："古未有天地之时,

○○鸿洞,莫知其门。"《楚辞·刘向〈九叹·远游〉》："贯○○以东竭兮。"注:"○○,气也。濆,一作鸿。"

鸿蒙 《庄子·在宥》"云将东游,过扶摇之枝,而道遭○○",司马彪注:"○○,自然之气也。"唐·韩愈《嘲鼾睡诗》:"○○总合杂,诡谲呈戾很。"**按**鸿、濆声之转,形亦相近,蒙乃濛之省字。

鸿濛 《淮南子·道应》:"东开○○之光。"

须懞 《论衡·道虚》:"东贯○○之光。"

按鸿,假作"濆",又省作"项",故又讹为"须"也。濛从水旁,《论衡》作"懞",从心旁,传写之误。

恖恖 音聪,心遽貌。《史记·龟策传》:"○○疾疾,通而不相择。"《三国志·魏书·华佗传》:"见佗被收○○,不忍从求。"

《晋书·王彪之传》:"无故○○。"

怱怱 晋·王愔《文字志》:"张芝○○,不暇草书。"

唐·杜甫诗:"告别莫○○。"

悤悤 《三国志·吴书·孙和传》:"后遂幽闭和,于是骠骑将军朱据、尚书仆射屈晃率诸将吏泥首自缚,连日诣阙请和。权登白爵观,见甚恶之,敕据、晃等无事○○(俗本讹作"悤悤")。《晋书·卫恒传》:"下笔必为楷则,号○○不暇草书。"

匆匆 唐·韩偓《李波小妹歌》:"背人撩鬓道○○。"**按**恖者,遽也,凡从恖之字,如聪、总等准此。

《广韵》一东:"怱,速也。仓红切。"悤,俗。匆即怱之省,或又省为勿。《广韵》八物"勿"字注:"《说文》曰:'州里所建旗也,所

以驱民，故遽
称匆匆。'"

上声　八荠

抗礼抗，敌也。○○，谓行敌体之礼也。《史记·刘敬传》："岂尝闻外孙敢与大父○○者哉！"

又《刺客传》："下与○○。"《汉书·货殖传》："子贡聘享诸侯，所至国君无不分庭与之○○。"《后汉书·袁绍传》："士无贵贱，

与之○○。"《三国志·吴书·阚泽传》：**亢礼**《史记·秦
"官府小吏，呼召对问，皆为○○。" 始皇纪》：

"见尉缭○○。"又《楚世家》："楚王至，则闭武关，遂与西到咸阳，朝章台，如蕃臣，不与○○。"又《齐悼惠王世家》："○○

如家人。"又《窦婴传》："诸列侯莫敢○○。"又《汲黯传》："大将军既益尊，姊为皇后，然黯为○○。"《汉书·高帝纪》：

"异日秦民爵公大夫
以上，令丞与○○。"**伉礼**《庄子·渔父》："万乘之王，
千乘之君，见夫子未尝

不分庭
○○。" 按 抗、伉字并从亢
声，故书传通用。

率礼《汉书·宣帝纪》："○○不
越。"又《萧望之传》同。**率履**《诗·商颂·长发》："○○不越。"

按 礼之为言履也，义同而声亦相
近，率礼不越，犹循礼无愆也。

去声　四寘

指示《史记·萧相国世家》："高帝曰：'夫猎，追杀兔兽者狗也，而发踪○○兽处者人也。'"

指注《韩诗外传七》："宋玉曰：'昔者齐有狡兔，尽一日而走五百里，使之瞻见○○，虽良狗犹不及狡兔之尘。'"

指属《新序·杂事五》："宋玉曰：'昔者齐有狡兔曰东郭㕙，盖一旦而走五百里。于是齐有良狗曰韩卢，

亦一旦而走五百里；使之遥见而〇〇，则虽东郭逡亦不能
离。"《说苑·善说》："周氏之訾，韩氏之卢，天下疾狗；

见兔而〇〇，则 **按** 注字右旁主，形与示近，故指示讹作指注。《晋
无失菟矣。" 语》："若先则恐国人之属耳目于我也。"

韦注："属，注目也。"是
古人又以属为注也。

入声　十三职

默默 不言貌。《楚辞·卜居》："吁嗟〇〇兮，
谁知吾之廉贞。"注："一作嘿。"

嘿嘿《文选·屈原卜居》："吁嗟〇〇兮，
谁知吾之廉贞。"李注："世莫论也。"

嚜嚜《史记·贾谊传》："吁嗟〇〇兮，生之无
故。"集解："应劭曰：'〇〇，不自得意。'"

按 嘿、默、嚜三字音义并同，贾谊《吊屈原
赋》"嚜嚜"正承《卜居》篇"默默"言之。

默默《史记·韩长孺传》："安国既疏远，〇〇也。"
《后汉书·张奂传》："海内〇〇，人怀震愤。"

嘿嘿《汉书·匡衡传》："衡〇〇不自安。"《后汉书·桓谭
传》："〇〇不得意。"又《崔骃传》："胡为〇〇而久

沈滞也。"《三国志·蜀志·秦 **蔑蔑** 唐·韩愈《与陆员外
宓传》："事益有不可〇〇也。" 书》："故〇〇无闻。"

按 蔑、默声
近义通。

默默 静貌。《庄子·在宥》："至道之极，昏昏〇〇。"
漠漠《荀子·解蔽》："听〇〇而以为哅哅。"

按 默、漠双声，
古通用。

〔附〕《联绵字典》介绍

《联绵字典》是近人符定一编著的。符定一字宇澄，湖南衡山人。他编这部书也花了三十年时间。他说在编写过程中"自晨兴至夜半，工作恒逾十四小时"。这是一部按部首编排的联绵词典（其中有些并非联绵词），依每一词上字的部首归类。解释的次序是先注明反切，然后解释词义，接着就引证出处。这部书所引的资料，作者在《凡例》七中说："上起三代，下终六朝，经史子集，兼收并蓄。经则十三经为本，参考注疏经解；史则《国语》《国策》、四史为要，旁及宋、魏；子则周秦诸子，汉魏丛书；集则《楚辞》《文选》《古文苑》及汉魏名家集。叙述先后，大体略同《篇诂》。"下面略举几条以见该书之一斑。

"一"部一画　"丁"

丁己：丁，当经切。己，陆音纪。

柔日也。《仪礼·少牢馈食礼》"日用丁己"注："内事用柔日，必丁己者，取其令名，自丁宁，自变改，皆为谨敬，必先诹是日，明日乃筮。"《释文》丁己音纪，注皆同。疏释曰："云'内事用柔日'，《曲礼》文，彼云'外事以刚日，内事以柔日'。内事谓冠、昏、祭祀，出郊为外事，谓征伐、巡守之等。若然甲丙戊庚壬为刚日，乙丁己辛癸为柔日。今直言丁己者，郑云'取其令名，自丁宁，自变改，皆为谨敬'之义故也。"

丁令：令，《广韵》：鲁丁切。

丁零也。《汉书·匈奴传上》："于是丁令乘弱攻其北。"师古曰："令，音零。"又《匈奴传下》："匈奴内之于丁令。"注同上。《又》："北降丁令。"注同上。补注："周寿昌曰：'丁令即丁零，今科布多之北。'"《后汉书·南匈奴传》："又畏丁令、鲜卑。"注："令音零。"《文选·册魏公九锡文》："鲜卑、丁令重译而至。"善注："鲜卑、丁令，二国名。"〔定一按〕丁令，叠韵，耕部。

丁壮：壮，侧亮切

丁，亦壮也。《释名·释天》："丁，壮也；物体皆丁壮也。"又《释长幼》："三十曰壮，言丁壮也。"《史记·项羽纪》："丁壮苦军旅。"又《律书》："丁者，言万物之丁壮也。"又《循吏传》："丁壮号哭。"《汉书·严助传》："丁壮从军，老弱转饷。"又《于定国传》："我老久累丁壮奈何？"又《赵充国传》："且丁壮相聚，攻扰田者。"《后汉书·仲长统传》："但户一丁壮，则千万人也。"又："以筋力用者，谓之人人求丁壮。"《管子·轻重戊》："丁壮者胡丸操弹居其下。"《列子·说符》："丁壮者皆乘城而战。"《淮南·齐俗训》："丈夫丁壮而不耕，天下有受其饥者。"又《人间训》："丁壮者死，老病童儿皆上城牢守而不下。"又："丁壮者引弦而战。"〔定一按〕《文选·答苏武书》："丁年奉使。"善注："丁年谓丁壮之年也。"

丁蛭：蛭，户经切。

负劳也。《说文·虫部》："蛭，丁蛭，负劳也。从虫，坚声。"纽匪石曰："《释虫》丁作虰，《说文》无虰。"〔定一按〕丁蛭，叠韵，耕部。

叁　几部讲虚词的词书

一、几部讲一般虚词的词书

(一)　《助字辨略》介绍

《助字辨略》是我国语言学史上第一部讲虚词的书，作者刘淇字武仲，号南泉，清康熙时确山人。他编这部书的目的在于帮助读者掌握虚词的用法，从而裨益于写作。这在本书的《自序》里说得很清楚。他在《自序》里还说明了本书所收词的类属以及训解的方法。刘淇把所收的词分为三十类，它们是：

1.重言　指同义词连用，如"庸何""滋益"等；

2. 省文　指句中成分有所省略；

3. 助词　指只是陪衬音节、没有实际意义的助词，如"无宁灾患"的"宁"，"尹公之佗（人名）"的"之"；

4. 断辞　指表示肯定或表达肯定语气的虚词，如"信""必""也""矣"等；

5. 疑辞　表示疑问的语气词；

6. 咏叹辞　表示感叹的语气词；

7. 急辞　表示语气紧接的连词，如"则""即"等；

8. 缓辞　语气稍缓于"急辞"的连词，如"斯""乃"等；

9. 发语辞　如"夫""盖""维"等；

10. 语已辞　指用于句末的语气词，如"俟我于著乎而"的"而"，"今我来思"的"思"等；

11. 设辞　表示假设的连词，如"虽""纵"等；

12. 别异之辞　指表示转换话题的词，如"其于""若乃"等；

13. 继事之词　指一些承接连词，如"爰""乃""于是"等；

14. 或然之辞　如"倘""使"等；

15. 原起之辞　指引起追述事情原由的词，如"先""前""初"等；

16. 终竟之辞　如"毕""已""终""卒"等；

17. 顿挫之辞　表示停顿的语气词，如"孝悌也者"的"也者"；

18. 承上　如"是故""然则"等；

19. 转下　如"然而""抑又"等；

20. 语辞　如"夥颐""馨""那"等；

21. 通用　指通假的词，如"无"和"亡"、"犹"和"由"等；

22. 专辞　如"唯""独"等；

23. 仅辞　如"稍""略"等；

24. 叹辞　如"呜呼""噫嘻"等；

25. 几辞　如"将""殆"等；

26. 极辞 如"殊""绝""尽""悉"等；

27. 总括之辞 如"都""凡""无虑"等；

28. 方言；

29. 倒文；

30. 实词虚用。

从上列情况来看，《助字辨略》所谓的"助字"，实际上就是各类虚词，其中包括副词、介词、连词、助词、叹词。作者所分的三十类只是从用法方面分的，不是从词性方面分的。

《助字辨略》的编排也是按《诗韵》的次序，先按声调的平（分上平、下平）、上、去、入分为五卷，每卷再依韵目次序分别安排各韵所辖的字。每字的解释是先释字义，后列例句。所引例证除经传、诸子、《史》《汉》以外，旁涉近代史书、杂说、文字、方言、诗词等等，这同后来讲虚词的书有显著的不同。下面略举数例以见梗概。

卷一 "奇"

奇 最也。《水经注》："沁水，又东南，阳阿水左入焉，水北出阳阿川，南流，径建兴郡。而其水又东南流，径午壁亭东，而南入山。沿波漱石，潈洞八丈，环涛毂转，西南流入于沁水。又南五十余里，沿上下步，径栽通。小竹细笋，被于山渚，蒙茏拔密，奇为翳荟也。"又云："沁水东径野川县故城北，水北有华岳庙。庙前有攒柏数百根，对郭临川，负冈荫渚，青青弥望，奇可玩也。"宋本"奇为翳荟"作"最为翳荟"。

卷二 "临"

临 犹及也，谓正当其时也。《汉书·杜钦传》："方进素与司直师丹相善，临御史大夫缺，使丹奏咸为奸利，请案验，卒不能有所得，而方进果自得御史大夫。"《世说》："王大为吏部郎，尝作选草，临当奏，又云：'公长民短，临时不知所言。'"张文昌诗："行人临发又开封。"王仲初诗："临上马时齐赐酒。"刘梦得诗："平章宅里一阑花，临到开时不在家。"

卷三　"了"

　　了　绝也，殊也。《世说》："庾子嵩读《庄子》，开卷一尺许，便放去，曰'了不异人意'。"欧阳永叔《青玉案》词："一年春事都来几，早过了三之二。""过了"犹云"过却"，方言助语也。

卷四　"旋"

　　旋　事非豫为之也。王仲初诗："旋翻曲谱声初起。"又《范忠宣公义庄规矩简子》："亦逐旋立定规矩，令诸房遵守。""逐旋"，方言也，言随事特为定立规矩也。○又"旋旋"，犹渐渐也。

卷五　"劣"

　　劣　《广韵》云："少也。"愚案：仅也。《周语》："余一人仅亦守府。"韦注云："仅犹劣也。""仅"得为"劣"，则"劣"亦得为"仅"矣。《宋书·刘怀真传》："子德愿善御车，常立两柱，使其中劣通车轴，驱牛奔从柱间直过。"《胡蕃传》："江津岸峭壁立，蕃以刀头穿岸，劣容指，于是径上。"钟嵘《诗品》："师鲍昭终不及'日中市朝满'，学谢朓劣得'黄鸟度青枝'。"杜子美诗："劣于山有阴。"诸劣字其义并同，少力为劣，劣是弱辞也。弱者不足之义，故得为仅也。

以上是从五卷中随便摘出的几个例子，所引的例句大多不是取于经传，而且那些作品的时代上起先秦，下至宋代，不仅有散文，而且有诗词；它所解释的词语中还有不少方言语汇：这些都不同于其后一些谈虚词的专书。

（二）《经传释词》介绍

《经传释词》是清嘉庆时王引之编的。王引之（1766—1834）字伯申，号曼卿，江苏高邮人。他是当时著名学者王念孙的儿子。他继承了父亲的学说写成此书。此外，他还将平时听他父亲所谈有关经义以及诠释的规律写成《经义述闻》三十二卷。

《经传释词》共十卷，收了一百六十个虚词。作者在《自序》中说："自汉以来，说经者崇尚雅训，凡实义所在既明之矣，而语词之例，则略而不究；或即以实义释之，遂使其文扞格，而意亦不明。……《经传释词》十卷，前人所未及者补之，误解者正之，其易晓者则略而不论。非敢舍旧说而尚新奇，亦欲窥测古人之意，以备学者之采择云尔。"可见他作这部书的目的在于帮助读者正确地理解古书，匡正前人的误解。这部书所收的虚词都取自九经、三传以及周、秦、两汉时的书籍。钱熙祚（1801—1844）把《经传释词》所收的虚词分为六类，这六类是：

1. 常语　如"与，及也"，"以，用也"；

2. 语助　如《左传》"其与不然乎"和《国语》"何辞之与有"的"与"（没有实义，只作语助）；

3. 叹词　如《书》"已予惟小子"和《诗》"猗嗟昌兮"中的"已""猗"都只表示叹声；

4. 发声　如《易》"於稽其类"和《书》"於予击石拊石"的"於"；

5. 通用　如"粤"之通"越"，"员"之通"云"；

6. 别义　如"与"为"及"，又为"以"；为"为（wéi）"、为"为（wèi）"、为"谓"、为"如"；再如"以"为"用"、为"由"，又为"谓"、为"与"、为"及"、为"而"等。

钱氏还把《经传释词》的解释方法分为下列的六种：

1. 举同文以互证　如根据隐六年《左传》"晋郑焉依"，《国语》作"晋郑是依"，证明"焉"犹"是"；根据庄二十八年《左传》"则可以威民而惧戎"，《晋语》作"乃可以威民而惧戎"，证明"乃"犹"则"；

2. 举两文以比例　如根据《赵策》"与秦城何如不与"来证明《齐策》"救赵孰与勿救"的"孰与"意同"何如"；

3. 因互文而知其同训　如根据《檀弓》"古者冠缩缝，今也衡缝"和《孟子》"无不知爱其亲者，无不知敬其兄也"，证明"也"和"者"的用法相同；

4. 即别本以见例　如根据《庄子》"莫然有间"，《释文》"本亦作'为间'"，证明"为"与"有"的用法相同；

5. 因古注以互推　如根据宣六年《公羊传》何注"焉者，于也"，证明

《孟子》"人莫大焉无亲戚君臣上下"的"焉"也当作"于"用，根据《孟子》"将为君子焉，将为小人焉"赵注"为，有也"，证明《左传》"何辱之为""何臣之为""何卫之为""何国之为""何免之为"的"为"皆应该训为"有"；

6. 采后人所引以相证　如根据《庄子》引《老子》"故贵以身于天下，则可以托天下；爱以身于天下，则可以寄天下"，证明"于"等于"为"；根据颜师古引《论语》"鄙夫可以事君也与哉"李善引作"鄙夫不可以事君"，证明《论语》的"与"应该训"以"。

《经传释词》所收的一百六十个字都是单音词，如有可以结合为双音节词的则附在单词之内，不另立词条。这书的编排根据中古声母（即守温三十六字母）的发音部位——喉、牙、舌、齿、唇——依次排列。第一卷至第三卷是喉音字（即现在是零声母的字），第四、第五两卷是牙音字（即现在声母是 g、k、h、j、q、x 和少数零声母的字），第六卷是舌音字（即现在声母是 d、t、n 的字），第七卷是半齿、半舌的字（即现在声母是 r、l 的字），第八、第九两卷是齿音字（即现在声母是 z、c、s、zh、ch、sh 的字）；第十卷是唇音字（即现在声母是 b、p、m、f 的字）。

《经传释词》特别注意一些虚词的特殊用法，在解释过程中还随处指出古人把虚词误解为实词的地方（这在《经义述闻》里有一条"语词误解以实义"专谈这个问题，现附在中华书局 1956 年版精装本《经传释词》的后面），这对我们阅读古书都有很大的启发和帮助，但其中有些说法也不免武断，章太炎和裴学海两位先生均曾指出这一缺点并加以纠正（可参看《经传释词》精装本附录二、附录三）。

《经传释词》对以后研究虚词的学者影响很大，如吴昌莹的《经词衍释》、杨树达的《词诠》和裴学海的《古书虚字集释》都是在这部书的基础上增改而成的。后来有惠安人孙经世又作了《经传释词补》和《经传释词再补》二文，主要是补王氏之遗，现在也附在精装本之后。

下面附带介绍一下《经词衍释》。

《经词衍释》的作者吴昌莹是清同治时南丰人。他作这部书的目的是要弥补王引之《经传释词》的不足，他说"其（指王书）所略而不论，固犹多未易晓者。既续其援引所未详，又于其释之所未及而实为义所应有者，博稽而推广之；释之所未通而本义实别有在者，征引而并存之，命曰《经词衍释》。"可见这书是在王书的基础上触类引申、推衍补充而成的。这书在《经传释词》所收的一百六十个字以外，又增加了二十三个字（从、但、舍、第、宛、果、必、诚、审、举、百、又、合、职、会、良、既、遂、公、方、才、何、此）。他"衍释"的程序是先列举王书对某一词的解释，如"与"字下，先把《经传释词》对"与"的各种解释列在下面说："《经传释词》曰：与，及也；常语也。与，犹以也。与，犹为（平声）也。与，犹为（去声）也。与，犹谓也。与，如也。与，语助也。凡七义。"其次则就《经传释词》所列的七义分别补充用例。再次则就《经传释词》没有提到的用法加以补充。全书共为一百十四个字补充了例句，为七十一个字补充了义项。在他所"衍"部分的开头，加上"衍曰"两字，在补充新义的下面，用小字注上"此义《释词》不载，今补。"例如"与"字后，在补充王书七义的用例之后，又加一条："与，犹'于'也，'於'也。此义《释词》不载，今补。《书》："其于尔躬有戮。"某子作'其与'，《史记》作'其予'。《注疏》'于其无好德'，监本作'予其'，《史记》亦作'于其'。《孟子》：'太山之於丘垤，河海之於行潦'，杨子《法言》'於'作'与'。盖与、于、於、予四字声近，故用亦通也。"

《经词衍释》引用的书籍比《经传释词》广泛一些，如吴书征引过的《孙子兵法》《鹖冠子》等，王书都未引用。吴昌莹对王书所引例句的解释也间有不同的看法。他补充词义的根据，一般不出《经传释词》已分析过的范围。如《经传释词》中有"侯"，《尔雅》曰："伊、维，侯也。""'伊'，有也。""'惟（维）'，有也。"吴昌莹把这些词义辗转比较后，在"侯"字条下说："《尔雅》曰：'伊、维，侯也。'伊、维并训曰'有'，则'侯'亦可训为'有'矣。此义《释词》不载。"这种演绎的方法，在补充《经传释词》的疏漏方面是很有益的。

(三) 《词诠》介绍

《词诠》是近人杨树达先生编著的。杨树达（1885—1956）字遇夫，号积微，湖南长沙人。他早年留学日本，回国后历任北京师范大学、清华大学、湖南大学教授，著作很多。关于语法的有《中国语法纲要》《高等国文法》和《词诠》。他著这部《词诠》的目的是让读者"通文法"，他把虚词看作文法（即语法）的一个重要部分，又认为讲虚词同一般地讲文法有所不同，因此他在本书《序例》里说："顾文法自有界域，不能尽畅其意，因仿《经传释词》之体，辑为是书。"

《词诠》共收了四百八十多个字，比《经传释词》多了三百多个字。因为《经传释词》的重点放在虚词的特殊用法方面，而杨氏这书是为了便利初学，所以不管是普通用法还是特殊用法，《词诠》都罗列出来，加以详细解说。

这书分为十卷，在编排方面采用音序排列法——按照当时通用的注音字母的音序把所收的字依次分到十卷中去，分列的情况如下：

卷一 ㄅ (b)、ㄆ (p)、ㄇ (m)、ㄈ (f)；

卷二 ㄉ (d)、ㄊ (t)、ㄋ (n)、ㄌ (l)；

卷三 ㄍ (g)、ㄎ (k)、ㄏ (h)；

卷四 ㄐ (j)、ㄑ (q)、ㄒ (x)；

卷五 ㄓ (zh)、ㄔ (ch)、ㄕ (sh)、ㄖ (r)；

卷六 ㄗ (z)、ㄘ (c)、ㄙ (s)；①

卷七 ㄧ (i)；

卷八 ㄨ (wu)；

卷九 ㄩ (yu)；

卷十 ㄚ (a)、ㄞ (ai)、ㄢ (an)、ㄦ (er)。

《词诠》解说的程序是"首别其词类，次说明其义训，终举例以明之"。这书虽然以讲虚词为主，但如某词还有实词用法，也随处指出；在解说的次

---

①有些现代普通话里声母是 j、q、x 的中古精、清、从、心、邪等母的字也放在卷六中。

序上先讲实词用法，后讲虚词用法。如一个词的词类确定后，但在意义和用法上有所不同，则分条解说、举例，不使混淆。下面以"则"字为例以见其说解之体例。

则

一、名词 法则也。"伐柯伐柯，其则不远。"（《诗·豳风·伐柯》）"天生烝民，有物有则。"（又《大雅·烝民》）"敬慎威仪，维民之则。"（又《抑》）"先人有则，而我弗亏。"（《后汉书·崔骃传》）

二、外动词 法效也。"河出图，洛出书，圣人则之。"（《易·系辞》）"君有君之威仪，其臣畏而爱之，则而象之。"（《左传·襄公三十一年》）

三、不完全内动词 乃也。"虽陨于深渊，则天命也。"（《左传·哀公十五年》）……"卿则州人，昔又从事。"（《吴志·太史慈传》）

四、时间副词 与"即"同。表示一种动作或状态表现之早速。"故有社稷莫不欲安，俄则危矣；莫不欲存，俄则亡矣。"（《韩诗外传》）"于是至则围王离，与秦军遇。"（《汉书·项籍传》）按"至"与"围王离"动作相距之时间极短，故云"则"。"周王数百年，秦二世则亡，不如都周。"（又《娄敬传》）"汤武广大其德行，六七百岁而弗失；秦王治天下十余岁则大败。"（又《贾谊传》）按《汉书·王莽传》云："应声涤地，则时成创。""则时"与"即时"同，"则"作形容词用。以用例他书少见，附记于此。

五、承接连词 表因果之关系。则字以上之文为原因，以下之文为结果。"圣人以顺动，则刑罚清而民服。"（《易》）……

六、承接连词 表文中对待之关系。《说文解字》云："则，等画物也。"则字本为分画之义，故其为词亦有画分之义焉。此类文字，若去其所对待者而使之独，则"则"字之作用失。至"则"字之形，或仅有其一而不兼具；然仍不害其为对待也。"彀则异室，死则同穴。"（《诗·王风·大车》）"昊天上帝，则不我遗；群公先正，则不我助。"（又《大雅·云汉》）……

七、承接连词　于初发见一事之已然状态时用之。"郑穆公使视客馆，则束载厉兵秣马矣。（《左传·僖公三十三年》）"公使阳处父追之，及诸河，则在舟中矣。"（又）……"使使往之主人，荆卿则已驾而去榆次矣。"（《史记·刺客传》）

八、承接连词　于始为一事时用之。与"乃""于是"义同。惟"乃""于是"语气缓，而"则"语气急耳。"鲧则殛死，禹乃嗣兴。"（《书·洪范》）"禾则尽起。"（又《金縢》）

九、转接连词　与"而"同。"寡人愿事君朝夕不倦，将奉质币以无失时，则国家多难，是以不获。"（《左传·昭公三年》）"竭力以事大国，则不得免焉。"（《孟子》）"夫贵为天子，富有天下，是人情之所同欲也。然则从人之欲，则势不能容，物不能赡也。"（《荀子·荣辱》）"然则怪迂阿谀苟合之徒自此兴。"（《史记·封禅书》）

十、假设连词　若也，苟也。"女则有大疑，谋及乃心，谋及卿士，谋及庶人，谋及卜筮。"（《书·洪范》）"心则不竞，何惮于病。"（《左传·僖公七年》）按《风俗通》作"心苟不竞"。

十一、陪从连词　与"之"同。"匪鸡则鸣，苍蝇之声。"（《诗经》）"匪东方则明，月出之光。"（又）

《词诠》是系统地把虚词作为语法之重要部分的第一部书，在解释及举例中能虚实兼顾，对我们全面地了解词义有很大的帮助。不过这书所分的词类同现在我们常用的"暂行体系"不尽相同，我们运用时应该注意。

（四）《古书虚字集释》介绍

《古书虚字集释》的作者是河北滦县人裴学海先生。他作这部书的目的是补《助词辨略》《经传释词》《词诠》等书的不足。他认为这些书"虽皆大醇而不无小疵，或误解对文，或误谓字衍，或误谓形讹，或误谓有省文，或误以反语为正言，或误以实词为语词，或误以有意义之字为语声，或误据彼书以改此书，或误据以意改字，所引失真之类书，以订正不误之原书"。他还认为上述的几种错误中以最后一种最为严重，而他之所以写这部书主要是为了纠正这一类错误。

这部书共收了二百九十个字，分十卷，排列的次序和方法都同《经传释词》相似：卷一、卷二、卷三都是喉音字，卷四、卷五都是牙音字，卷六是舌音字，卷七、卷八、卷九都是齿音字，卷十是唇音字。《古书虚字集释》在释义方面绝大部分接受了王引之《经传释词》的解释，凡认为王书不妥的地方就摒弃不用；王书有两种解释，裴氏认为同义的就合并为一条；王书是一条，裴氏认为并非同义的，就分作两条。

裴氏认为虚词与实词一样，意义有本义、引申和假借三种，因此《古书虚字集释》在释义的方法上，对于引申和假借确定了两条原则，即"关于引申之义则联以意，关于假借之义则通以声"。下面分别举例介绍。

所谓"联以意"是指因意义相关而由此及彼。例如"无"可作"勿"用，"勿"有"不可"的意思，因此"无"也可解作"不可"。再如"故"与"是以""是故"的意义相同，所以"是""以"都可作"故"解，而"兹""此""而""其"都与"是"同义，因此"兹""此""而""其"都可作"故"解。

所谓"通以声"就是从语音上的共同处找出其互相借用的根据，这种方法又可细分下列几种：

1. 以同音为训　例如"有"作"以"讲，"以"也作"有"解，"以""有"两字古音相同；

2. 以双声为训　例如"有"作"与"讲，"与"也作"有"讲，"有""与"是双音字；

3. 以叠韵为训　例如"其"作"而"讲，"而"也作"其"讲，"其""而"古音为叠韵；

4. 由双声而转为叠韵　例如"以"和"於"是双声，"其"和"以"是叠韵，"以"作"於"用，因而"其"也可作"於"用；

5. 由叠韵而转为双声　例如"矣"和"之"是叠韵，"也"和"矣"是双声，"矣"可作"之"用，因此"也"亦可作"之"用。

《古书虚字集释》除了解释虚词之外，如果该词还有实词用法，也一并举例说明，这是与《词诠》相同之处；但这书不指明词类，这是与《词诠》不同之处。这书的篇末还附有《经传释词正误》《本书说解概要》和《类书引古书多以意改说》三篇文章。《古书虚字集释》是在总结前人研究的基础上写成的，它吸取了前人已取得的成果，也改正了前人的某些缺点和错误，所以它是目前研究虚词的一部较好的词书。

（五）《文言虚字》介绍

《文言虚字》的作者是吕叔湘先生。他写这部书的目的是帮助现代青年学习文言文。这书只讲了二十六个虚词，所讲的也是文言文中常见的用法。作者认为较罕见的用法，读者可以去翻《经传释词》《词诠》等书，而他的这部书乃是为了方便初学者。

《文言虚字》的最大特点是解说简明，而且都用现代白话文解说，并且能经常与现代白话进行比较或用白话翻译；此外，这书还随时照顾语法（包括词的实义用法），并在每个词的各种用法下均用常见的文言文举例。这样由具体到抽象再由抽象到具体的解说方式，对初接触文言文的人帮助很大。这书在每节之后都附有习题，最后还有总习题，这对初学者是非常必要的。

此书的后面把《开明文言读本》作为附录。这个附录对文言文的句法特点有简要的说明，此外还收了一百五十五个虚词，每个虚词下面有白话解释和文言例句，这样就弥补了本书收字太少的不足之处。

总之，这部书是以初学者为对象的，从收词、解释、举例到习题，处处都照顾到读者的接受能力，并注意到复习和巩固，确是初学者必备的一本讲文言虚词的专书。

（六）《文言虚词》介绍

杨伯峻先生的《文言虚词》出版于一九六五年，这是一本比较完整而又通俗的讲虚词的工具书。作者编写这本书的目的也是帮助读者学习文言文时解决一些虚词方面的困难。这书共收了一百四十三个虚词，此外有些虚词同其他词（包括虚词）组合的固定的结构也附于有关虚词之内，全书共收了一百二十三个这样的结构。本书所收的虚词包括代词、副词、介词、连词、助词等类，多数是常见的虚词；所讲的用法也大多是文言文中出现频率较高的。

《文言虚词》采用按笔画顺序的编排方法。笔画以简体字为准，对该字的繁体，附于正文的标题字（即被解释的虚词）后表示读音的括号内；标音全用拼音方案。此书的前面还附有《音序索引》配合笔画目录，便于读者翻检。

此书解释的程序是先按词类分为大项（如只属一个词类，就根据它的作用分，如"也"字就是这样），然后按照其用法分为若干小项。每一义项下一般举两个例句，有必要时也多用一两个。解释全用现代口语，并能紧密联系现代口语，有时进行对译，有时加以比较。例句下均有白话翻译（个别例句没有）。对于某些实词用法，一般也都作简明的解说并举例，做到了虚实兼顾。但要提请注意的是该书所分的词类，同现在常用的"暂行体系"不尽相同。

这部书还有一个显著的特点，即在解释虚词的用法时能适当地联系句法，如某个词在句中可作某种句子成分以及文言文的一些特殊句式（如判断句、宾语提前等），都在讲到有关的虚词时进行分析或加以解说。

《文言虚词》一书吸取了前人解说（包括编排体例和解说方法）的优点，用明确简练的现代口语来解释和翻译，真正做到了通俗易懂、深入浅出，对初学文言文的人确实帮助很大。

二、专讲诗词曲虚词的词书——《诗词曲语辞汇释》介绍

《诗词曲语辞汇释》是近人张相编著的。张相（1877—1945）号献堂，浙江杭州人，在杭州从事过教学工作，后来做过中华书局的编辑。这部书是专门解释诗词曲中的语辞的。这里所谓."语辞"包括虚词和一些方言词、古代白话词。在它以前，刘淇的《助字辨略》虽也提到一些，但只是"旁及"而已。关于"语辞"的解释以及编写这书的目的和解释的次序，作者在《叙言》里说：

> 诗词曲语辞者，即约当唐宋金元明间流行于诗词曲之特殊语辞，
> 自单字以至短语，其性质半通俗，非雅诂旧义所能赅，亦非八家派

古文所习见也，自来解释，未有专书。然词为诗余，曲为词余，诗词曲三者各为分流，仍属同源，窃意汇而释之，事或较便。汇之之法凡二：因其分流，则诗证诗，词证词，曲证曲，是为自汇；因其同源，则三者或二者互证，是为互汇。综合各证，得其解释，则假定为一义。一义不足概括，则别求解释，复假定为他义。凡属普通义者，除有联带关系时，不复阑入；其字生涩而义晦，及字面普通而义别者，则皆在探讨之列。意在括囊众义，取材因而从宽，诗词并及题序，剧曲并及白文。

每条排列之次序，大体由诗而词而曲，依次为组，无则阙其一或阙其二。每组之证，亦略依撰人之时代以为次。惟因叙述之便，取其比事属文，意义益得显豁，则偶尔凌次，亦所不避。诗以唐人为中心，宋诗次之；词以宋人为中心，金元词次之；曲以元人为中心，元以后次之。

援引例证时，诗则称某人某题诗，诗题过长，间亦节短，但题首每仍其旧，以便复检；词则称某人某调词，或加题目，惟《减字木兰花》则沿称"减兰"，以资省括；杂剧则径称某某剧，惟《拜月亭》则冠称关汉卿《拜月亭》剧，以别于同名之《幽闺记》传奇。小令则称某人小令某调，或加题目。套数则称某书某人某套，或加题目；无题目者则标其首句曰某某篇。

例证所引文字，直接与本条之标目有关者，字旁加套圈以为识，间接足以相发明者，字旁加尖角以为识。又词曲读法，有从谱读与从文读之异。如苏轼咏杨花《水龙吟》词，其结拍数句，从谱读当作"细看来不是，杨花点点，是离人泪"，从文读当作"细看来不是杨花，点点是离人泪"。本书侧重文义，故宁从文读。

在解释的方法和原则方面，作者提出了五点：

(一) 体会声韵

作者认为韵文有时为了迁就韵脚，"往往为声韵所限，下字易窘，斯字义宽假之处，当亦愈多。自当多设方便，以谋适应"。作者认为这是一字多义的原因之一。但是他对"声近义通"的"训诂旧例"则认为"顾在末流，稍失之滑"，这未免太谨慎了，以致有些可以从声音上求得解释的词语，也轻轻放过。

（二）辨认字形

作者认为"便书通假，古人往往随手拈用，亦有后人传写摹刻，辗转变易者"。例如为了偏旁整齐，就把"尤鬙"写成"尪鬙"；为了形体简便，就把"僾倖"省作"奚幸"。

（三）玩绎章法

作者说："有倒装之字，有倒装之句，更有倒装之段落。有本句为呼应，有上下句为呼应，有隔若干句为呼应。……故本书所引文字，除单句意义明白者外，辄每行上下文成一起讫，俾意义得以完全，了解易于正确。"

（四）揣摩情节

作者认为诗词曲的"语句轻重缓急有殊，意义亦即大异"。例如"谁家"一词就相当于"什么"的意思。杜甫《少年行》"马上谁家白面郎，临阶下马坐人床。不通姓字粗豪甚，指点银瓶索酒尝。"张氏认为"此'谁家'字语气激切，乃是詈辞，犹今云'什么东西'"。又如《牡丹亭·惊梦》："良辰美景奈何天，赏心乐事谁家院！"张氏认为"此'谁家'字语气沉重，乃是悲语。'谁家院'犹云'什么院落'，意言尚成什么院落也，故与'奈何天'相对"。

（五）比照意义

又分为六项：

1. 异义相对的，就取相对之字以定其义。例如"稍"字：

骆宾王《乐大夫挽词》："城郭犹疑是，原陵稍觉非。"

李峤《早发苦竹馆》："早露稍霏霏，残月犹皎皎。"

韦应物《休沐东还胄贵里》："竹木稍摧髯，园场亦荒芜。"

苏轼《十月四日以病在告独酌》："月华稍澄穆，雾气尤清薄。"

通过这些对文，可以确定这样用法的"稍"字有"已"的意思。

2. 同义互文的，就从互文之意以定其义。例如"赊"字：

李商隐《昨日》："昨日紫姑神去也，今朝青鸟使来赊。"

韦应物《池上》："池上一来赊。"

杨万里《多稼亭看梅花》："更上城头一望赊。"

通过上列李诗的"赊"与"也"互文，可见"赊"是语助词，从而证明韦、杨两诗的"赊"也是语助词。

3. 前后相应的，就根据相应的字来确定意义。例如"早是"：

邵雍《答安之少卿》："轻风早是得人喜，更向芰荷深处来。"

孙光宪《浣溪沙》："早是销魂残烛影，更愁闻着品弦声。"

这里的两个"早是"，都同下句的"更"字相应，可以推定"早是"有"本是"或"已是"的意思。

4. 文从省略的，就体会全文的意思来确定。例如上两例的"早是"与"更"相应，可以确定下面两例的下句都省略了"更"字：

冯延巳《捣练子》："早是夜长人不寐，数声和月到帘栊。"

《董西厢》四："早是离情恁苦，病体儿不能痊愈。"

5. 以异文印证。是指同一部书，由于版本不同而某些字也不同，就用这样一些不同的字来互相印证。例如：

王维《燕支行》："教战须令赴汤火，终知上将先发谋。"赵殿臣注本云："须，顾元纬本、凌本俱作'虽'。"

李商隐《中元作》："羊权须得金条脱，温峤终虚玉镜台。"朱鹤龄注本云："须，一作'虽'。"

巾箱本《琵琶记》三十："他媳妇须有之。"凌刻臞仙本及陈眉公本俱作"虽有之"。

根据上列三例的异文，可以确定这三个"须"字都应作"虽"字解。

《诗词曲语辞汇释》是一部研究韵文（诗、词、曲）中一些特殊语辞的专书，共收了五百三十七条词语，它让读者知道在诗、词、曲中，某一个语辞在某种场合下是什么意思，表现什么神情意态，从而更真切地了解那些文艺作品。全书共分六卷，编排上无一定规律，篇末附有笔画索引，方便读者检索。张氏继承并发扬了我国训诂学的优良传统，花了几十年的时间，以严肃认真的态度，写成了这样一部内容丰富、方法谨严的专书，应该说是对汉语语言学史的研究作了卓越的贡献。当然，如果求全责备的话，此书也还有些美中不足之处，如词义和用法的区分过于琐细，有些训释不考虑由于语音的转换而造成书写形式的不同。该书不但在国内学术界得到普遍的赞誉，而且在国外学术界也受到高度的赞扬，如日本的入矢义高教授就说这部书是一个"划时期的成果"。

除了《诗词曲语辞汇释》以外，解释古代戏曲中语辞的还有徐嘉瑞的《金元戏曲方言考》和朱居易的《元剧俗语方言例释》，那是专门解释金元戏曲中方言的专书，应用范围较窄，这里就不专门介绍了。

(《文言语词工具书介绍》，甘肃人民出版社 1978 年出版)

附录：吴福熙著述目录

一、著作

1. 《文言语词工具书介绍》，甘肃人民出版社 1978 年。

2. 《汉语成语词典》（合著），上海教育出版社 1978 年初版，1982 年出版修订本、合订本、缩编本及中华书局香港分局租印本，1987 年第 3 版，2001 年新世纪版；2002 年中央党校出版社新世纪版。

3. 《古代汉语》，甘肃人民出版社 1980 年。

4. 《古代汉语》（合著），吉林人民出版社 1984 年。

5. 《文言文读本》（辛安亭选编，吴福熙等注），甘肃人民出版社 1984 年。

6. 《文言虚词类释》（杨爱民编著，吴福熙审订），甘肃教育出版社 1991 年。

7. 《敦煌残卷古尚书校注》，甘肃人民出版社 1992 年。

8. 《飞两笔新字典》（主编），青海人民出版社 1999 年。

二、论文

1. 《关于语音和字音的转变》，《语文学习》1954 年第 10 期。

2. 《古典格律诗的格律构成》，《甘肃师大学报》1978 年第 1 期。

3. 《反切浅谈》，《甘肃师大学报》1978 年第 4 期。

4. 《先秦文献注释中常被忽略的一个问题——姓和氏》，《西北师院学报》1988 年第 2 期。

5.《试论古汉语的"意动用法"和"以 a 为 b"式》，《甘肃教育学院学报》1990 年第 1 期。

6.《"见"字的指代作用献疑》，《兰州大学学报》（社会科学版）1996年增刊。